厚德博學
經濟匡時

国家级教学成果一等奖及上海市教学成果特等奖之“产学研深化合作成果”

教育部产学合作协同育人项目成果

上海财经大学会计信息化研究中心系列丛书

匡时 会计学系列

管理会计实训教程

饶艳超 主 编
马建军 于 琪 王 巍 副主编

上海财经大学出版社

依托浪潮集团真实企业客户案例研发，以管理会计的核心模块“规划、评价、控制、决策”为中心，分别针对全面预算、成本管理与控制、责任会计、集团财务、财务指标分析等管理领域的管理需求设计了不同的场景任务，教师可针对每个场景的实训任务，讲解其相关的知识要点、管理会计系统操作流程和操作方法，而学生则可以扮演企业财务管理中相关岗位角色，登录系统，真实体验不同岗位角色在企业管理中的相关操作流程，了解集团企业财务管理的主要内容、实务工作、管控要点，了解企业全面预算、成本管理、责任中心管理、合并报表管理、内部报告分析的操作流程及操作方法。

通过真实的管理场景模拟，让学生全方位体验集团企业财务管理的重点工作。整个过程以案例涉及的业务为主线，培养学生的主动思考分析能力、群体决策能力、团队合作能力以及交流沟通能力。

张文州、刘昕、刘一凝参与编写了本书各主题章节的任务实现操作部分。本书的编写还得到了浪潮集团的大力支持，在此特别感谢产品部薛军利、徐晓音、董于玉、卜凡志对本书具体产品功能和操作部分给予的指导和帮助。

编 者

2018 年 11 月

会计学系列

管理会计实训教程

饶艳超 主 编
马建军 于 琪 王 巍 副主编

上海财经大学出版社

图书在版编目(CIP)数据

管理会计实训教程/饶艳超主编.—上海：上海财经大学出版社，2019.3
(匡时·会计学系列)
ISBN 978-7-5642-3172-9/F·3172

Ⅰ.①管… Ⅱ.①饶… Ⅲ.①管理会计-高等学校-教材 Ⅳ.①F234.3

中国版本图书馆CIP数据核字(2018)第288197号

责任编辑：胡　芸
封面设计：张克瑶
版式设计：朱静怡

管理会计实训教程

著 作 者：饶艳超　主编
出版发行：上海财经大学出版社有限公司
地　　址：上海市中山北一路369号(邮编200083)
网　　址：http://www.sufep.com
经　　销：全国新华书店
印刷装订：上海叶大印务发展有限公司
开　　本：787mm×1092mm　1/16
印　　张：18.5
字　　数：361千字
版　　次：2019年3月第1版
印　　次：2019年3月第1次印刷
定　　价：49.00元

前　言

为做好管理会计体系建设工作，财政部于2014年10月27日，制定并发布了《关于全面推进管理会计体系建设的指导意见》（以下简称《指导意见》），提出“争取3～5年内，在全国培养出一批管理会计人才，力争通过5～10年的努力，基本建成中国特色的管理会计体系”的总目标。管理会计体系建设按照理论、指引、人才、信息化加咨询服务的“4＋1”有机体系开展。该体系中的各部分既相互独立，又彼此关联；既自成一体，又彼此促进。其中，“理论体系”是基础，解决目前对管理会计认识不一、缺乏公认的定义和框架等问题；“指引体系”是保障，与时俱进地拓展和开发管理会计工具方法，为管理会计的实务应用提供指导示范；“人才队伍”是关键，是该体系中发挥主观能动性的核心，是体现“坚持人才带动，整体推进”原则的重点；“信息系统”是支撑，通过现代化的信息化手段，充分实现会计和业务的有机融合，支撑管理会计的应用和发展；“咨询服务”是确保四大任务顺利实施推进的外部支持，为单位（包括企业和行政事业单位）提供更为科学、规范的管理会计实务解决方案。

“十三五”时期是贯彻落实《指导意见》，以建设管理会计体系为抓手，引导、推动管理会计广泛应用的关键时期。2016年10月8日，财政部印发《会计改革与发展“十三五”规划纲要》，在纲要中继续强调将推进管理会计广泛应用作为“十三五”期间会计改革与发展的主要任务，要求认真抓好管理会计指引体系实施，采取政策宣讲、经验交流、成果推广、人员培训、理论研讨等多种形式和措施，深入推动管理会计广泛应用。同时，加强管理会计理论研究、教学教材改革，支持管理会计创新中心建设。

面对当前全球化、数字化的经济发展形势，管理会计要在促进企业运营中充分发挥作用，才能有力地支持企业获得良好的经营业绩和财务效益。这就要求管理会计需要适应经济全球化、资源市场化、管理信息化的新趋势，主动创新理念和方法，围绕企业战略，协同创造价值，提升企业的核心竞争力的要求。

企业要致力于管理会计实践研究，打造世界一流企业，应该不断“抓落实、求创新、谋发展”，应该重视并持续加大对管理会计人才的培养，鼓励和引导会计人员不断学习借鉴管理会计最新研究成果，积极推进管理会计人才培养创新。

本书因应这一管理会计人才培养需求编写，深度整合管理会计体系与企业客户管理会计实践，面向高校打造系统性实训课程体系，帮助学生突破传统的财务视野。

依托浪潮集团真实企业客户案例研发，以管理会计的核心模块“规划、评价、控制、决策”为中心，分别针对全面预算、成本管理与控制、责任会计、集团财务、财务指标分析等管理领域的管理需求设计了不同的场景任务，教师可针对每个场景的实训任务，讲解其相关的知识要点、管理会计系统操作流程和操作方法，而学生则可以扮演企业财务管理中相关岗位角色，登录系统，真实体验不同岗位角色在企业管理中的相关操作流程，了解集团企业财务管理的主要内容、实务工作、管控要点，了解企业全面预算、成本管理、责任中心管理、合并报表管理、内部报告分析的操作流程及操作方法。

通过真实的管理场景模拟，让学生全方位体验集团企业财务管理的重点工作。整个过程以案例涉及的业务为主线，培养学生的主动思考分析能力、群体决策能力、团队合作能力以及交流沟通能力。

张文州、刘昕、刘一凝参与编写了本书各主题章节的任务实现操作部分。本书的编写还得到了浪潮集团的大力支持，在此特别感谢产品部薛军利、徐晓音、董于玉、卜凡志对本书具体产品功能和操作部分给予的指导和帮助。

编 者

2018 年 11 月

目　录

第一章　管理会计概述

第一节　管理理论结构

在英、美等经济发达国家，管理会计作为一种热门职业，早已得到社会的普遍认可，其管理会计学术团体颁布了一系列指导管理会计实务的公告。如美国会计学会(American Accounting Association，AAA)下设的“管理会计委员会”(Committee on Courses in Managerial Accounting)对管理会计的目标、概念、原则以及技术方法进行了系统的研究，其在1972年提出的研究报告中给出了“管理会计的理论结构”，如图1－1所示。

美国管理会计师协会(Institute of Management Accountants，IMA；其前身是全美会计师协会下属的管理会计实务委员会)发布的《管理会计公告》(Statements of Management Accounting，SMA)；英国特许管理会计师协会(Chartered Institute of Management Accountants，CIMA)发布的《管理会计正式术语》(Management Accounting：Official Terminology，MAOT)，以及其联合美国注册会计师协会(American Institute of Certified Public Accountants，AICPA)于2014年发布的《全球管理会计原则》(Global Management Accounting. Principles，GMAP)；加拿大管理会计师协会(Certified Management Accountants of Canada，CMA Canada)发布的《管理会计指南》(Management Accounting Guidelines，MAG)；国际会计师联合会(International Federation of Accountants，IFAC)发布的《管理会计概念公告》(Statement of Managerial Accounting Concepts，SMAC)等，都不同程度地对管理会计理论进行了探索与研究。

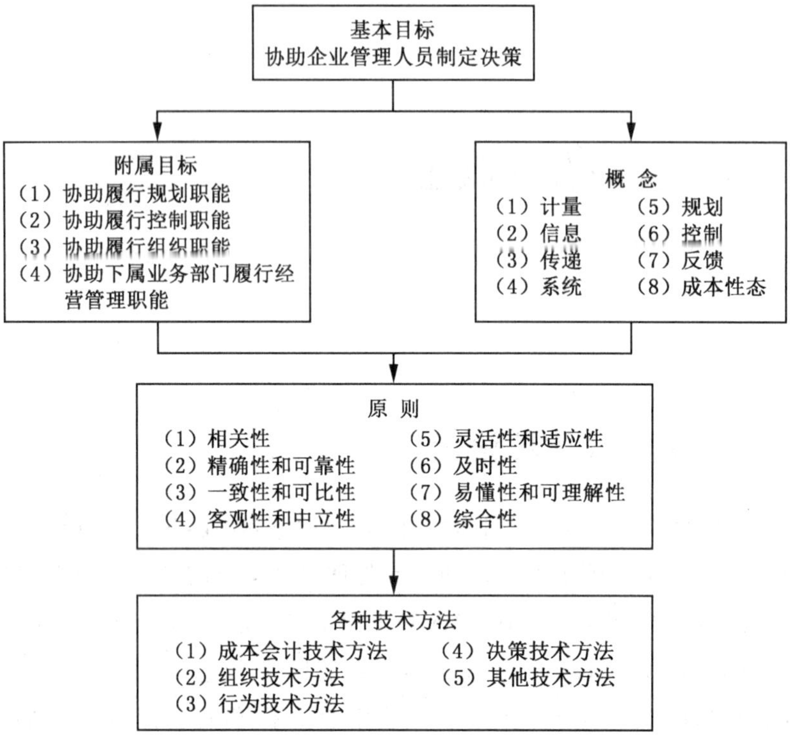

图 1—1 管理会计的理论结构

第二节 管理会计的本质

当今企业面临的环境千变万化，企业的正常生产经营活动不断地受到外界环境的干扰，产品需求的变化、生产技术的变化、客户服务方式的变化等都需要企业在第一时间做出反应，而会计信息在这些特定决策中起着非常关键的作用。是不是要上一个新项目，哪个产品赚钱，这些都是管理层要考虑的重大问题。但是在企业里面，一切的决策都要以事实为依据、拿数字说话，管理会计就是准确描述企业现状和未来的工具。

一般而言，管理会计是为公司的管理层服务的，它的作用是用数据和事实来描述公司的运作，从而帮助管理层做出合理的决策。决策是指为达到某个目的而做出的选择。在企业中，管理者的主要职责就是决策。管理者有时需要做出非常重大而复杂的决策，但是大多数决策都是日常决策。公司的财务人员对公司经营的相关信息进行确定、量化、统计、分析和计划，并向管理层解释和沟通这些信息的含义，供管理层决策需要。

企业管理者日常需要做出的决策包括:(1)产出变化对成本的影响。财务人员会为企业内部的各种经营活动设置量化的产出指标。这样,他们就可以计算出产出的变化会如何影响成本和利润。(2)计划和控制。计划是指设定目标并确定如何实现;控制是指实施计划,并根据计划实施的实际情况来调整计划。计划的量化形式就是预算,包括总预算和弹性预算。把计划的执行结果和预算进行对比,就可以得出绩效报告和差异分析,作为计划执行过程的反馈。(3)资本预算。资本预算是指对于影响期限超过一年的项目的计划和控制。(4)成本分摊。对于公司来说,如何分摊成本是决策过程中非常重要的步骤。成本的分摊影响到方方面面,从产品组合的优化到业绩的考核。

管理会计的实质是利用会计信息系统及其他相关数据服务于企业管理的各个层面,是利用财务会计资料及其他相关资料,采用会计、统计和数学的方法对企业的各项管理活动进行预测、决策、规划、控制,并对实际执行结果进行评价与考核。

管理会计通过多种方法的有效结合,可以把复杂的经济活动用简明的数学模式表达出来,以便揭示相关变量之间的内在联系,从而为管理人员进行各种决策提供依据,其目的是最大限度地调动各方面的积极因素,从而取得最佳的经济效益。

第三节　管理会计的核心内容

管理会计的内容可以概括为评价过去、控制现在、筹划未来。其中,重点是筹划未来。

管理会计的核算对象可以是整个企业,也可以是车间、部门、小组,甚至是责任人为对象;可以是生产经营活动的全过程,也可以是某一具体方面。管理会计的核算不要求绝对准确,只要计算近似值,能为决策所用。

(1)管理会计的基本分析工具:成本性态分析;变动成本法;本量利分析。

(2)决策会计:经营预测(决策的前提);短期经营决策;长期投资决策(资本预算)。

(3)控制会计:预算管理(从决策会计到执行会计);成本控制会计;业绩评价(责任会计)。

管理会计核心知识框架见图1—2。

管理会计通过提供相关信息为企业管理者所用而创造价值,因此管理会计也是一个企业价值创造的信息系统。管理会计是为企业决策和控制(包括业绩评价)提供相关信息的会计,扮演一个信息供应商的角色,“决策与控制会计”可以作为管理会计的同义词,包括预测决策会计、规划控制会计和责任会计三项基本内容。

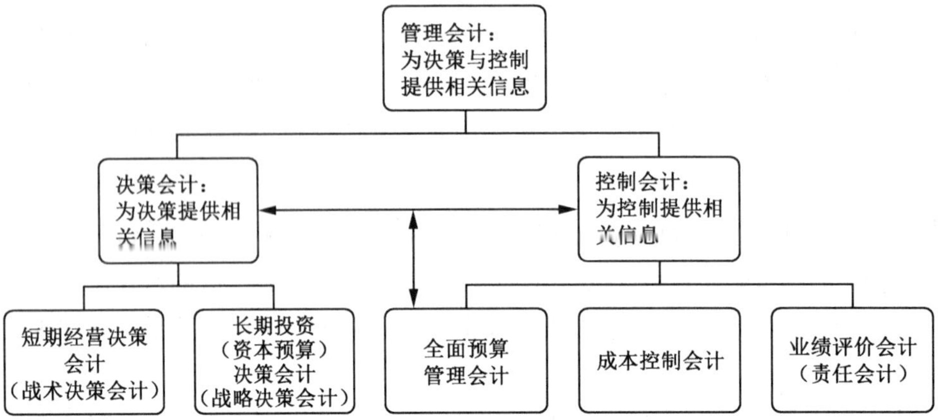

图1—2 管理会计核心知识框架

决策会计处于现代管理会计的核心地位，是现代管理会计形成的关键标志之一。规划控制会计是以确保与其奋斗目标顺利实现的管理会计子系统。责任会计通过考核评价各有关方面履行责任的情况，反映其真实业绩，从而调动企业全体职工积极性的管理会计子系统。决策会计为决策提供相关成本、相关现金流量等信息，控制会计为控制与业绩评价提供可控成本、可控利润等信息，全面预算（管理）将决策会计与控制会计连接为一个有机整体。

第四节 管理会计方法

管理会计方法是实现其目标、履行其职能的手段。在管理会计实践中，方法和技术的地位更加突出。管理会计的方法具有灵活而多样化的特征，而且要运用大量数量分析方法。具体如：成本性态分析法、本量利分析法、边际分析法、成本效益分析法、折现的现金流量法等，这些方法都是以“差量分析（比较分析）”作为一种根本的方法。此外，管理会计还吸收并运用大量相关学科中的有用方法，如预测学中的各种预测方法，运筹学中的线性规划方法、各种决策方法，营销管理学（市场学）中的定价决策方法，等等。

不同的管理会计应用领域，应用的具体方法有所差异。例如，常用的决策会计方法主要是决策内容不同，决策方法也有所差别。在短期经营决策分析中，定价决策的理论依据是均衡价格原理，基本分析方法是边际分析法，分析方法大多来源于市场营销学，信息来源与管理会计信息极为相关，如特殊环境定价方法（special pricing）就直接依据本量利分析原理。而生产(成本)决策方法中有不少是带有管理会计原创的方法,如贡献毛益分析法、成本无差别点分析法、差量分析法等。再如,预算方法可具体分为固定预算与弹性预算、增量预算与零基预算、定期预算与滚动预算、定值预算与概率预算、传统预算与作业预算等。

第五节　管理会计的发展

在国外,管理会计的理念和应用已非常广泛,高级财务管理人才受到世界500强企业的大力推崇。据美国劳动部2006年调查显示:90%以上美国的财务人士从事着管理会计职位,他们70%以上的时间用于决策性工作。比如会计师、成本会计师、管理会计师、财务经理以及首席财务官(CFO)等。而国内企业超过85%的财务人士担任财务会计(核算会计)职位,他们80%以上的时间用于记录与核算,充当着“账房先生”的角色。

近20年来,企业经济环境发生了很大变化,全球性竞争日益激烈,企业面临着许多新的挑战。在这种情况下,企业界必须采取新的管理方式来谋求生存和发展,强化企业经营管理势在必行。随着目前对高质量内部控制和财务报告的强调,管理会计师的作用比以往任何时候都要重要,财务会计从业者面临着向管理会计转型的巨大挑战。

虽然我国管理会计研究和应用起步较晚,但在近20年的时间里,管理会计无论在理论还是实践上都取得了较快发展,已逐步从数量、定额管理过渡到成本、价值管理,从项目、部门管理演变为全面管理、战略管理。人们的目光已从过去转向现在和未来,开始用全局的观点、战略的眼光进行财务活动管理。

随着全球经济一体化的不断推进,我国企业正面临着日趋复杂的经济环境和前所未有的机遇和挑战。为保持我国在全球金融的竞争力,需要在进一步加强成本管理的同时,积极打造长期可持续竞争优势。为全面贯彻落实党的十八大精神,深入推进会计强国战略,全面提升会计工作总体水平,推动经济更有效率、更加公平、更可持续发展,财政部连续发文推进管理会计改革。

2013年9月,财政部将管理会计列入今后会计改革发展的重点方向,并积极采取有效措施,加强管理会计制度建设,加强管理会计人才培养。全力推进我国的管理会计体系建设,是贯彻落实中央“走出去”战略和十八届三中全会精神,促进企业管理提升的重要举措。

2014年1月29日,财政部网站首次刊登了“关于征求意见的函”,明确确立了建立管理会计体系的主要目标、重要性和紧迫性。

2014 年 2 月 20 日，财政部部长楼继伟在中国总会计师协会第五次全国会员代表大会上讲话指出：“将加快培育我国管理会计人才，为打造中国经济‘升级版’服务。”如果说打造中国经济“升级版”的关键在于推动经济转型，那么，打造中国会计工作“升级版”的重点就在于大力培育和发展管理会计。

2014 年 3 月 24 日，为做好顶层设计，指导和推动管理会计工作全面系统开展，财政部决定公开选聘一批管理会计咨询专家。选聘工作将经过自我推荐、单位审核最后由财政部审定聘任，聘期两年。

2014 年 11 月 14 日，财政部正式出台《关于全面推进管理会计体系建设的指导意见》（以下简称《指导意见》）。《指导意见》作为我国管理会计体系建设的顶层设计，开启了会计改革与发展的新篇章。

2014 年 11 月 27 日，财政部召开会议部署全面推进管理会计体系建设工作，余蔚平出席并讲话。他强调，《指导意见》作为建设我国管理会计体系的纲领性文件，其内涵丰富。在《指导意见》贯彻落实过程中，财政部门要立足行业管理职能，做好贯彻落实《指导意见》的组织和协调工作；各级财政部门要充分认识、高度重视全面推进管理会计体系建设的重要性和紧迫性，加强组织工作，将管理会计工作纳入会计改革与发展规划。

2016 年 10 月 8 日，财政部印发《会计改革与发展“十三五”规划纲要》，在纲要中继续强调将推进管理会计广泛应用作为“十三五”期间会计改革与发展的主要任务，要求认真抓好管理会计指引体系实施，采取政策宣讲、经验交流、成果推广、人员培训、理论研讨等多种形式和措施，深入推动管理会计广泛应用。同时，加强管理会计理论研究、教学教材改革，支持管理会计创新中心建设。

在管理会计指引体系中，应用指引处于主导地位，是对单位管理会计工作的具体指导。财政部的应用指引建设，按照管理会计应用领域分类，在每一领域下再按照具体工具方法排序，即先将应用指引划分为战略管理、预算管理、营运管理、成本管理、投融资决策管理、绩效管理、风险管理和其他等应用领域，每一应用领域下包含若干项工具方法指引。2017 年 10 月，财政部发布了战略管理（100 号）、战略地图（101 号）、预算管理（200 号）、滚动预算（201 号）、成本管理（300 号）、目标成本法（301 号）、标准成本法（302 号）、变动成本法（303 号）、作业成本法（304 号）、营运管理（400 号）、本量利分析（401 号）、敏感性分析（402 号）、边际分析（403 号）、投融资管理（500 号）、贴现现金流法（501 号）、项目管理（502 号）、绩效管理（600 号）、关键绩效指标法（601 号）、经济增加值法（602 号）、平衡计分卡（603 号）、企业管理会计报告（801 号）、管理会计信息系统（802 号）共 22 项管理会计应用指引。2018 年 2 月发布了零基预算（202 号）、弹性预算(203 号)、约束资源优化(404 号)、情景分析(503 号)、绩效棱柱模型(604 号)、风险管理(700—701 号)等管理会计应用指引的征求意见稿。2018 年 6 月发布了作业预算(204 号)、内部转移定价(405 号)、多维度盈利能力分析(406 号)、风险清单(702 号)、行政事业单位(803 号)等管理会计应用指引的征求意见稿。

在财政部的指导下,随着理论研究的拓展和实践经验的积累,管理会计必将在企业的经营发展中发挥更重要的作用。

第二章　管理会计综合实训导读

第一节　课程介绍

2011年初，国资委全面启动管理会计人才培养计划，财政部也提出了大力发展管理会计，促进财务服务社会、促进管理提升的功能。作为企业的战略、业务、财务一体化管理最有效的先进工具，管理会计利用财务会计提供的资料及其他资料进行加工、整理和分析，使企业各级管理人员能够对日常发生的各项经济活动进行规划与控制，并帮助决策者做出科学合理的决策。

本书的实训课程深度整合管理会计体系与企业客户管理会计实践，面向高校打造系统性实训课程体系，帮助学生突破传统的财务视野。

本书的管理会计实训课程依托浪潮集团真实企业客户案例研发，以管理会计的核心模块“规划、评价、控制、决策”为中心，通过真实的管理场景模拟，全方位体验集团企业财务管理的重点工作。整个过程以案例涉及的业务为主线，培养学生的主动思考分析能力、群体决策能力、团队合作能力以及交流沟通能力。

实训课程中，教师针对每堂课程的实训主题，讲解其相关管理模拟场景涉及的管理会计知识要点、软件操作流程和操作方法，而学员则可以扮演企业会计和财务相关岗位角色，登录浪潮GS软件，真实体验不同岗位角色在企业管理中的相关操作流程。

本实训课程的主要内容包括：

(1)上云集团案例分析与信息化工具介绍；

(2)上云集团全面预算管理；

(3)上云集团成本管理；

(4)上云集团利润中心管理；

(5)上云集团财务会计(含合并报表)管理；

(6)集团内部报告管理。

实训课程内容划分为七个主题，除课程考核外，每个主题的学习任务均是模拟真实的企业案例，针对不同任务给出既定的业务背景，配合详细操作说明及浪潮 GS 软件截图，辅助学员完成每个任务内容。

本课程可以单独开课，这样能够更好地巩固学员所掌握的管理会计知识，并提升其在信息系统中实践的能力。期望通过本课程的学习，可以达到如下训练目标：

■ 了解集团企业会计和财务管理的主要内容、实务工作、管控要点。

■ 了解企业全面预算、成本管理、利润中心管理、合并报表管理、内部报告分析的操作流程及操作方法。

第二节　教学组织

一、教学准备

（一）硬件与软件准备

管理会计软件实训课程主要以软件为载体，配合本书中的七个主题的管理场景相关的上机实验内容，完成管理会计各个核心课程实训及上机考核等内容的操作任务。

实训课程需要一个可供学员集中上机操作的实验室，至少包括一台服务器和学员上机使用的电脑。服务器需要完成学员实验环境的部署，包括数据库的安装、浪潮 GS 软件的安装、用户权限的配置，以及一些预置参数和流程等内容的设置。学员使用的电脑，需要完成浪潮 GS 软件的客户端环境部署。

（二）师生准备

在管理会计实训课程中，教师需要讲解与课程相关的知识要点及实验操作方法，并对学员给予实时的指导。因此，该课程需要教师了解财务管理相关的专业理论知识，并能够结合企业实务进行讲解，同时又需要教师对信息系统中财务管理的整体操作流程有一定的了解。要做到这些，就需要教师在课程开设前加强自身的知识储备以及信息技术应用能力，或通过适当的师资培训，来提升整体师资水平，进而才能够保证课堂教学质量。

另外，对于学员而言，也需要具备一定的财务管理相关专业知识，同时还需要对实验过程中涉及的岗位职责、实验规则、实务业务流程等内容具备一定的了解，这样才能够避免陷入数据之中，不会变成单纯的“打字员”，而是会从实务业务的角度去理解并掌握财务管理在信息系统中的应用。

二、教学计划

财务共享软件实验课程参考教学计划如表 2－1 所示，按一学期 50 个总课时计，2

学分，周学时为4，共13周。课程负责教师可以根据学校专业培养方案和学员的具体情形调整教学课时安排。另外，教师还可以根据实际情况调整授课内容。除此之外，老师可以挑选上课主题完成实训课程。

表2—1 管理会计综合实训课程参考教学计划(院校计划内教学)

<table>
<tr><th>课程内容</th><th>授课形式</th><th>课时安排</th></tr>
<tr><td>任务一：上云集团案例分析</td><td rowspan="7">(1)主题中的“相关知识”内容授课形式为：课堂授课
(2)主题中的“案例实践”内容授课形式为：学员实验</td><td>4</td></tr>
<tr><td>任务二：上云集团全面预算管理</td><td>10</td></tr>
<tr><td>任务三：上云集团成本管理</td><td>10</td></tr>
<tr><td>任务四：上云集团利润中心会计</td><td>10</td></tr>
<tr><td>任务五：上云集团财务管理</td><td>10</td></tr>
<tr><td>任务六：集团内部报告分析</td><td>2</td></tr>
<tr><td>任务七：财务管理实践课考核</td><td>4</td></tr>
<tr><td>合　计</td><td></td><td>50</td></tr>
</table>

第三章　软件模拟背景概述

第一节　模拟企业背景介绍

上云医药集团有限公司成立于 1993 年，是山东省政府授权的从事资本经营和产业运营的大型国有独资企业集团，中国 500 强企业之一，是山东省重点培育和重点发展的支柱产业。

截至 2017 年末，上云集团资产总值 198 亿元，拥有七家全资子公司，包括青岛制药有限公司、烟台制药有限公司、西藏制药有限公司、山东上云医药销售有限公司、北京上云医药科技有限公司、上海上云医药科技有限公司、上云集团（香港）有限公司。同时还拥有七家控股子公司，见图 3—1。

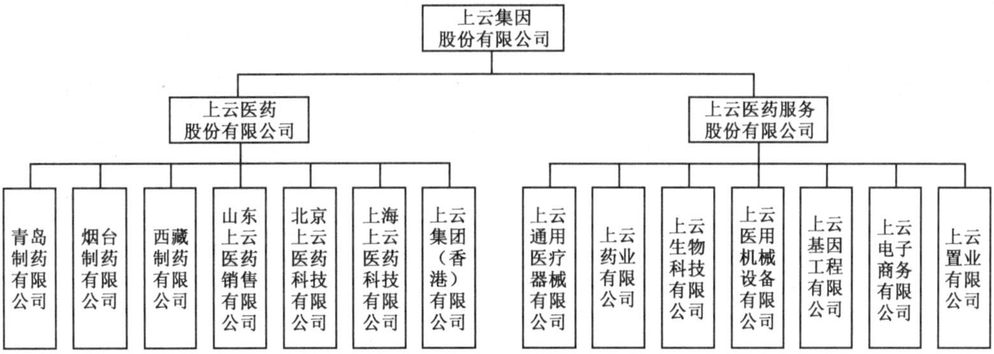

图 3—1　上云集团组织架构

上云集团以医药产业为主体，生产、商业销售配套，在产业结构上形成化学药、现代中药、医疗器械、医药商业互相依托这样一个较为完整的产业格局。2017 年，集团实现销售收入 145 亿元，实现利润 25 亿元。

上云集团经过多年的改革发展，已形成具有发展潜力的优势企业。在医药生产方面，有青岛制药有限公司、烟台制药有限公司、西藏制药有限公司三家在全国享有较高知名度的化学原料与制剂的生产骨干企业。目前，上云集团主要生产的产品达130余种。其中销售额在千万元以上的产品有氧氟沙星氯化钠注射液（玻瓶）、硫酸庆大霉素注射液（4万单位）、利巴韦林注射液、维生素B12注射液、咽炎片、小儿氨酚黄那敏颗粒等。

上云集团现有职工21 000人，其中科研人员2 300余人，销售及市场开发6 200余人，管理及专业技术干部2 000余人。

上云集团共有七家全资子公司，均分布在国内，主要从事制药、医药营销、新药研制等。

青岛制药有限公司位于青岛市，是上云医药股份有限公司的全资子公司，厂区占地面积8.8万平方米，总资产44亿多元，公司拥有员工800余人，其中各类专业技术人员300余人。公司快速发展，特别是改革开放以来，公司以科技打造品牌，严把质量关，产品受到广大群众喜爱，销售收入也从2014年的2.4亿元快速增长到2018年的5亿元。

青岛制药有限公司主要生产的产品是咽炎片、小儿氨酚黄那敏颗粒等十余种。内设生产车间、仓储部、研发中心、采购部、营销部、财务部等二十余个部门，完成青岛制药有限公司的原材料采购、原材料与产成品的仓储管理、财务管理与核算、生产加工等业务，见图3—2。

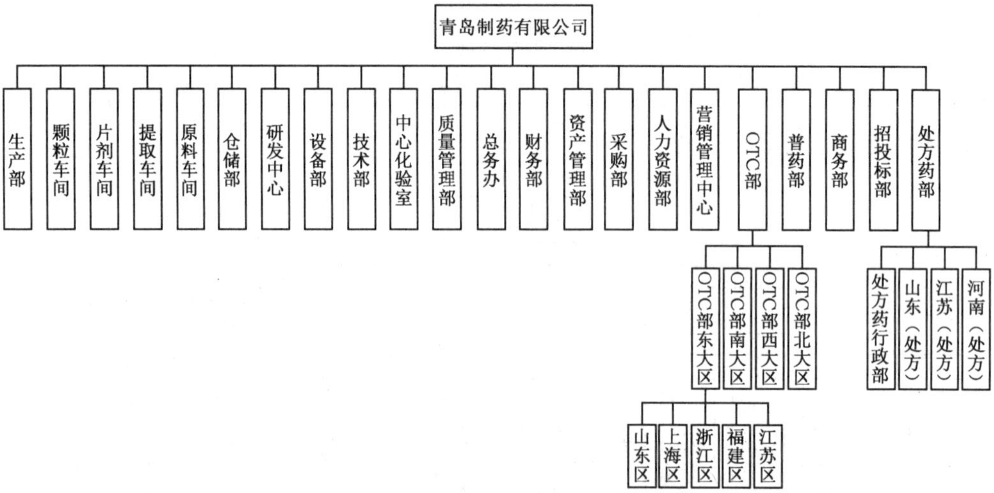

图3—2　青岛制药有限公司部门架构

烟台制药有限公司位于山东省烟台市，是上云医药股份有限公司的全资子公司，厂区占地面积5.3万平方米，总资产130亿多元，公司拥有员工600余人，其中各类专业技术人员200余人。烟台制药有限公司主要生产的产品是氧氟沙星氯化钠注射液（玻瓶）、硫酸庆大霉素注射液（4万单位）、利巴韦林注射液、维生素B12注射液等十余种。内设生产车间、仓储部、研发中心、采购部、营销部、财务部等二十余个部门，完成烟台制药有限公司的原材料采购、原材料与产成品的仓储管理、财务管理与核算、生产加工等业务。烟台制药与青岛制药存在内部往来业务，见图 3－3。

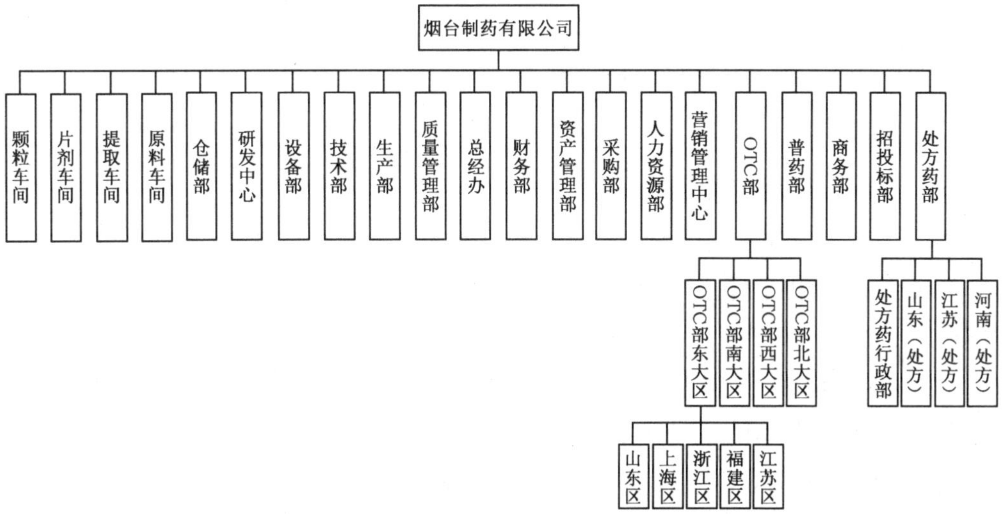

图 3－3　烟台制药有限公司部门架构

山东上云医药销售有限公司位于山东省济南市，是上云医药股份有限公司的全资子公司，成立于 1995 年 7 月 1 日，是一家具有 20 多年历史的省属国有大型医药流通企业，主要经营药品、生物制品、医疗器械、日化用品、保健品等两万多个品种规格。该公司是山东省规模最大、综合实力最强的大型医药流通企业，见图 3－4。

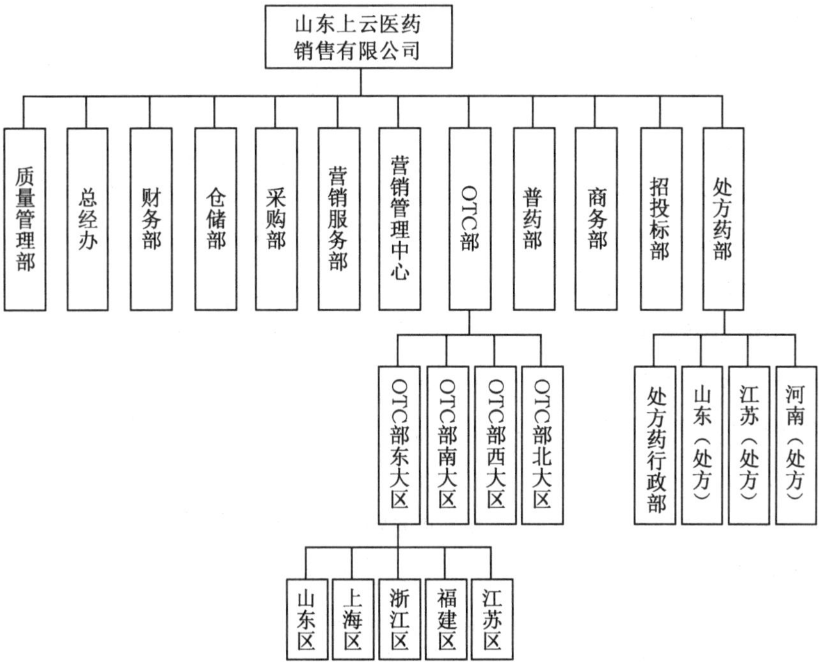

图 3－4　山东上云医药销售有限公司部门架构

第二节 上云集团管理现状及需求

一、当前医药行业管理趋势

医药行业是支撑发展医疗卫生事业和健康服务业的重要基础，是具有较强成长性、关联性和带动性的朝阳行业。相比其他行业而言，医药行业企业经营管理更为复杂。

近些年，我国医药行业取得长足发展，行业规模快速增长，供给能力显著增强，但仍面临自主创新能力不强、行业结构不合理、市场秩序不规范等问题。当前，全球医药科技发展突飞猛进，医药行业深刻调整变革，人民群众健康需求持续增长，这些都对医药行业转型升级提出了迫切要求。无论是“中国制造 2025”战略，还是“十三五”发展战略，国家都大力扶持和促进医药行业的发展。

为推动提升我国医药行业核心竞争力，促进医药行业持续健康发展，2016 年 3 月，国务院办公厅发布《国务院办公厅关于促进医药行业健康发展的指导意见》(国办发〔2016〕11 号)，进一步明确“十三五”医药行业发展目标：到 2020 年，医药行业创新能力明显提高，供应保障能力显著增强，90%以上的重大专利到期药物实现仿制上市，临床短缺用药供应紧张状况有效缓解；行业绿色发展、安全高效，质量管理水平明显提升；行业组织结构进一步优化，体制机制逐步完善，市场环境显著改善；医药行业规模进一步壮大，主营业务收入年均增速高于 10%，工业增加值增速持续位居各工业行业前列。

医药行业是政策主导性行业，行业发展受政策变革影响大。自 2014 年开始，医药行业重磅政策频出，行业整改从制剂生产领域逐步扩展到医疗器械、医药流通和中药饮片等各个领域。一致性评价、营改增＋两票制、数据完整性等医药行业政策陆续发布。同时，为配合政策的发布，国家进一步加强质量监管，“临床数据自查”“GMP/GSP 飞检”常态化等，医药企业生产、经营环境越来越规范。

医药行业作为我国国民经济中发展最快的行业之一，2006～2013 年，我国医药产业发展迅猛，年均复合增长率高达 23.2%。

受国家药监政策、产业结构调整以及医保控费等众多行业政策影响，医药企业发展同样面临经营成本压力增大、管控风险增高以及药品价格波动大等诸多挑战。2014 年后，受医保控费力度趋严等因素影响，行业增速开始大幅下滑，2014 年我国医药行业增速仅为 13%左右，2015、2016 年行业增速则进一步下滑至 10%左右。2006～

2016 年我国医药制造业累计主营业务收入与累计利润总额变动情况，见图 3—5。

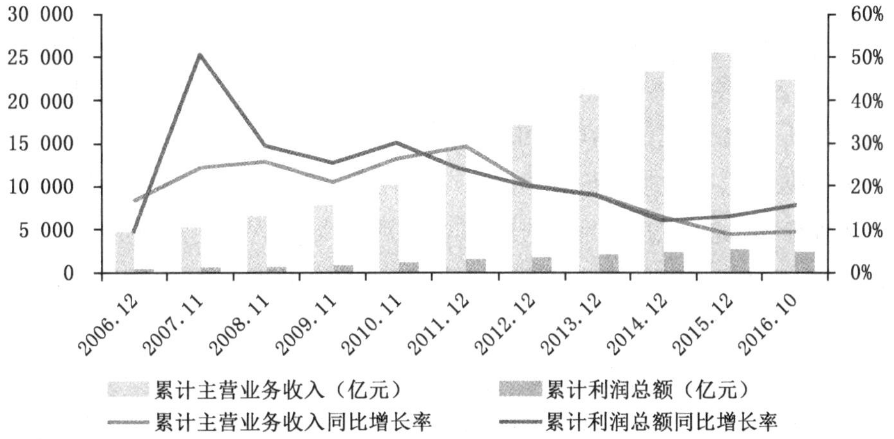

图 3—5　2006～2016 年我国医药制造业累计主营业务收入与累计利润总额变动情况

医疗体制改革全面升华，医保收入的增长放缓和医保费用总和的控制，迫使药品价格处于下降通道。医药企业经营成本持续上升。一方面医药生产原辅料成本、人工等经营成本不断上涨；另一方面，企业为应对价格招标采购医保支付政策变革、越来越严格的质量监管、环境资源对发展约束加大、环保监管加强等，政策成本投入持续加大。

新技术、新管理思想对企业经营带来冲击。在新的政策环境和经济环境压力下，医药行业发展急需寻求内生动力，由依靠规模扩张逐步转化为依靠内部管理创新和精细化管理提升整体效益。“互联网＋”“大数据”以及“云计算”等技术发展，不断融合新的医药行业管理需求，推进医药企业经营管理升级。如新技术越来越多地被应用到药品质量追溯管理实践、智能制造背景下催生企业海量数据分析需求等。

二、上云集团管理难点

面对越来越复杂的行业经营环境，上云集团生产经营管理面临新的挑战和前所未有的压力。一方面要积极寻求解决之道，满足企业固有的生产经营精细化需求；另一方面也要积极探索如何引入新的管理方法和技术，满足企业在新形势下借助“互联网＋”“大数据”等新的管理工具实现企业管理的“数字化”转型。

(一)精细化管理难点

监管政策密集发布，行业监管越来越严格。如何保证药品生产经营质量、实现精细化质量管理、满足质量全面追溯？

产业链整合度高，企业(集团)内部研、产、供、销一体化，对业务计划协同管理要求高;企业现有管控基础薄弱。如何进行“研产销一体化”管控流程设计,满足产业链集团化运营管理需求?

医药企业生产过程工艺复杂,产品规格与原辅料、包材种类较多,管理精细,过程控制严谨;工艺过程复杂,成本精细化管理难度大。如何借助有效手段实现生产经营数据精细分析,挖掘数据价值,辅助市场决策?

临床数据自查、一致性评价持续深入。如何进行有效的研发项目管理,实现产品全生命周期管理,实时把控项目计划进度,控制研发成本、保证研发质量?

两票制、营改增对医药营销模式产生冲击。如何优化业务流程、促进产销协同、提高市场营销效率、实现市场效益最大化?

(二)新形势下高层需求关注点

企业经营风险管控:尤其是质量管理风险,在政策监管力度越来越强的背景下,企业如何借助信息化支撑满足监管要求,实现风险控制,满足如“药品追溯体系”监管要求。

经营绩效考核:尤其是营销绩效考核,如何借助信息化实现包括客户、产品、人员在内的全面的营销资源管控,实现数字化精准营销。满足两票制要求下业务流程变革及管理需求。

企业大数据价值挖掘:关注数据价值挖掘,用数据说话,为决策提供支持;包括企业内部管理数据(含智能制造)、外部市场数据(上下游数据)等多维度数据的整合分析,借力“智能制造”浪潮,实现企业经营数字化。

三、上云集团信息化难点

面对诸多挑战,上云集团积极应对。建立专业化的组织体系,制药集团、生产厂、销售公司、批发公司、连锁药店等各司其职,并突出各专业领域的服务价值创新,实现精细化管理;选择相应的信息化手段解决各个不同领域的专业化问题,通过信息化手段将整体的战略思想、管理经营模式固定下来,以此作为解决业务管理难点和痛点的有效抓手。

1. 集团管理信息化建设缺少规范和标准

内部规范和标准:在集团管理信息化建设过程中,由于缺乏业务规范、业务流程规范和信息化应用制度规范,部分业务领域虽然实施了信息化管理,但没有达到实施的效果;部分业务领域虽然急需信息化手段进行管理,但无法取得实质性的进展。

外部规范和标准:在集团管理信息化规划和选型过程中,没有紧密结合上云集团的战略规划以及未来的发展要求,更没有考虑不同领域的信息化供应商的技术标准、系统集成性标准、系统可扩展性标准等,导致目前的信息化建设困境。

2. 集团战略管理缺乏信息化应用的落地

上云集团管理信息化是服务于集团战略、服务于集团管理决策层。上云集团前期的信息化建设主要考虑业务操作层的业务需求，没有根据集团的战略管理匹配管理要求，实施管理信息化系统，如通过预算管理对集团战略进行落地，造成信息化系统的整体性、共享性和集成性程度不高，无法有效支撑集团战略管理。

3. 集团管理缺乏信息化协作应用、信息共享的平台

目前，上云集团参控股公司共计 14 家，涉及山东、北京、上海、香港等地区。各公司的人员结构、业务素质不同，集团内部没有信息化协同应用平台，一方面集团员工并不能充分发挥其主观能动性，另一方面因信息无法共享而造成沟通不及时。

4. 缺乏统一的基础数据管理平台

集团公司没有建立统一的、规范的基础数据采集系统，使得数据采集的随意性较大、准确性较差和及时性较弱，会带来报表结果错误，影响集团准确、及时和科学的决策。规范、统一的基础数据管理平台是信息化系统建设的基础，只有基础平台统一，才能保证集团公司信息化管理要求的规范性和可复制性。

5."信息孤岛"比较多

上云集团于不同时期，实施的信息系统由十余家供应商提供，由于各个信息系统隶属于不同的组织管理与应用，系统与系统之间很难进行集成和数据交换，造成数据信息不能在集团内部通畅地流动，这些大量的"信息孤岛"对企业的精细化管理造成了障碍。

6. 缺乏计划的科学性与成本管理的精细化

组织生产的时候，如何能够减少库存又保证销售的适当浮动，计划的科学性是需要考虑的。到了生产的具体环节，成本是否能够细化，影响每个批次成本出现差异的因素是什么？如何控制？

7. 缺乏信息报告体系，信息的传递不及时

规范的报告体系是否通畅是一家企业能否规范管理的一个重要因素。上云集团当前没有建立一套信息报告体系，许多数据的上传下达仍然采用手工的方式，这样使得数据的准确性和及时性就打了折扣，对企业管理部门的管理和领导层的决策都造成了一定的影响。

8. 集团管理信息化缺少决策支持系统

鉴于上云集团信息化处于"信息孤岛"和大量手工管理阶段，因此无法进行数据仓库、联机分析处理、数据挖掘、数据分析模型建立、数据备份和恢复等商业智能系统的搭建。

由于以上集团管理信息化现状，上云集团无法科学、完善地建立一套涵盖管理决

策层、业务运营层、业务操作层、管理信息化支撑层四个层面，覆盖企业经营指标管理、预警平台、绩效考核、统计分析报表的决策支持系统。

四、上云集团管理要求

上云集团是多组织、多业态集团化企业，在企业发展规划中提出了 2018 年的战略目标为全面实施精细化管理。为了促进战略落地，提升管理，上云集团选择与浪潮集团合作，导入全新信息化管理工具，实现集团一体化管控，帮助企业解决多业务体系下集团管控层面临的资源整合和业务管控的巨大挑战。

上云集团规划部署三大管控中心（集团财务管控、全面预算管控、成本管控）、一体化业务（业财一体化）平台，建立满足集团业务发展所需要的管理体系。期望形成以业务流程为核心，支持管理思想输出的集团管控与业务运营平台。利用浪潮 GS 企业管理软件优化、固化业务流程，创新管理模式，整合资源，实现标准化、规范化管理。

上云集团对本次信息化项目实施提出的要求具体如下：

1. 支持多公司、多组织业务处理

上云集团本次信息化项目实施不是一个面向单体企业应用的系统，而是一个面向上云集团整体管理信息化诉求的系统。系统应以上云股份为主体，兼顾其他各产业单位，为集团各层面的经营管理提供信息化支撑平台。

该信息化平台应能够处理多公司、多组织业务，实现业务控制和公司之间业务协同的集中式管理体系。

2. 统一的数据标准化管理

标准化的基础数据可以保证财务信息在业务的各个环节的传递过程中被恰当理解；同时也会大大加快业务过程的执行速度，为集团企业决策支持分析提供标准化、可量化的数据和指标。

实施信息化的企业，由于管理更加细化、覆盖面更广，导致信息量倍增，实际上对基础数据的要求更高了。“三分技术、七分管理、十二分数据”，企业信息化实质是企业对信息资源在深度和广度上的开发利用。标准数据管理是企业基础管理的重要内容，是企业信息化建设的前提条件和基础。上云集团应从集团、分子公司层次上对数据进行标准化管理。

系统应提供会计核算到预算管理、成本管理等所有标准数据管理，标准数据由集团统一设置。标准数据可以分为两类：一类是只有集团有权进行维护，下级单位没有权限做任何增加或改动；另一类数据是可以通过集团的授权控制，允许下级单位在不同明细层次追加适合自己单位的数据。

3．全集团“一套账”

浪潮系统在管理思想上支持多会计实体、多地点、多币种、“一套账”的财务业务核算管理体系，满足不同会计制度与证券监管制度条件下的集团公司业务信息处理需要。实现由传统的多个会计主体、多个账套到“一套账”管理的重大转变，不但能够实时准确地满足公司内多会计主体的核算需求，而且可实现全集团数据的整合和管理的集中。

通过“一套账”的集中管理模式，实现集团各级层面上数据的自动汇总，以保证数据的准确性和及时性。

4．多级组织柔性设计

信息化的组织载体，就是要按照当前或者规划的组织结构及管理层次在系统中搭建上云集团组织架构模型。这种组织架构模型体现了集团本身具备的层级特征：处于金字塔顶层，往下俯瞰，信息是一览无余的，即上云集团对于下属分子公司信息完全是透明的；处于平级的分子公司，信息是互相屏蔽的。

5．集团集权和分权管理的权变支持体系

系统支持分级管控，可以在集团层面上做到对哪级单位进行控制，对单位哪些业务的哪些指标进行控制，对这些指标的控制的度如何，能够充分满足企业集团按需灵活设计、调整集团集权和分权管理模式的需要。浪潮系统应为上云集团提供“收放有序，控而不乱”的权变支持体系，有效支持上云集团对不同下属机构分别采取不同的管理模式。

系统应支持组织中合并、拆分以及层级变化等需要，支持集团持续不断地组织结构优化与资源整合。

6．内部交易自动处理实现集团报表快速、准确合并

集团原来依靠人工手工处理各下级公司之间的内部交易事项，手工编制合并报表和并账往往需要耗费大量的人力和物力。对此，浪潮系统应提供通过核算系统自动识别处理内部交易的功能，从而实现报表合并过程的智能化（从交易识别—确认—抵消分录自动形成—合并底稿过程的自动形成）。从原有的报表合并方式升级为并账方式，实现集团管理层实时了解掌握企业真实的收入、存货、投资等情况，有效支持企业的经营决策。

7．搭建集团信息汇总合并平台，实现垂直监控

实现基于组织结构树的自上而下的数据汇总和对比分析功能，从而实现集团依托报表平台，实现各类信息的跨单位、跨账套、跨会计期间的穿透查询和远程监控，提高集团公司信息综合分析能力和管理能力。

8. 搭建集中预算管理平台,加强预算控制

预算管理平台应支持集团财务预算、资金预算、资本预算管理需要,同时还支持上云集团对产供销等业务预算的全面信息化管理。

在预算管理系统中,可以对预算项目、审批流程等进行自定义。在实际业务处理中,业务人员进行相关操作时,系统自动按预算进行控制,通过预算控制后,自动归集到相应预算项目的实际执行数上。对预算执行情况提供全面的分析查询功能,能够对资金申请情况、审批结果以及预算实际执行情况进行比对分析。可以对预算执行情况进行多角度的分析和对比,在预算管理系统中还能够分析出各项目的流量情况。

预算管理系统是上云集团发展战略落地的重要途径,上云集团可以在全面预算管理系统中设定集团中长期发展战略,并分解到年度预算。通过全面预算管理系统和集团财务管理系统、固定资产管理系统的集成应用,一方面推动预算落地,严格控制预算执行;另一方面又自动采集集团各层面人财物产供销等各领域的预算执行情况,实时分析预算进度,自动警示预算风险,切实推动集团战略落地。

9. 突破传统会计核算方式,实现精细化成本管理

原有成本核算采用品种法,以手工为主。系统上线前成本核算以采用手工计算为主,采用传统的品种法。实际数据通过车间填写报表,手工上报,财务部门手工归集材料和费用,受数据采集和计算工具制约,计算工作量大,数据不精确,结果不易保存,查询极其不便,更无法通过数据分析生产管理过程中存在的缺陷。

系统应实现成本的自动归集、自动计算。产品成本可细化,可自动从财务、业务系统中归集相关数据。业务、成本、财务之间的业务记录和会计凭证自动生成,并自动更新销售成本单价,成本明细数据查询快捷方便,为提高企业管理水平提供直接依据。

10. 支持领导科学决策

系统应含有财务分析、预算分析、采购分析、库存分析、销售分析、生产分析、成本分析等一系列主题分析模型。我们将以浪潮系统中预置的主题分析体系为基础,结合上云集团的个性化决策分析需求,为上云集团快速搭建商业智能和决策分析体系。

通过浪潮决策支持系统建设,利用先进的信息技术成功地收集、分析、理解信息、整合数据资源,并对数据进行清洗、加载、转换,挖掘、展示有价值的数据,并逐步形成更为科学的 KPI 与分析模型,帮助企业实现经营风险预警、业务运行监控、重点问题分析、运营状况报告,业绩发展预测功能,辅助领导决策找到最有利的解决方案。

第三节 上云集团全面预算管理

一、上云集团全面预算管理现状与痛点

随着上云集团的不断发展，企业对管理的要求越来越精细化，对核算和预算的要求不断提高，如何进行财务与经营的统一管理、如何优化和完善企业预算编制体系、如何完善流程和方法、如何为细化产业经营和绩效评估提供依据，显然是上云集团在全面预算管理领域面临的问题。

目前主要面临的难题如下：

第一，预算管理维度不统一，各下属单位预算编制随意性太大，集团汇总预算数据无统一依据；

第二，费用控制滞后，无法实时查询预算执行情况，无法做到自动预警机制；

第三，对资产采购没有管控，各子公司对大型资产采购未做到事先申请；

第四，各类预算执行分析及预算考核报表均需要手工统计，时效性太差。

二、管理期望

为解决财务管理方面的难题，同时也作为提升集团管控能力的有效手段，全面预算管理系统将成为上云集团本次信息化平台建设的重点项目。通过全面预算系统将实现集团战略管理目标的有效贯彻落实，可建成全业务、全流程、业财融合的集团预算管理体系。

上云集团将在2018年成立预算管理委员会，具体处理预算管理事宜，确保公司预算管理实施的权威性、科学性和规范性。预算管理委员会由总经理任主任，总会计师任副主任，财务管理部、审计部、规划部、人力资源部等5～7个部门负责人组成。主要职能有：根据年度经营总目标确定预算目标；制定及修改预算管理政策和程序；审核部门及企业预算草案；根据需要，调整及修订年度预算；审批与预算相关的控制政策和考核标准；审核超预算支出及其处理建议；召集预算执行分析会议，并决定考核、处理方案或修正预算的意见等。

全面预算管理是将企业决策目标和资源配置以预算的方式加以量化，并且结合实际情况保证目标得以实现的管理过程。其内容主要表现在：

1. 站在集团的高度制定预算体系，达到制度、规范、标准等统一

由集团统一制定规范，统一下发预算维度，各下属单位要给予高度重视，做好全面

动员工作，加强基础业务数据的收集整理，将预算的编制工作逐层下达至各相关业务部门，以业务部门编制的业务预算数据为基础形成最终的财务预算，编制的预算应有理有据，严厉杜绝由财务部门一编到底的现象。

2. 加强集团内部各企业和部门之间的相互协调和沟通交流，降低内耗，落实责任

各企业一定要将相关业务按照涉及的部门参照编报说明的要求由相关业务部门编制，并以此作为执行预算的标准，将相应的责任落实到责任方，对于最终确定的业务预算，应由该部门责任人审核并签字确认，真正实现全面预算的全员、全额、全程、全面的特点。

3. 提高预算编制底稿的质量

(1)所有预算数据都应注明编制的依据或假设条件；

(2)预算编制底稿要条理清晰，便于查阅；

(3)预算系统与财务、业务系统紧密集成，预算表应与基础表数据勾稽相符，核对一致，保证数据具有可追溯性；

(4)实现传统的事后控制到全面预算的事前计划、事中控制、事后分析全程控制的转变。

4. 要求上报的材料

(1)预算编制与控制模型。如以配方为依据的制药生产成本分解模型，提高生产和成本预算的分解效率；投资类项目的项目预算与控制模型，可以按照项目进度和合同进行支出控制。

(2)各个基础业务部门编制的预算表。

(3)合并公司与分、子公司的汇总表与基础表，包括销售预算、专项预算、生产预算、材料预算、人工预算、薪酬预算、销售费用、管理费用、财务费用和现金流量表预算、利润表预算、资产负债表预算。

(4)预算说明材料(电子文件)。各企业要针对财务预算形成文字性的说明材料，说明主要预算经济指标及其同比变化的比率与金额、主要预算经济指标变动达10%及以上的原因、主要产品产量、成本以及价格预算同比发生大幅变动的原因、预计资本性投资项目情况、企业预计将面临的主要问题以及将采取的解决措施等。

5. 对集团的各项资源进行优化配置，提高集团的综合竞争力

预算的编制和执行情况进行科学的、全面的、动态的监控和分析，可以随时掌握公司的业务情况，防范经营风险，各企业要保证填报数据的真实性与可比性，以免上下反复多次，影响预算的质量，同时严格保证预算表的上报时间。

第四节 上云集团成本管理

一、上云集团成本管理现状与痛点

目前上云集团及其下级单位主营业务类型主要分为医药生产及医药贸易两类。各单位均按照集团公司成本管控指引文件进行成本管理。

(1)原有的成本核算混乱，并且维度只能严格对外，不适应集团内部管理需要，希望借助 ERP 系统加强成本管理和进行科学管理分析。

(2)不能及时了解成本的波动情况，无法为制定销售价格、降低生产成本提供准确依据，并为提高产品质量提供分析依据，没有实现成本精细化管理。

(3)目前集团层面没有完整的成本管理体系，集团公司层面无法直接查询分析各产品成本情况，只能通过联系各单位查询各自报表获取成本数据进行分析。

二、管理期望

各单位在进行成本核算工作中，直接材料或直接费用可直接进行归集，其他各项间接费用分摊依据有以产量、水量、电量等为比例，分摊周期统一为月度。

实现按批核算成本，管理更加精细。原始数据来自业务系统，物料消耗、工时、机时等数据来自车间的每道工序，物料价格是由供应链系统计算得出，相关费用进行分配时根据每道工序的产量和消耗工时，在每笔订单的每道工序进行分配，最大程度上保证成本核算的准确。

实现成本的各种对比分析，产品的成本既能分析到工序的中间体也能还原到原材料，能够分析每批产品成本的构成、不同月份的成本波动、成本差异分析和差异构成，满足财务和各车间控制、考核的需要。

在集团总部层面实现：

(1)结合预算管理系统向各子公司下达成本指标和关键指标；

(2)在实现财务、业务一体化集成应用的基础上，自动归集各下属单位成本报表和关键单耗指标数据，实现自动统计、汇总、分析；

(3)为预算考核和绩效考核提供成本数据。

在各下属单位层面实现：

(1)利用预算系统承接集团成本管理要求，并将细化的成本指标下达至各部门、责任中心；

(2)在财务、业务一体化集成应用的基础上,自动归集各子公司成本报表和关键单耗指标数据,为子公司提供月成本、年成本等统计分析报表;

(3)通过成本考核逐步完善成本管理体系,包括成本归集、成本还原、成本控制及分析。

第五节 上云集团利润中心管理

一、上云集团利润中心管理现状与痛点

制药行业由于销售竞争中的促销活动使得销售费用越来越高,激烈的质量竞争又使得产品的成本也越来越高,这种"双高"的结果虽然使企业的销售额不断增长,但实际利润却不断下降,从而与企业追求的最终目标利润最大化背道而驰。为此,企业又将其管理的重点由销售额转向了利润的绝对值,管理的中心又从市场向企业内部转移,管理的目标转向了以利润为中心的成本管理,即在生产和营销部门的各个环节上最大限度地削减生产成本和压缩销售费用,企业管理进入了利润中心时代。

对于制药企业来说,成本中心控制的关键在于标准成本的制订。标准成本一般有两种制订思路:一种是根据生产单位较长时间内所达到成本的实际水平来确定,这实际上是一种历史成本;另一种是根据生产单位在正常情况下经过努力可以达到的水平进行确定,一般称为正常标准成本,例如按照工艺配比计算的消耗。历史成本一般针对产品种类比较单一、各项技术工艺也很稳定的情况下使用,应用范围比较窄。正常标准成本是根据材料用量标准、材料价格标准和直接人工标准确定的:材料的用量标准是材料消耗定额;材料的价格标准是企业编制的计划价格;直接人工标准是由工时用量标准和标准工资率确定的。有时为了内部采用协商价格,就必须计算产品的制造成本。制造成本除了投入的直接材料、人工成本外,还有制造费用。制造费用为变动制造费用和固定制造费用两部分。只有在采用完全成本法的情况下,才需要将固定制造费用计入产品成本,此时才需确定其标准成本。在内部计算转移价格时,可以考虑完全成本;但是在考核责任中心负责人时,只考虑可变成本。

内部虚拟市场的难点在于各利润中心产品或服务价格的转移。由于内部市场并不等同于外部市场,买卖双方不能自由选择供方和买方,所以只能以转移价格计算各自利润。内部转移价格一般有三种形式:

(1)市场价格。应用前提是产品价格比较透明,产品质量具有同质性,或者买卖双方有选择内部交易或者外部交易的自由。

(2)成本转移价格。一般是按标准成本或者标准成本加成计算转移价格。它适用于各利润中心不能自由选择供方或买方。成本转移价格的优点是将管理和核算结合起来,可以避免供应方成本高低对使用方的影响,有利于调动供需双方降低成本的积极性;缺点是加成利润率的确定带有主观随意性,企业内部常常可能会为此争得不可开交。

(3)协商价格。运用前提是责任中心转移的产品应具有在非竞争性市场买卖的可能性。在该市场内,买卖双方有权自主决定是否买卖这种中间产品。价格范围的上限是市价,下限是单位变动成本,具体价格由各相关责任中心在上下限范围内协商决定。协商价格的优点是可以满足双方的需要,能激励双方在经营上充分发挥其主动性和积极性。

制定内部转移价格虽然比较难,但是按上述三种方式一般还是能够解决问题的,有时候为了调节内部矛盾和利益,可以考虑采用双重价格,例如计算生产部门利润时,收入考虑市场价;在计算销售部门利润时,产品按生产成本价计算。内部转移价格的制定还需要注意以下几个方面的问题:

(1)采用内部转移价格的各单位从属于一个企业,企业总利益是一致的。制定内部转移价格,只是为了分清各单位的责任,有效的考核评价各单位的业绩。在这种情况下,企业制定内部转移价格,要从全局出发,使局部利益和整体利益协调统一,力争使企业整体利益最大化。

(2)内部转移价格的制定应公平合理,防止某些单位因价格上的缺陷而获得一些额外的利益或损失。在商品经济条件下,商品交换是按等价原则进行的,高质高价、低质低价。如果制定的内部转移价格不合理,就会影响单位的生产经营积极性。

(3)高层管理者不应干预各个利润中心负责人的自主决策。在企业整体利益最大化的前提下,各单位有一定的自主权,如生产权、技术权、人事权和理财权等,制定的内部转移价格必须为各方所接受。

二、管理期望

企业为追求未来的发展与营运绩效,现行的功能性组织已无法适应。上云集团需要对组织内部管理进行变革,进行利润中心设计以达成公司的策略规划。

1. 企业实现利润最大化

随着市场经济的发展,卖方市场逐渐向买方市场转换,企业不能再将成本管理简单地等同于降低成本。因为,企业不仅要关注产品的生产成本,而且要关注其产品能在市场上实现的效益。适应瞬息万变的环境,以获得持续性的竞争优势,是现代企业必须考虑的首要问题。确实,在相关指标不变的情况下,降低成本支出的绝对额,会相应地增加企业的收益。然而,在各项经济指标发生变化的情况下,有时增加成本支出的绝对额，反而会相应地增加企业的收益，例如投入到新产品的研发费用、设备的改造费用、人员的培训费用、建立平台的投入费用等。因此，现代企业成本管理的内容不仅仅是孤立地降低成本，其目的是从成本与效益的对比中寻找成本最小化。建立利润中心最根本的目的是实现企业整体利润最大化，产生“1＋1＞2”的效果，否则就没有什么意义。由于利润中心有一定的自主经营权，它可以根据利润最大化原则去组织生产，从而改变企业经济增长方式的转变，这样当每个个体利润最大化时，企业整体利润也是最大化的。建立利润中心后，原有的成本中心依然存在，同时受到利润中心的调控，成本控制会由过去的“被动”型转变为“主动”型，每个利润中心都会不断地想方设法提高“收入”、压缩成本，实现本部门的利润最大化，从而实现公司整体利润最大化。

2. 调动管理人员的积极性

建立利润中心，必然在企业内部实行分级管理，必然需要向相关责任人员授予相应的权力，使其责、权、利对等，这虽然对管理人员的素质要求较高，但更重要的是，能够充分调动管理人员的积极性，使其充分施展个人才能。再者，利润中心包含着更明确的利益关系，利润中心的业绩通过与利润中心工作人员经济利益直接相关的利润指标来考核评价，更有利于明确责任和加强管理，也更有利于管理人员获得各方面市场信息并及时做出反应。

3. 优化组织结构

纵观当今世界，弹性的和分权化的企业组织形式成为组织变革的趋势，传统的职能型组织结构已被技术上的功能集成型和管理上的职能集成型的组织结构所代替。建立利润中心需要对企业的内部结构按照事业部或者产品线进行重新设计，这必然会导致企业内部组织结构的重大调整和优化。目前，上云集团的组织既没有达到技术上的功能集成，如成立的许多诸如安全、质量、环保、预算、标准化、社会责任等管理委员会，绝大部分没有有效运行，空有虚名；在管理上也没有完全实现职能集成，如人力资源的规划、绩效、薪酬职能在企管部的企管办，招聘、福利、培训、员工关系职能在行政后勤部的人力资源处。建立利润中心对企业组织机构的调整和设置能够起到优化促进作用。

第六节　上云集团财务集中管控管理

一、上云集团财务管理现状与痛点

上云集团各分子公司前期已在集团范围内统一部署了一套基础的财务管理信息系统平台，用于支撑所属单位的基础会计核算及查询相关工作，包括统一的岗位及职责规划、统一的总账科目规划、统一的凭证处理平台、统一的账表查询平台、统一的财务报表规划平台等。在遵循前期规划集中管控原则的前提下，上云集团允许各分子公司在信息系统中对其他内容进行灵活的系统配置及数据录入。例如，灵活设置各单位二级及以下明细会计科目、各分子公司独立管理各自的客户及供应商信息、固定资产相关业务对应的总账数据可独立于资产系统卡片数据独立录入、报表公式可由各公司灵活设置及调整等。

上云集团已部署的基础财务管理信息系统包含的系统模块及实现的管理工作内容，见表3—1。

表3—1　上云集团系统应用情况

模块	管理工作要点	管理工作内容概述
总账	凭证制单、审核、记账、凭证查询、账表查询	主要通过手工录入方式，对凭证进行管理
往来	往来账表查询	主要对外部个人、外部客户或供应商进行往来款项的查询管理
辅助	辅助账表查询	主要对科目进行自定义辅助信息的查询管理，例如主营业务收入的存货项目查询
固定资产	资产卡片管理、计提折旧、资产新增、资产变更、资产减少	主要对固定资产卡片进行集中管理，包括新增、折旧、变更、减少等记录，固定资产系统运行独立于总账管理
报表	新建报表、报表计算、简单合并报表	主要对各单位的单体报表实现自动计算，各单位可灵活定义报表公式、灵活取数。对于上云集团的合并报表仅仅实现了简单汇总及合并，内部单位间的内部往来、购销、现金流量等内部交易业务均通过手工Excel统计

通过以上基础信息系统的实施，能够实现上云集团财务工作的部分集中管控，在系统运行过程中，上云集团高层领导也逐渐发现，当前的财务管理信息系统应用对于将来加强集团管控和促进财务转型存在如下几方面的问题：

1. 未建立严格统一的财务制度及规范

在没有集团统一的财务制度及规范的约束下，上云集团各分子公司在满足集团基础管控要求的基础上，为实现本单位实际业务需求，会在信息系统中灵活配置各种参数和基础数据框架，使得同质业务的配置和基础数据框架与集团内其他单位相比差异较大。整个信息系统内数据量大，但是却杂乱无章，集团高层难以从各分子公司在信息系统现有的数据中，抽取较为精细、有意义的数据，对于一些必要的分析报告还需手工处理。

2. 自动化程度较低

上云集团已实施应用的财务管理信息系统对于数据处理的自动化，主要集中在对数据结果的处理，而对于数据过程的计算和分析自动化程度则较弱。例如，凭证数据大部分通过手工录入完成；合并报表数据主要来源于手工编制的 Excel 表格数据。

3. 数据联动较弱

上云集团在信息系统中已应用的各个模块，各自独立运行，相互间数据勾稽关系较弱。例如，固定资产卡片数据在固定资产系统维护，而相关记账凭证却不依赖于卡片数据，在总账中单独记录，经常会出现资产账与总账不平的问题；报表无法获取固定资产系统的卡片数据等。

4. 应用广度不够

上云集团已应用的财务管理信息系统虽然能够满足基本核算业务，但是对于一些业务量较大的日常事务仍然存在手工处理的现象，而是否将其纳入信息系统实现自动化处理，在集团范围内始终未能达成共识。例如，银行对账业务量较大，而上云集团内只有部分单位通过信息系统进行自动处理，大部分单位业务处理人员仍然习惯使用 Excel 完成对账工作；上云集团高层领导比较关注应收款项的账龄分析，各分子公司采用 Excel 手工处理，未使用信息系统中的账龄分析功能，而手工分析的数据效率和质量又无法保障。

二、管理期望

2018 年初，上云集团以集团管控为出发点，期望在现有的财务管理信息系统基础上，进行规范整合，在集团范围内搭建高度统一的财务管理信息系统平台，提升系统使用广度、数据自动化处理程度，加强数据联动应用，用以支撑各分子公司的会计核算与财务管理工作。对此，上云集团高层明确提出如下几点管控要求：

1. 搭建集团范围内统一、集成、开放、安全的基础设置标准化平台

取消各分子公司原有的私有基础数据设置，按集团财务管控发文要求，进行统一整合，规划一套适合集团各单位使用的基础数据标准，统一下发并共享给各单位使用。待整合的基础数据内容包括但不限于：各模块系统参数配置、会计科目编号及名称、辅助核算编号及名称、往来客户或供应商编号及名称、固定资产基础数据（资产类别、折旧年限、折旧方法等）、报表格式及公式等。

（1）统一使用信息系统自动处理银行对账工作。所有重要的银行存款科目必须进行银行对账工作，通过信息系统实现自动化处理，生成余额调整表，并可对历史调整表进行保存及查看。

（2）统一使用信息系统，按统一账龄区间自动完成应收款项账龄分析。应收款项必须按照统一的账龄区间按月出具账龄分析数据，通过信息系统实现自动化处理，可

实时生成账龄分析表，针对不同区间的应收款项，可设置不同的坏账比例，预估坏账金额。

（3）加强固定资产卡片数据与总账数据联动应用。固定资产相关业务总账凭证必须依赖于资产卡片，并且是唯一数据来源，通过资产卡片可自动生成记账凭证。为进一步保障资产账与总账实时平衡，不允许在总账手工修改相关凭证，并且资产对应相关业务科目（例如，固定资产、累计折旧、减值准备）不允许在总账中手工录入，并且可由信息系统自动处理资产账与总账的平衡检查。

（4）统一使用信息系统自动处理各单位内部交易抵消业务。集团内各单位间的内部往来、内部购销、内部现金流量业务，必须通过信息系统自动归集、抵消，并出具抵消报表，以备合并报表及底稿分析使用。

（5）提高报表处理效率及自动化处理程度。按集团管控发文要求，由集团系统管理员统一配置报表格式及取数公式，并进行统一封存管理，每月限定日期统一出具各单位单体报表，并快速出具集团合并报表及底稿分析数据。

第四章　主题一：浪潮 GS 产品介绍

第一节　浪潮 GS 产品介绍

一、产品介绍

浪潮 GS 管理软件是浪潮通软深化践行云战略、积极推动企业云落地的重大成果，也是浪潮 ERP 乘云之势、引领高端的重要体现。该套软件在管理思想内涵、应用模式以及应用特性等方面都进行了突破性的创新，是 GS 系列产品发展史上最为重要的里程碑。

浪潮 GS 面向大中型集团企业，以“集中、协同、精细、智能”为产品理念进行设计，采用 SOA 架构和先进开放的 GSP 应用中间件开发，形成了集团管控 13 大领域 15 大行业 60 余个细分行业的解决方案。在管理方面，浪潮 GS 能帮助企业有效实现财务集中管理、资金集中管理、资产集中管理、供应链集中管理，从而达到集团信息的集中监控以及企业集团成员之间资源共享、合作共赢、共同发展。在业务方面，浪潮 GS 支持供应链协同、生产管理协同，打破企业资源（人、财、物、信息、流程等）之间的各种壁垒和边界，帮助企业实现内外供应链的全面管理，从而提高整个产业链对客户的反应速度，提升客户满意度。

浪潮 GS 管理软件凝聚了浪潮 20 多年的管理软件研发和信息化建设经验，借鉴了世界领先集团企业的管理思想和管理模式，汇集了 30 余万家不同规模、不同行业的企业信息化应用场景，包含财务会计、财务控制、资金管理、全面预算、供应链管理、生产制造管理、战略成本管理等关键应用，真正形成了面向多组织的完整应用，全面支撑“财务管控与业务管控并重”的集团管控新趋势，辅助集团企业迎接多元化、全球化发展的挑战。

浪潮 GS 涵盖了集团战略层、集团管控层、企业运营层三个层面的企业管理的主要需求。战略层以企业战略制定为主，包括战略目标、决策支持、绩效评价、风险与内控、全面预算等，帮助企业管控风险，达成战略目标，实现企业的持续超越。集团管控层以管理与控制为主，包括财务管理、资金管理、资产管理、人力资源管理等。企业运营层实现从原材料采购、生产加工到最终销售的整个价值链的管理，包括电子采购、采购管理、仓储管理、生产制造、销售与分销管理、电子销售等，帮助企业快速响应客户需求，提升企业经营效益。通过对这些功能模块的有机集成，以企业信息门户的方式为决策层、管理层及业务层面的人员提供了先进的管理工具与平台。

二、产品结构

浪潮 GS 产品结构见图 4—1。

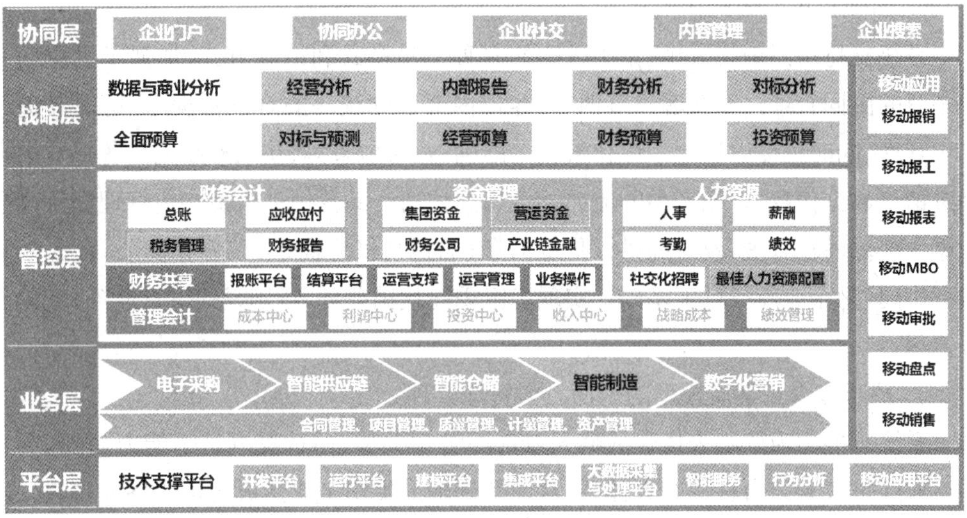

图 4—1　浪潮 GS 产品结构

三、产品特性

1. 为企业集团打造一个综合经营管理平台

在统一平台上打通了集团战略管理、集团财务管理和企业资源计划信息通道，真正实现了资金流和物流的闭环管理。通过内嵌的预警平台、企业搜索引擎和协同 OA 功能，实现了工作流和信息流的融合。浪潮 GS 为企业集团经营管理者、业务主管和各种管理人员提供了一个“人财物产供销”、协同办公和安全运维一体化的综合经营管理平台。

2. 实现集中式财务管理

集团在统一的标准编码体系和财务制度下，实现集中的财务核算处理。通过并表到并账的转变，实现集团综合查询和报表的实时计算，随时掌握企业运营状况，缩短了报表编报周期和财务决算时间，加快了财务信息披露。

3. 基于全面预算的目标管理闭环

系统支持多组织、多维度的预算编制、审批，支持多上多下的预算流程管理，实现了预算的目标管理、事中控制和事后分析。帮助集团优化全面预算管理体系，提高集团监控能力。

4. 实现了集中资金管理的“五统一”

集中资金管理系统解决了企业统一结算、统一信贷、统一预算、统一调度、统一监管的管理需求。帮助集团完成结算中心的组建，规划结算中心职能与流程，提升资金管理能力。

5. 加强了供应链的协同运营

系统支持集团销售分销、集中采购的多种交易模式和结算方式，加强了供应商和经销商的协同管理。整合客户资源，在客户内部建立统一的客户数据库，可对其进行集中管理，同时也可以进行个性化管理。准确、及时地采集、获取产品流通各环节中产品进销存数据信息，跟踪产品的流向、流量，为公司产品营销和渠道终端管理提供科学依据。规范库存管理，及时提供存货量信息；加强与供应商、第三方物流公司、客户的业务协同，为企业商务打下基础。实现多级委托代销业务，特别是代供货业务，理顺业务流程。

6. 基于能力和素质模型的全面人力资源管理

系统以能力为核心来搭建战略人力资源管理框架，通过提升员工能力、提高员工的敬业度来改善人力资源管理体系，从而达到辅助集团企业达成既定战略的目的。

7. 融合内控体系，加强风险管理

融合内控及风险管理体系，合理保证企业经营管理合法合规、资产安全、财务报告及相关信息真实完整，提高经营效率和效果，促进企业实现发展战略。

8. 建立了丰富的商业智能模型

系统提供了多种 BI 工具，包括万能查询、指标工具、智能报告、多维分析工具、管理驾驶舱和综合展板，推出了六大分析应用，包括财务分析、财务监管、资金分析、预算分析、销售分析和供应链分析，共包括分析、评价、预警、预测、优化 5 类 213 个模型或应用，极大地丰富了企业的决策智库。

第二节　浪潮 GS 客户端安装

一、GS 软件运行环境介绍

为保证 GS 客户端能够顺利安装并稳定运行，对于每个操作用户使用的电脑，都需达到 GS 客户端安装所要求的最低甚至更高的配置，主要包括硬件和软件两方面的环境配置，见表 4－1 所示。

表 4－1　　**客户端运行环境配置要求**

类　别	最低配置要求
硬件运行环境	内存 4G，硬盘 250G，网卡 100M
软件运行环境	操作系统：Windows 7，Windows 8，Windows10 浏览器：支持 IE11 及以上版本

二、IE 浏览器配置

GS 客户端运行前，一般建议对 IE 浏览器进行相关配置，以保证为 GS 提供一个相对稳定的操作环境，主要包括受信任站点的添加、一些控件的设置等内容。下面以 IE8 为例说明，具体操作如下：

第一步：打开 IE 浏览器（Internet Explorer），执行【工具】→【Internet 选项】→【安全】→【可信站点】→【站点】，在打开的可信站点设置窗口中输入 GS 客户端安装的 IP 地址，点击【添加】并关闭即可，如图 4－2 所示。

第二步：执行【Internet 选项】→【安全】→【Internet】→【自定义级别】，如图 4－3 所示。

第三步：在打开的自定义级别设置对话框中，找到“ActiveX 控件和插件”设置选项，将该项下所有的内容均勾选为“启用”，点击“确定”即可，如图 4－4 所示。

第四步：分别执行【Internet 选项】→【安全】→【本地 Intranet】→【自定义级别】和【工具】→【Internet 选项】→【安全】→【可信站点】→【自定义级别】，对“ActiveX 控件和插件”的设置选项进行启用的设置，同第三步的操作。

第五步：执行【Internet 选项】→【高级】，找到“安全”设置选项，将“启用内存保护帮助减少联机攻击”取消勾选，同时勾选“允许运行或安装软件，即使签名无效”，如图 4－5 所示。

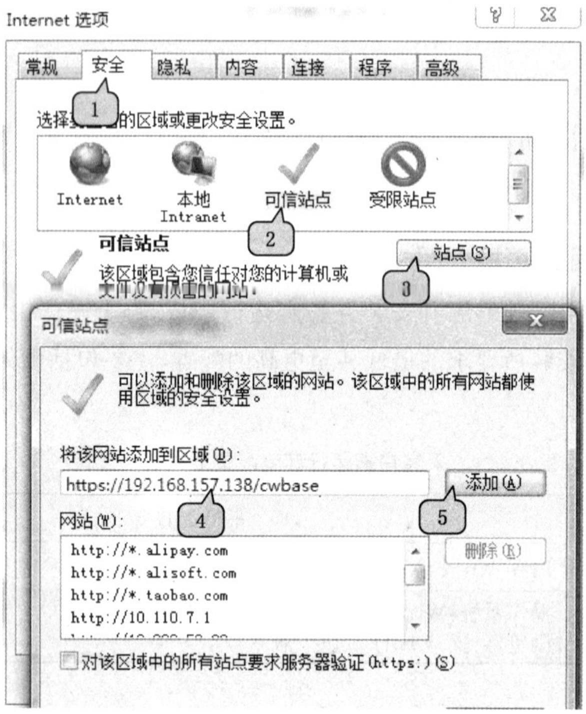

图 4－2　IE 浏览器配置——可信站点

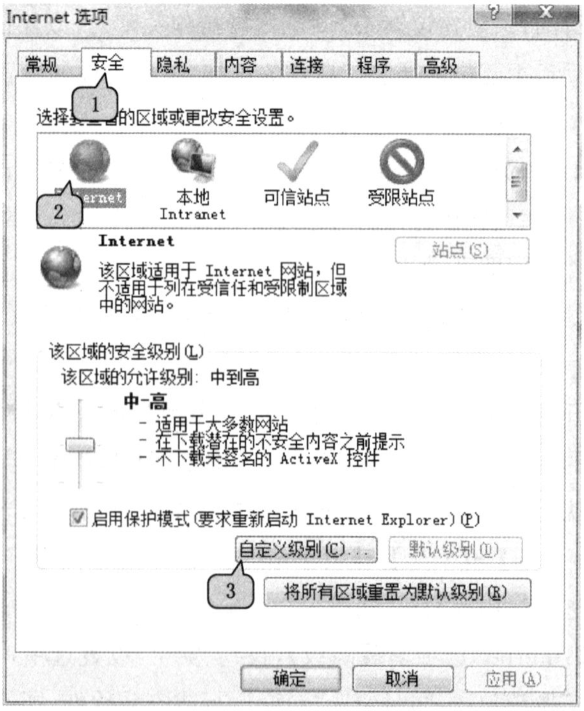

图 4－3　IE 浏览器配置——Internet 自定义级别

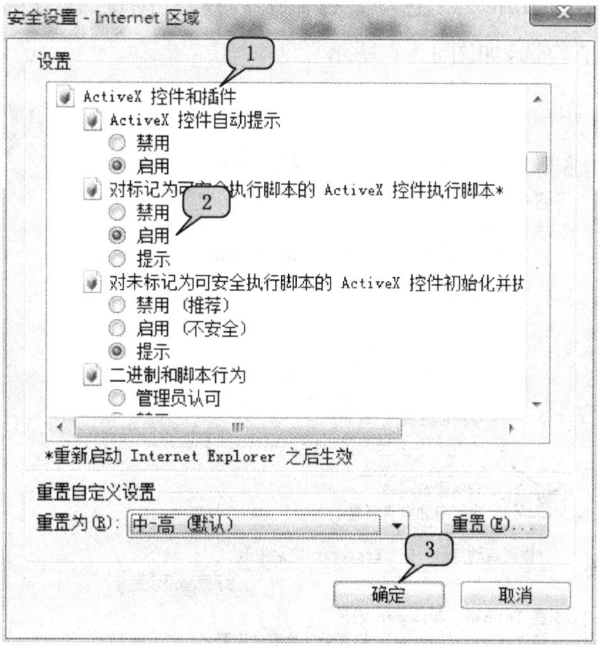

图 4—4　IE 浏览器配置——Internet 区域 ActiveX 控件和插件

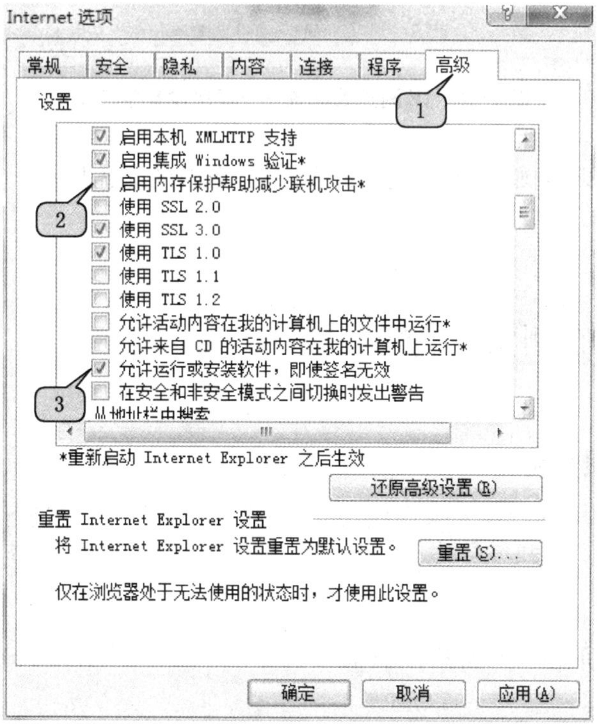

图 4—5　IE 浏览器配置——高级设置第一步

第六步:同样执行【Internet 选项】→【高级】,找到"浏览"设置选项,将"启用第三方浏览器扩展"取消勾选,如图 4—6 所示。

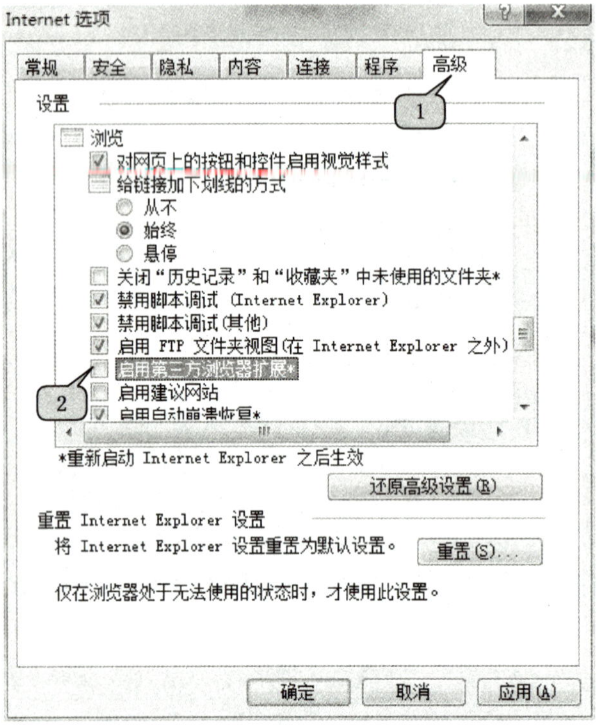

图 4—6 IE 浏览器配置——高级设置第二步

第七步:按照以上操作,IE 浏览器配置完毕,退出浏览器即可。

第三节 案例实践

一、任务背景介绍

浪潮 GS 是基于客户端来操作使用的,因此,操作用户需要进行客户端的安装才可进行相关应用。

二、任务一:浪潮 GS 客户端安装

(一)任务描述

请安装 GS 客户端,并能登录。

(二)任务实施

1. 客户端安装

可采用两种方式,在线安装或拷贝客户端,具体操作方法如下:

(1)在线安装方式。

第一步:打开 IE 浏览器,在网址处输入客户端安装的网址(固定格式为:http://服务器 IP 地址/cwbase),在浏览界面点击"PC 客户端下载",如图 4-7 所示。

图 4-7 在线安装——IP 地址输入

若使用除 IE 浏览器以外的其他浏览器(如 360 浏览器),输入 GS 客户端安装网址后,点击"点击在线安装"即可,如图 4-8 所示。

第二步:点击"PC 客户端下载"或"点击在线安装"后,执行客户端的安装程序,需要输入服务器 IP 地址,点击"下一步",如图 4-9 所示。

第三步:在安装过程中对客户端环境进行检测的时候,对于需要修复的内容,点击"一键修复",如图 4-10 所示,修复完成后,点击"下一步"。

第四步:在客户端安装时可以修改安装路径,点击"立即安装",如图 4-11 所示,直至 GS 客户端安装完毕。

(2)客户端直接拷贝方式。可从其他已正确安装 GS 客户端的设备上拷贝安装文件夹,然后直接使用。对于已经安装 GS 客户端的设备,可通过如下方式查找安装文件夹。

图 4－8　在线安装——点击在线安装

图 4－9　在线安装——输入服务器 IP

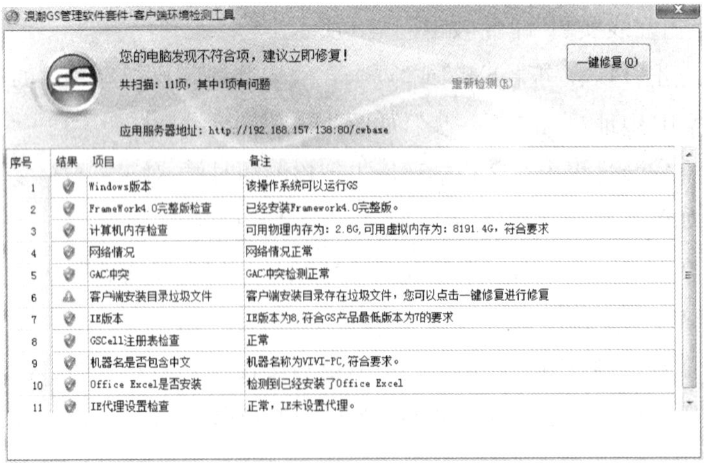

图 4－10　在线安装——客户端环境检测

图 4—11　在线安装——安装路径设置

第一步:找到 GS 登录的快捷图标,鼠标点击右键,选择“打开文件位置”,如图 4—12所示。

图 4—12　客户端拷贝安装方式第一步

第二步:在图 4—12 选择"打开文件位置"时,会自动打开 GS 客户端的根目录,对应目录将"Inspur"文件夹拷贝出来,如图 4—13 所示。

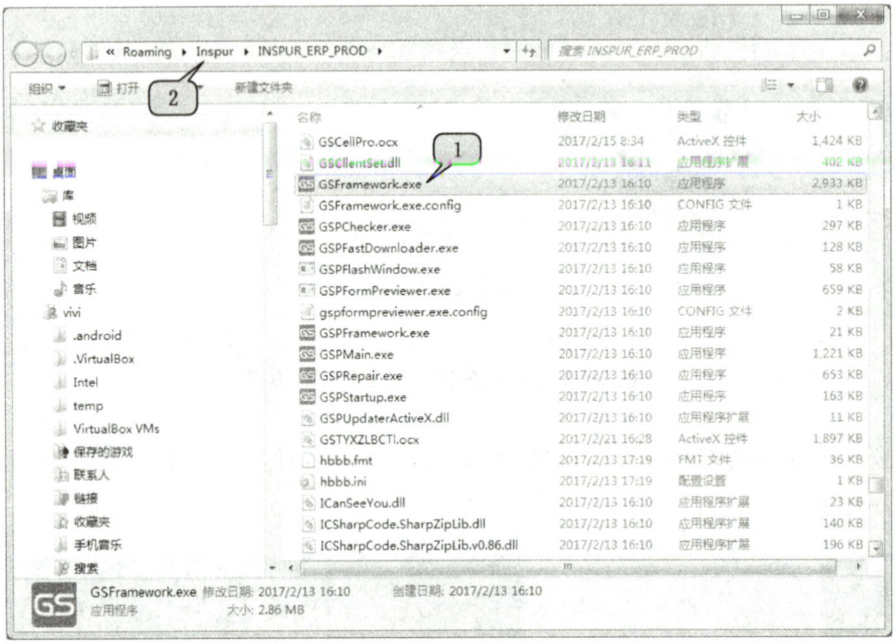

图 4—13 客户端拷贝安装方式第二步

第三步:将"Inspur"文件夹拷贝到新的设备上以后,找到"GSFramework.exe"文件,也就是图 4—13 中的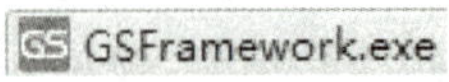,打开后配置服务器 IP 就可直接登录客户端。

第四步:可将 GSFramework.exe 登录文件设置成桌面快捷方式,便于登录。在拷贝的"Inspur"文件夹中,找到"GSFramework.exe"文件,鼠标点击右键,选择"发送到",再点击"桌面快捷方式",就可在桌面形成一个快捷图标,如图 4—14 所示。

2. 掌握 GS 客户端的登录

GS 客户端安装完毕后,即可进行登录,操作步骤如下:

第一步:客户端在线安装完成后,在电脑桌面会保存一个标注 GS 的快捷图标,双击打开,显示如图 4—15 所示,选择需要登录的应用实例和登录日期,输入用户名和密码,点击"确定"即可登录。

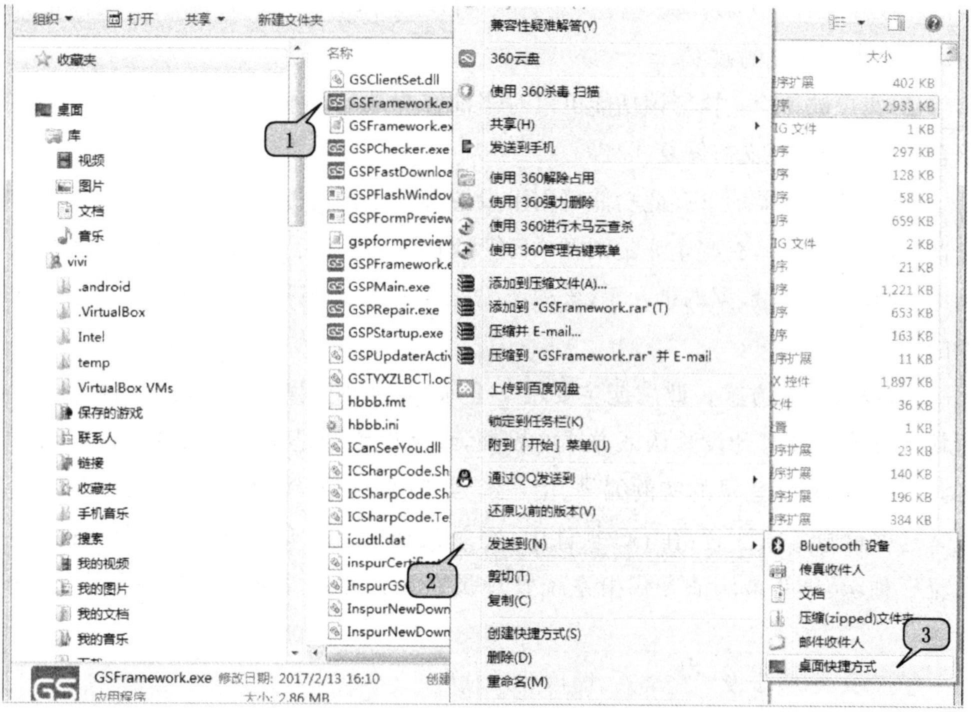

图 4—14　客户端拷贝安装方式第三步

图 4—15　GS 客户端登录——界面介绍

第二步：在 GS 登录界面，可以点击“高级”，进行一些高级选项的配置及设置，主要包括如下：

（1）客户端文件预下载。此功能不是必须要执行的功能，即便不进行文件预下载，系统也会在第一次使用这个功能时自动下载相关文件，一般一个功能第一次使用时需要消耗数秒的时间下载相关文件。此功能可以在空闲时预先下载相关的文件，提升第一次使用某个功能的效率。

（2）客户端体检。执行该功能可以对当前客户端的基本运行环境进行检测，对不符合的一些项目还支持修复。

（3）设置服务器地址。此功能可用于设置多个不同的服务器地址，并进行当前服务器的切换。例如，有些企业集团在 GS 管理软件初期运行使用时，会准备多个服务器用于测试或正式数据的录入等，该种情况就可以通过设置服务器地址进行新增和切换的操作。

（4）设置认证方式。此功能主要用于登录 GS 时使用的一些认证信息，点击"设置认证方式"，在打开设置认证方式的界面，经常设置的是认证方式的默认信息。例如，需要保存经常登录的实例编号、用户编号和用户密码等，再次登录时就无须重复输入这些信息。需注意：在 GS 软件中，登录认证方式有单一认证、组合认证、多选认证三种，具体登录认证方式由系统管理员在用户维护中根据企业实际情况进行设置。

第三步：前两步设置完毕后，即可登录软件。

三、任务二：浪潮 GS 登录框架熟悉

（一）任务描述

熟悉 GS 登录界面基本功能、高级功能。

熟悉 GS 主界面工具栏、功能模块等内容。

（二）任务实施

登录软件后，主要分为上、下、左、中、右五大区域，每个区域代表不同的含义。

1. 上方区域

代表工具栏信息，经常使用的功能如下：

（1）个人信息设置。点击个人信息图标，在打开个人信息设置的界面，在"全局权限"和"我的权限"选项下能够查看对应的功能权限、数据权限等权限信息；切换到"安全设置"选项，可以进行修改密码的操作；切换到"常规设置"选项下，可以对"启动和登录""主框架"等内容进行设置。例如，登录后自动显示新功能提醒、3 分钟内不操作自动锁屏等，如图 4—16 所示。

（2）产品百科。对于不熟悉或想要了解的功能可以通过查看产品百科了解，点击产品百科图标，即可查看相关内容的简要说明。

（3）关于 GS。点击关于图标可以查看 GS 的版本号，以及各个模块的版本号，如图 4—17 所示。

图4—16　GS框架——个人信息

图 4－17　GS 框架——版本信息

2. 左、中、右和下方区域

分别代表功能模块列表区域、功能菜单列表区域、全局权限列表区域、用户登录状态信息区域，如图 4－18 所示。

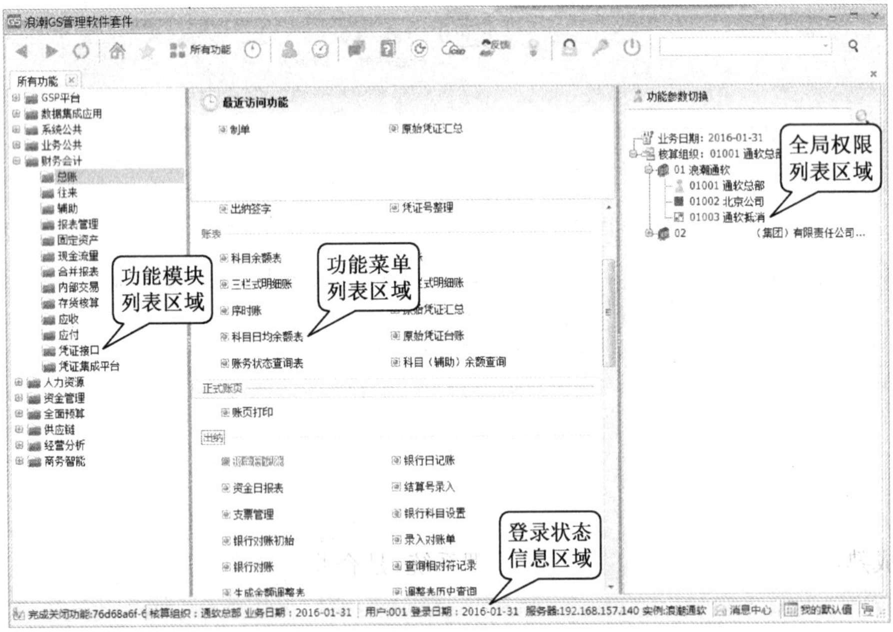

图 4－18　GS 框架——功能模块、菜单、全局权限及登录状态区域

第五章　主题二:全面预算

第一节　相关知识

一、企业预算的作用

预算是日常经营计划和长期战略目标的一种数量表现,即通过有关的数据将企业全部经营活动的各项目标具体而系统地反映出来。

预算量化了企业应达到的目标。企业将经营的实际成果同预算进行对比,揭示两者间的差异并分析其原因,可对未来的经济活动加以控制。企业根据制定的各种预算,可以定期或不定期地对各部门执行情况进行考核与评价,及时纠正偏差,确保决策目标的实现。

企业各部门为了达到各自的目标需要预先进行具体的部署,帮助企业各部门员工明确各自的奋斗目标,从而实现企业既定的总目标。预算工作使得企业各部门的工作形成一个有机整体。在预算的编制过程中,通过企业各部门人员的参与,可以发挥每个人的积极性,确保预算的执行。在预算的执行过程中,各部门通过对比分析,能及时揭示实际脱离预算的差异,以便采取必要措施,保证预算目标的实现。在生产经营过程中,通过实际完成预算情况的考核,企业可以对各部门的工作成绩进行评价,并利用奖惩制度,激励员工工作的积极性。

二、全面预算管理

全面预算管理是国际大企业通用的企业管理方法。全面预算管理作为对现代企业成熟与发展起过重大推动作用的管理系统,是企业内部管理通知的一种主要方法。这一方法自从 20 世纪 20 年代在美国的通用电气、杜邦、通用汽车公司产生之后,很快就成为大型工商企业的标准作业程序。

全面预算是管理会计的基础,没有预算也就无法开展事前预测、事中控制和事后考核分析。企业管理的本质就是要通过这些相互关联的、系统的预算指标，在对企业历史上积累的各类结构化与非结构化数据分析、挖掘的基础上，为企业未来的经营设计一套最佳管理方案，以实现企业资源的最佳分配、获取未来业绩的最大回报。

从最初的计划、协调，发展到现在的兼具控制、激励、评价等诸多功能的一种综合贯彻企业经营战略的管理工具，全面预算管理在企业内部控制中日益发挥核心作用。正如著名管理学家戴维·奥利所说的，全面预算管理是为数不多的几个能把企业的所有关键问题融合于一个体系之中的管理控制方法之一。全面预算管理是一个完整的控制过程，要各部门共同协作，不存在哪个部门是主、哪个部门是次。

全面预算反映的是企业未来某一特定期间(一般不超过1年或一个经营周期)的全部生产、经营活动的财务计划，它以实现企业的目标利润(企业一定期间内利润的预计额，是企业奋斗的目标，根据目标利润制定作业指标，如销售量、生产量、成本、资金筹集额等)为目的，以销售利润为起点，进而对生产、成本及现金收支等进行预测，并编制预计损益表、预计现金流量表和预计资产负债表，反映企业在未来的财务状况和经营成果。

(一)全面预算管理的内容

全面预算管理内容由三个部分组成，即经营预算、专门决策预算、财务预算，三项预算互相影响。

1. 经营预算

经营预算是指为反映企业预算期间日常供应、生产、销售、管理等实质性经营活动所编制的，与企业日常业务直接相关的预算，主要包括销售预算、生产预算等。

2. 专门决策预算

专门决策预算是指预算期企业涉及长期投资的、非经常发生的、一次性业务支出的预算。

3. 财务预算

财务预算综合反映各项业务对企业现金流量和经营成果的影响，从而规划企业的现金流量和经营成果。财务预算实际上是业务预算和专项预算的综合体现，落脚点就是现金流量预算，最后形成预计损益表、预计资产负债表和预计现金流量表。

当前信息化和大数据环境下的全面预算管理应该在对企业内外部大数据进行集成、处理、控制、分析、整合等基础上，通过与其他管理工具的配合，帮助企业实现战略落地，使全面预算成为各级单位落实集团战略、提升内部管理的核心措施和手段。

(二)全面预算管理的基本流程

1. 预算目标制定与分解

根据公司的经营目标，选择关键指标作为预算指标，并将其分解到各预算责任单位。

2. 预算编报

建立基于业务特点的预算编制体系,由各基层单位及业务部门参与编制公司年度预算,逐层汇总形成集团公司及各单位整体预算。

3. 预算执行与控制

以预算为基础,开展实际经营活动,辅以控制流程,对预算执行过程进行监督。

4. 预算分析

将实际发生情况与预算指标进行差异分析,并形成公司预算执行分析报告。

5. 预算调整

根据公司内外部环境变化和经营情况,调整年度预算目标与滚动方案。

6. 预算考核

根据各项预算指标和公司预算考核制度,对预算执行结果进行考核评估。

(三)预算目标的制定与分解

在现代企业中,决策层会制定大的战略目标,高管层需要将大目标分解成可执行的小目标,各个部门负责人需要把小目标分解成本部门应当完成的部分。预算目标的制定和分解过程与这一战略目标的制定和分解过程本质上是一致的。

预算目标是企业结合整体目标及资源调配能力,经过合理预测、综合计算和全面平衡,对当年或者超过一个年度的生产经营和财务事项进行相关额度、经费的计划和安排的过程中应达到的标准。

预算目标可作为预算编制的指导目标,通过预算目标的下达,指标化、数字化、明确化地表达了企业年度的经营目标,实际为各级责任主体预算编制指引了方向。企业年度预算目标按一定预算周期分解到各级责任主体,构成了各级责任主体的预算目标责任书,该责任书将作为标准来衡量责任主体所编制的预算。预算目标可作为绩效考评的关键考评项,根据对应责任主体所完成预算目标情况,给出相应的奖惩。预算目标设定值与实际完成值的差异,并为企业绩效考评提供了客观依据。

(四)预算编制

1. 经营预算

(1)销售预算。销售预算是编制预算的起点与关键,因为产品产量、材料、人工、制造费用的支出,以及推销及管理费用和存货水平,都是由产品销售量决定的。

销售预算是以经营目标(即目标利润)为基础,根据市场需求、单价及成本消耗等因素制定的。销售预算的内容主要是销售数量、单价和销售收入等。

在编制销售预算的同时,还要编制应收账款收入预算,以反映各期销售额的应收数和实收数,为现金预算提供依据。

(2)生产预算。销售预算确定以后,即可编制生产预算。产品的生产量是由预计销售量、预计期末存货量和期初存货量共同决定的。其计算公式如下:

预计生产量=预计销售量+预计期末存货-期初存货

(3)直接材料预算。生产量确定以后,就可以编制材料的耗用和采购预算。材料的耗用量取决于生产量的大小及材料库存量。相关的计算公式如下:

预计材料耗用量=预计生产量×单位消耗定额预计材料采购量

=预计材料耗用量+预计期末材料库存量-期初材料库存量

预计材料采购成本=预计材料采购量×单价

(4)直接人工预算。直接人工预算编制的基础是生产预算中的每季生产量、单位产量的工时定额以及单位小时的工资率。其计算公式如下:

预计直接人工成本=预计生产量×单位产品工时定额×单位小时工资率

(5)制造费用预算。制造费用是指生产成本中除直接材料、直接人工以外的其他一切费用,包括变动制造费用和固定制造费用两部分。编制预算时,变动制造费用根据预计生产总工时和预计变动制造费用分配率计算;固定制造费用预算可以按照零基预算的方法确定。另外,在预算表中还要计算以现金支付的费用数,以便为现金预算提供资料。

(6)单位生产成本和期末存货预算。产品生产成本由直接材料、直接人工、制造费用组成。若采用变动成本计算法,产品生产成本和存货成本应该只包括变动生产成本。

(7)销售及管理费用预算。销售及管理费用预算又称营业费用预算,是指制造业务范围以外所发生的各种费用,包括销售人员薪金和佣金、运输费用、广告费、差旅费、办公费、保险费、财产税等。其预算的编制与制造费用预算编制的方法相同。

2. 资本支出预算

资本支出预算是专门决策预算的一种,它是根据企业管理当局做出的长期投资决策项目编制的预算。

3. 财务预算

(1)其他现金收支预算。其他现金收支预算是指企业日常财务管理活动中所发生的各项收支预算,主要包括企业筹集资金预算、多余资金进行短期投资的预算以及发放股利、支付所得税的预算。

(2)现金预算。现金预算是反映企业在预算期内现金收支详细情况的预算。编制该预算可以使企业加强对预算期现金收支的控制,合理使用和调度资金,以保证企业财务活动正常进行。

现金预算一般包括四个部分:

①现金收入。这是指预算初期的现金余额和预算期内可能发生的现金收入,如现金销售收入、应收账款收回等。

②现金支出。这是指预算期内可能发生的所有现金支出。如支付采购材料价款、直接人工、制造费用、销售及管理费用、偿还应付账款、购买设备、预付税金和支付股利等。

③现金的调度。将现金收支相抵,若收入大于支出,则有剩余,可用来归还借款或进行短期投资;若收入小于支出,则出现短缺,应设法向银行借款或采用其他方法筹集资金。

④现金期末余额。将预算期内现金收入总额减去现金支出总额,再减去偿还借款总额或加上资金筹措总额,即可求得现金期末余额。

(3)预计利润表。预计利润表反映了企业在预算期内全部经营活动的最终成果。

(4)预计资产负债表。预计资产负债表反映了企业预算期末有关资产、权益及其相互关系的状况。在期初资产负债表的基础上,依据经营预算和现金预算,即可编制预计资产负债表。

(5)预计现金流量表。预计现金流量表反映企业一定期间现金流入与现金流出情况的一种财务预算,从现金流入和流出两个方面,揭示企业一定期间经营活动、投资活动和筹资活动所产生的现金流量。

(五)预算的执行

企业预算一经批复下达,各预算执行单位就必须认真组织实施,将预算指标层层分解,从横向到纵向落实到内部各部门、各单位、各环节和各岗位,形成全方位的预算执行责任体系。企业应当将预算作为预期内组织、协调各项经营活动的基本依据,将年度预算细分为月份和季度预算,通过分期预算控制,确保年度预算目标的实现。

对于预算内的资金拨付,按照授权审批程序执行。对于预算外的项目支出,应当按预算管理制度规范支付程序。对于无合同、无凭证、无手续的项目支出,不予支付。

企业应当严格执行销售、生产和成本费用预算,努力完成利润指标。在日常控制中,企业应当健全凭证记录,完善各项管理规章制度,严格执行生产经营月度计划和成本费用的定额、定率标准,加强适时监控。对预算执行中出现的异常情况,企业有关部门应及时查明原因,提出解决办法。

企业应当强化现金流量的预算管理,按时组织预算资金的收入,严格控制预算资金的支付,调节资金收付平衡,控制支付风险。

企业应当建立预算报告制度,要求各预算执行单位定期报告预算的执行情况。对于预算执行中发现的新情况、新问题及出现偏差较大的重大项目,企业财务管理部门以至预算委员会应当责成有关预算执行单位查找原因,提出改进经营管理的措施和建议。

企业会计与财务部门应当利用财务报表监控预算的执行情况，及时向预算执行单位、企业预算委员会以至董事会或经理办公会提供财务预算的执行进度、执行差异及其对企业预算目标的影响等财务信息，促进企业完成预算目标。

（六）预算的调整

1. 预算调整程序

企业正式下达的预算，一般不予调整。

预算执行单位在执行中由于市场环境、经营条件、政策法规等发生重大变化，致使预算的编制基础不成立，或者将导致预算执行结果产生重大偏差，可以调整预算。

企业调整预算应当由预算执行单位逐级向企业预算管理委员会提出书面报告。

企业财务管理部门应当对预算执行单位的预算调整报告进行审核分析，集中编制企业年度预算调整方案，提交预算委员会以至企业董事会或经理办公会审议批准，然后下达执行。

2. 预算调整决策要求

(1)预算调整事项不能偏离企业发展战略；

(2)预算调整方案应当在经济上能够实现最优化；

(3)预算调整重点应当放在财务预算执行中出现的重要的、非正常的、不符合常规的关键性差异方面。

（七）预算的分析与考核

实施预算管理的企业应当建立预算分析制度，由预算委员会定期召开预算执行分析会议，全面掌握预算的执行情况，研究、解决预算执行中存在的问题，纠正预算的执行偏差。

开展预算执行分析，企业管理部门及各预算执行单位应当充分收集有关财务、业务、市场、技术、政策、法律等方面的信息资料，根据不同情况分别采用比率分析、比较分析、因素分析、平衡分析等方法，从定量与定性两个层面充分反映预算执行单位的现状、发展趋势及其存在的潜力。

针对预算的执行偏差，企业财务管理部门及各预算执行单位应当充分、客观地分析产生的原因，提出相应的解决措施或建议，提交董事会或经理办公会研究决定。

企业预算委员会应当定期组织预算审计，纠正预算执行中存在的问题，充分发挥内部审计的监督作用，维护预算管理的严肃性。

预算年度终了，预算委员会应当向董事会或者经理办公会报告预算执行情况，并依据预算完成情况和预算审计情况对预算执行单位进行考核。

企业预算执行考核是企业绩效评价的主要内容，应当结合年度内部经济责任制进行考核，与预算执行单位负责人的奖惩挂钩，并作为企业内部人力资源管理的参考。

一个预算就是一种定量计划，用来帮助协调和控制给定时期内资源的获得、配置和使用。编制预算可以看作将构成组织机构的各种利益整合成一个所有各方都同意的计划，并在试图达到目标的过程中，说明计划是可行的。

三、系统概述

浪潮 GS 管理软件的全面预算管理系统（简称预算系统）是一套操作性强、切实可行，且又承载着精细化全面预算管理思想的管理系统。它为集团企业预算的事前编制、事中控制和事后分析提供了平台，实现集团公司对各个成员单位的预算进行管理、平衡、审批，下级单位的预算编制需要贯彻集团管理的目标。预算通过审批后有一定弹性，并且对各项业务能够进行事中的控制，以及事后的各项分析，支持有全面预算需求的大中小型集团企业。

全面预算管理是一套系统的管理方法，它通过合理分配人力、物力和财力等资源协助企业实现战略目标，监控战略目标实施进度，控制费用支出，并预测现金流量和利润。系统以集团战略目标为指导，以预算编制为起点，借助集团管控平台，实现“战略目标→经营计划→过程管控→结果反馈→战略分析”的一体化集团管控流程，实现集团纵向的垂直管控、集中应用和集中决策。全面预算系统能够为集团企业单位构建一套完整的信息化预算管理体系，包括预算目标确定与下达、预算编制与审批、预算调整、预算的执行与控制、预算分析及考核等多方面的管理活动。

浪潮 GS 全面预算产品架构见图 5—1。

图 5—1　浪潮 GS 全面预算产品架构

四、功能介绍

(一)体系定义

预算体系是基于企业现有预算管理体系,结合前期预算咨询规划阶段所出的一套预算管理体系,对其进行维度抽取、模型搭建、数据关系建立、预算报表样式建立、计算关系及汇总关系建立等信息化工作。

(二)基础数据

基础数据初始化工作是在进行全面预算系统操作之前必须完成的。初始化工作可以分为两大步骤:第一步,由集团系统管理员进行集团层面的公共数据、预算基础数据的设置工作;第二步,由各普通公司相关权限人员进行普通公司层面的私有数据的设置工作。

(1)预算指标定义。在全面预算系统应用之前需要先定义好所用到的各个预算指标,该功能位于业务公共中的收支项目定义,预算系统与其他系统共享,需结合费用、资金等系统的需求全盘考虑,设计项目定义方案,包括项目编号规则等内容,这里定义的各种类型的收支项目为预算指标维度的语义对象,均可在预算系统中使用。

(2)公司预算指标定义。在全面预算系统应用之前,需要先定义公司层面所用到的各个指标项目。

(3)预算组织定义。定义预算系统的数据组织。一家单位可以建立一个数据组织或多个数据组织,所有可以使用的预算组织都在此处进行定义。由于预算组织与核算组织是两套独立的体系,因此需要定义预算组织与核算单位的归属关系。预算组织定义根据权限分公有预算组织定义和私有预算组织定义。

(4)公有预算维度定义。预算维度定义指项目、产品等预算作用的对象。企业编制一个预算,通常会有一个作用的范围,例如,某单位或部门,再者就是预算作用的对象以及预算项目。系统已经预置了部分常用维度,如预算组织、预算指标、预算期间等,如果需要使用其他维度,即可进入该功能进行定义。

(5)私有预算维度定义。在预算管理员定义了公有预算维度后,下级单位可以在此基础上进行私有维度数据和维度分类的维护,来满足自己的管理需要。

(6)归口设置。对归口权限类别进行设置。①归口权限类别设为数据权限。编制时要检查操作者具有哪些归口类别的权限(权限设置时注意按预算组织过滤)。②编制流程作为数据权限,设置操作者是否可以操作某些编制流程。

(7)预算体系定义。预算管理存在集团预算、私有预算等多套体系。各级单位可以定义自己的体系,或者引用集团下发的体系。

(8)维度组合关系定义。维度组合关系定义可以定义多个维度之间的有效数据关系。这种关系可以是系统已有的关系，也可以手工维护这个关系。这个关系主要用于编制时、维度数据帮助时进行维度数据的过滤，对预算查询和分析不起作用。

(9)预算体系导出导入。实现预算体系的导出和导入，支持增量导出导入。方便分布式部署时快速同步预算体系。

1. 编制准备

预算编制前的准备工作是启动预算编制及其后续工作的关键环节。在编制准备环节中，关键问题是设置相对期间组、编制活动及方案，以及定义预算表样。建立的预算方案，是业务中预算执行的整体规划。

(1)报表类别定义。定义预算报表的分类，由普通公司定义，如果定义为公用，则当前单位及其下级预算组织均可以使用。如果定义为私用，则只有当前单位可以使用，上级组织可以看到但不能使用，下级组织既看不到也不能使用。

(2)编制方案定义。根据编制范围定义编制方案，设置编制方案的启用时间、包含组织和报表、活动启用顺序等。各级组织定义，只有定义组织才可以维护，方案和编制范围的组织要保持一致。

(3)预算表样定义。预算表样定义可以定义当前组织的预算报表、报表格式，确定预算表编制的期间组、起止时间、过滤维度、与数据模型的对应关系以及各维度对应关系等内容。当前组织只能选择本组织创建的报表来定义映像关系，包括预算报表的新建、删除、修改，并通过预算报表界面，创建预算表样、导入预算表样、打开已经定义的预算表样进行修改。

2. 数据处理定义

数据处理定义是基于预算报表定义各种数据间的计算关系，包括汇总、细化、指标公式等。具体设置根据实际需要而定。

(1)汇总关系定义。定义预算报表的汇总关系，如基于组织或期间等维度的汇总。

(2)细化关系定义。定义预算报表的分解关系，以及分解比例、设置条件等。

(3)计算类别定义。维护预算指标的计算类别，设置指标公式定义的基础条件。在新表样定义中定义维度公式后会自动生成计算类别。

(4)指标公式定义。维护计算类别包含的指标及公式，针对维度进行定义，区别与一般的表内公式定义。

(5)转换类别定义。定义预算报表内部或报表之间的数据进行大批量调整的类型和计算公式及条件。

3. 文档管理

文档管理是针对预算编制及执行时需要录入或上传的文档进行的统一管理。

(1)文档类别定义。定义上传文档的类别。

(2)文档组定义。定义文件的分组,可作为数据权限管理。

4. 控制预警

控制和预警是针对预算执行过程中,对整个预算进行实时监控以及与业务系统进行交互的关键环节。在本功能中,可以实现对预算执行的实时监控及预警,同时可以实现对业务系统的预算控制和执行归集。

(1)预警类型定义。定义各种预警类型,实现对整个系统的实时监控。同时该功能基本上是用来实现预警计划任务的,通过设置,可以实现定期进行预警和其他计划任务,例如汇总计算等。可以由集团组织定义,也可以由各级预算组织定义。

(2)预警通知定义。定义预警类型在不同预算组织的预警通知方式。可以在上级预算组织定义下级组织的通知方式。

(3)数据源定义。如果需要从其他系统取数,必须先定义好系统数据源。可以从SQL Server 或者 Oracle 数据库取数,也可以直接从文档取数。

(4)业务单元定义。定义与预算系统建立关系的各种业务单元,一般情况使用复制功能,通过预置单元进行设置。

(5)业务对应定义。定义每个业务单元与预算系统的具体对应关系,相当于将每个业务处理的数据对应到每个预算数据上去,因此需要建立业务单据与预算维度之间的对应关系及条件。本级组织定义的只有当前组织及其下级可以使用,但可以设置让下级进行私有条件扩展。

(6)控制类别定义。定义预算指标的控制类别及方式,同时可以设置预警方式。预算系统可以通过设置控制及预警系数进行刚性及柔性控制,以及控制预警涉及的范围及周期。

5. 业务控制启用

对预算的控制类别进行启用或取消启用。

(三)战略目标

战略目标是用来实现集团层面预算总指标的层层分解及下达功能的。集团通过设置一个总的预算指标,按照一定方式和比例分解到各个下级公司,而这个总指标可能是年度指标也可能是中长期战略目标,因此还需要细化到各年度,形成年度目标,最后逐级下达到各基层组织。

(1)战略目标分类。定义战略目标的类别。

(2)指标分解定义。定义各单位分解指标的模型,按比率或额度定义各单位分摊的指标。在指标定义时,可以按此模型进行自动分解,方便操作。

(3)中长期战略目标。由集团企业制定本公司或下级单位的战略目标,对战略目标形成未来期望的描述及文档化管理。可确定不同期间和阶段的战略目标,中长期战略目标一般定义3～5年。

(4)年度目标。由集团企业制定本公司或下级单位的年度战略目标，对年度战略目标形成未来期望的描述及文档化管理。年度战略目标可以在中长期战略目标中定义，即从中长期战略目标中分解出来；如果不定义中长期战略目标，也可以直接在本功能中定义年度目标。

(5)年度指标。由集团企业制定本公司或下级单位的年度指标，年度指标可以在年度战略目标中分解得到，也可以在本功能中定义，可以不必有年度的战略目标。根据年度战略目标可具体分解到组织和期间的指标。

(6)指标下达。由企业制定本公司或下级单位的指标，可分下级单位和不同的周期分解。

(7)指标调整。对已经下达的指标进行调整，可以调整目标值和计量单位，调整后形成历史调整记录。

(四)预算编制

在完成所有前期的配置后，可以开始进行预算的编制，包括预算数的录入及各种计算，形成业务上需要的各类预算数据。同时该部分支持对单张预算表的各个辅助功能，同时支持批量操作。

(1)编制预算。在设置完前面的编制准备后，通过该功能进行预算数据的系统录入，还包括对预算进行修改、计算、检查、提交审批等管理。

(2)报表计算。对单张或多张报表的预算数据进行批量计算，也可以计算单个组织或多个组织。

(3)报表检查。对单张或多张报表的预算数据进行批量检查，也可以对单个组织或多个组织进行检查。

(4)报表汇总。对单张或多张报表的预算数据按汇总关系定义进行汇总。

(5)预算细化。预算细化是对预算数据按预算组织或者其他维度进行比例分解，形成下级组织或其他明细维度的预算数据。

(6)预算数转换。预算数转换是将预算数据按一种公式进行批量转换形成至本模型或其他模型中，例如进行汇率转换等。

(7)预算取消审批。对于已经审批的报表，报表数据不能再修改，只有取消审批后方可修改，此功能帮助有审批权限的用户完成对单个报表的取消审批工作及多报表的批量取消审批。

(8)预算附件。报表编制依据的相关文档，作为报表的附件管理，本功能可以对报表的附件统一管理。

(9)预算批量提交审批。本功能完成对报表的批量提交审批及取消提交审批任务，无须每张报表单独打开进行提交审批。

（10）报表批量审批。本功能完成对报表的批量审核及取消审核任务，无须每张报表单独打开进行审核。

（11）导入方案定义。为减少手工录入数据的工作量，系统支持数据导入功能，包括针对预算数和执行数的批量导入。导入方案定义是进行数据导入的前提工作，定义哪些组织可以使用该方案，对哪些报表可以批量导入。

（12）Excel 数据导入。在前面定义了相应的导入方案后，可以通过此功能执行数据的批量导入。

（13）编报过程管理。为优化预算编报过程，保证汇总数据平衡，可通过该功能对同一组织的数据进行平衡，同时上报上级组织汇总。

（14）Excel 预算编制。在前期预算编制的基础上，增加了 Excel 编制插件的处理，包括了预算数的录入、计算、审核及提交审批等，同时支持预算的离线编制，进一步扩展预算的编制方式。

（五）执行分析

1. 预算执行

在预算完成审批后，进行执行控制环节，执行数除了可以通过控制预警中设置的从业务系统实时取数外，还可以支持手工录入和归集，并且支持对执行数的批量计算操作。同时对于已审批的预算数，可通过相应的审批流程，进行预算调整。

（1）预算调整申请。预算审核或审批后，已备案不能再直接修改预算表，如果需修改预算则可以通过预算的大调整和小调整的方式，预算的大调整一般调整的数据比较多，集中批量的调整，可以通过重新启动一个编制的流程方案来实现；小调整则发生平时的变动，由于基础指标的变动，或个别部门费用类的调整，影响的数据量少，依据调整单的方式来实现，本功能就是实现小调整的功能。

（2）预算调整汇总。上级部门（集团）的数据是通过汇总关系汇总而来的，由于增加了部门的调整单，则这些调整的数据也要通过汇总关系反映到上级部门的报表上，需要调整的汇总处理。

（3）预算调整更新。增加的预算调整单或调整汇总单并没有实际反映到预算表中，只有审批通过后，通过本功能将调整单或汇总单中的预算更新到实际的预算表中，调整的结果才最终有效。

（4）执行数录入。执行数除了可以从业务系统归集外，目前系统还支持手工录入执行数，不再使用执行数调整申请的方式，而使用与编制时风格一致的方法进行执行数录入。

（5）执行数归集。前面我们定义了业务单元对应关系，对于业务系统的数据可以进行实时控制和执行数归集，但有些业务系统可能只进行归集，不进行控制，或者有些在控制启用日期范围外的业务单据也需要归集，因此系统提供了手动归集业务系统传递的执行数据功能。

(6)执行数冻结。根据数据模型和期间，对相应预算组织的执行数进行冻结或解冻处理。

(7)执行数汇总。对单张或多张报表的执行数据按汇总关系进行汇总。

(8)执行数细化。通过执行分解类别进行执行数据的分解细化。

(9)执行数计算。对单张或多张报表的执行数据进行批量计算，也可以计算单个组织或多个组织。

(10)执行数检查。对单张或多张报表的执行数据进行批量检查，也可以对单个组织或多个组织进行检查。

(11)执行附件。报表执行数录入依据的相关文档，作为报表的附件管理，本功能可以对报表的执行附件进行统一管理。

(12)执行数转换。按转换类别对执行数据进行批量转换。

(13)归口预算调整。前面的预算调整申请功能是针对一般的预算编制表，而本功能是针对归口编制表，以站在集团的角度来实现对下属单位某一指标的调整，但是这种集团调整下属单位的预算调整不是经常性的，下面的单位也有调整本单位预算的权限。因此本功能提供对归口编制表中某调整列进行数据调整。

(14)执行调整申请。由于部分企业在归集完执行数后，也会对执行数进行调整，因此为规范执行数调整流程，系统提供调整单方式，进行执行数的调整。

(15)执行调整汇总。上级部门(集团)的数据是通过汇总关系汇总而来的，由于增加了部门的调整单，则这些调整的数据也要通过汇总关系反映到上级部门的报表上，需要调整的汇总处理。

(16)执行调整更新。增加的执行调整单或者调整汇总单，并没有实际反映到执行数中，只有审批通过后，通过本功能，将调整单或汇总单中的调整数更新到实际的执行数中，调整的结果才最终有效。

(17)执行对比查询。企业在归集完执行数后，有时需要校验对应关系设置的正确与否或者数据是否归集正确，系统提供一个查询的平台，进行数据的对比校验。

2. 预算查询

目前全面预算系统内支持多种方式查询，包括编制、执行、调整、报表状态、日志等，可根据具体需求设置相应的查询条件，即可获得相应的查询结果。

(1)预算编制查询。对于预算的编制情况进行查询。

(2)预算执行查询。对于预算的执行情况进行查询。

(3)批量打印及导出。由于业务上经常需要将预算表打印或导出,故系统提供对组织报表的批量打印及批量导出。

(4)预算调整查询。对于预算同一编制方案下面不同编制活动的数据进行对比查询。

(5)自定义维度查询。对基础字典及预算项目等维度数据的查询。

(6)战略目标查询。对中长期和年度的战略目标进行查询。

(7)战略指标查询。对当前预算组织及下级预算组织对其各期间的战略指标进行查询。

(8)预警日志查询。根据预警设置系统自动计算预算和执行数据是否达到预警系数,该功能可以针对处理的预警查询相关的预警日志信息。

(9)报表状态查询。查询某个报表实例的状态情况。

(10)预计查询。对实例期间内选择一个期间点,对之前的期间数据查看执行数,之后的期间数据查看预算数据,最后对两个期间段数据做合计查看,查询一段时间内的预算执行情况。

(11)调整回滚查询。对于进行过预算调整的报表进行历史数据查询,通过指定的时间点,回滚到该时期的历史数据。

(12)预算调整单查询。对于预算调整中的调整单及调整汇总单明细进行查询。

(13)预算调整单对比查询。本功能针对预算调整的数据,将其调整前、调整后、调整值等数据在报表中并列展示,方便进行查看及对比分析。

3. 分析定义

在执行预算分析之前,需要对各类分析进行相应的设置,包括分析项目、格式、过滤条件等,针对不同的分析重点和指标,全面预算系统提供多种分析方式,如完成分析、定基分析等,以及支持较为复杂或个性化的分析形式,可以使用自定义分析或任意分析实现。

(1)完成分析定义。预算完成分析是日常操作中经常使用的一种分析方法,它可以对选定期间内的所选预算表的所有项目的完成情况进行查询分析。分析之前需要先定义相关的分析设置。

(2)差异分析定义。对差异分析的定义,设置分析类型、关联数据模型、设置分析的项目和指标内容等。

(3)期间对比分析定义。对期间对比分析的定义,设置分析类型、关联数据模型、设置分析的项目和指标内容等。

(4)定基分析定义。对定基分析的定义,设置分析类型、关联数据模型、设置分析的项目和指标内容等。

（5）环比分析定义。对环比分析的定义，设置分析类型、关联数据模型、设置分析的项目和指标内容等。

（6）预警分析定义。对预警分析的定义，设置分析类型、关联数据模型、设置分析的项目和指标内容等。

（7）自定义分析定义。自定义全面预算中的分析表样，能满足例如同期数、上期数的数据展示。

（8）任意分析定义。任意分析的定义，类似新表样定义，但可以任意组合各个维度定义表格格式。

4. 预算分析

在前面定义好相应的分析格式及条件后，直接输入相应的信息及过滤条件，即可进行多种预算分析，同时支持图形展现、打印及导出功能。

（1）完成分析。完成分析是用户在日常操作中经常使用的一种分析方法，它可以对选定期间内的所选预算表的所有项目的完成情况进行查询分析。查询分析条件可以按单位、分析期间等进行组合查询；分析数据包括预算数、完成数、差额、完成率，若所选的期间为一期间段，分析数据还可以包含该期间段的累计预算数、完成数、差额、完成率。

（2）差异分析。差异分析是用户在日常操作中经常使用的一种分析方法，差异分析对选定期间内、差异范围内的预算完成情况进行查询分析。查询分析条件可以按预算单位、差异率、分析期间等进行组合查询；分析结果应包括具体项目、预算数、完成数、差额、差异率。

（3）期间对比分析。期间对比分析是用户在日常操作中经常使用的一种分析方法，期间对比分析对选定期间内的所选项目的完成情况进行查询分析。查询分析条件可以按预算单位、差异率、分析期间等进行组合查询；分析结果应包括具体项目、预算数、完成数、差额、差异率。

（4）定基分析。定基分析是以分析期间某一期的数据作为基准，其他各期与之对比，计算百分比，以观察各期相对于基准的变化趋势。查询分析条件可以按单位、分析期间、分析周期、预算数或完成数等进行组合查询；结果要明显地展现指定分析项目在各分析期间的走势。

（5）环比分析。环比分析是分析当前期间与前一期间数据的相对比值或差值（注：此处与定基分析不同），从而观察各个期间的发展趋势。查询分析条件可以按分析周期、分析期间、分析数据、分析类型（百分比、绝对值）等组合查询；结果要明显地展现分析项目在各期间相比上一期间的发展趋势。

（6）预警分析。根据预警设置查询预算和执行数据是否达到预警系数，相应给出预警提示信号。

(7)自定义分析。根据自定义分析定义中定义的表样格式，显示相对应自定义分析数据。

(8)任意分析。根据任意分析定义中定义的表样格式，显示相对应任意分析数据。

(六)预算考核

1. 基础数据

定义考核范围，分配数据权限；定义考核类别，设置不同类别下的组织包含的考核指标和考核计分方式；定义考核排名分组，作为考核排名的分组依据。

2. 考核数据

将指定考核期间内的预算数、本期实际、预算年度累计、实际年度累计等数据录入和调整。根据在考核类别定义的考核计分规则对该期间的考核数据进行评分，通过评分可以直观地看到预算完成情况，从而对以后的工作规划及目标进行调整。

3. 查询分析

查看指定期间的考核结果，支持导出功能。对考核结果进行分析，得出期间或者组织的预算差异率、达成率、完成率等指标，还可以查看指定期间的考核排名情况，更加直观地看到期间预算的完成情况。

第二节　场景一:集团全面预算体系建设

一、场景描述

上云集团通过全面预算，实现集团战略管理目标的有效贯彻落实，要建成全业务、全流程、业务财务融合的集团预算管理体系。上云集团成立了预算管理委员会，具体处理预算管理事宜，确保公司预算管理实施的权威性、科学性和规范性。预算管理委员会由总经理任主任，总会计师任副主任，财务管理部、审计部、规划部、人力资源部等5～7个部门负责人组成。主要职能有:根据年度经营总目标确定预算目标；制定及修改预算管理政策和程序；审核部门及企业预算草案；根据需要，调整及修订年度预算；审批与预算相关的控制政策和考核标准；审核超预算支出及其处理建议；召集预算执行分析会议，并决定考核、处理方案或修正预算的意见；等等。

上云集团预算体系全业务覆盖，涵盖营业收入预算、生产成本预算、制造费用预算、人工成本预算、材料采购预算、固定资产采购预算、销售费用预算、管理费用预算、财务费用预算、研发支出预算、主要分析指标、资产负债表、利润表、现金流量预算表。

通过全面预算管理平台,实现线上预算编制、预算审批、预算控制、预算执行分析、预算调整等。预算编制的组织范围要细化编制到各部门,实现对业务事前控制;实现预算执行数据的实时归集、手动归集,确保归集数据的准确性,并为考核提供数据支持。

二、任务一:全面预算体系建设

(一)任务描述

2018 年 1 月 1 日,集团委派信息化专员张涛进入系统查看相关事项:

(1)确认上云集团预算组织;

(2)确认上云集团预算报表体系;

(3)整体预算控制方案。

上云集团在开展预算工作前,要先明确预算系统的数据组织—预算组织,一家单位可以建立一个数据组织或多个数据组织。在软件中分为公有预算组织和私有预算组织,公有预算组织是由集团预算管理员统一定义,定义全集团范围内的预算组织,合并公司的预算管理员可以定义合并公司的管辖范围内的预算组织。私有预算组织是由分子公司预算管理员定义本单位私有的预算组织,业务部门预算管理员可以定义本部门的预算组织。

(二)任务实现

按如下用户信息,登录浪潮 GS 管理软件,如图 5—2 所示。

登录日期	登录用户	登录密码
2018.1.1	zhangtao	aaaaaa

图 5—2 浪潮 GS 软件登录页面

第一步：定义预算组织，执行【全面预算】→【体系定义】→【基础数据】→【公有预算组织定义】，打开公有预算组织定义。注意：本内容系统已经预置了预算组织，无须增加，如图5－3所示。

图5－3　定义预算组织

第二步：预算报表分类，执行【全面预算】→【预算体系】→【编制准备】→【预算表样定义】，分别点开相应的预算分类，查看各分类下的预算表样，如图5－4、图5－5所示。

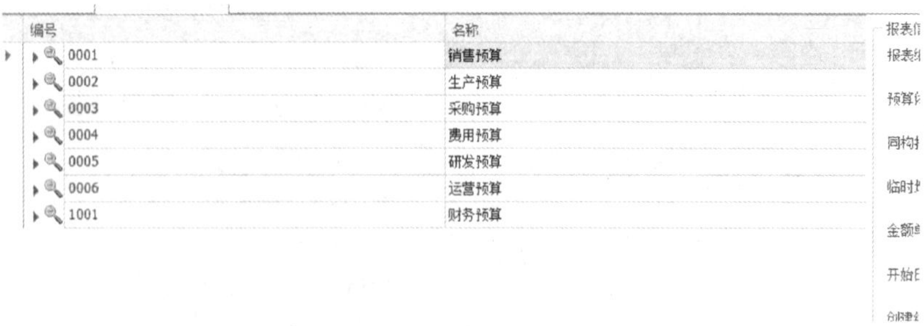

图5－4　预算报表分类(一)

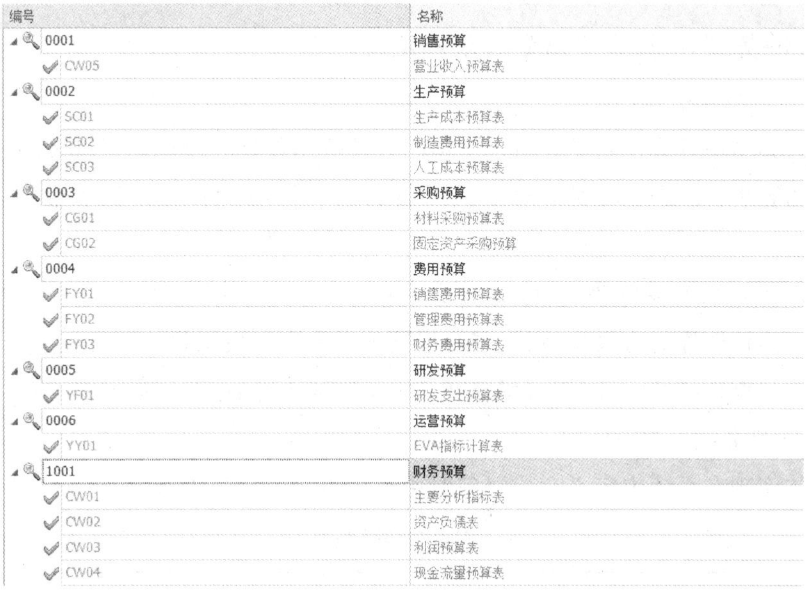

编号	名称
0001	销售预算
CW05	营业收入预算表
0002	生产预算
SC01	生产成本预算表
SC02	制造费用预算表
SC03	人工成本预算表
0003	采购预算
CG01	材料采购预算表
CG02	固定资产采购预算
0004	费用预算
FY01	销售费用预算表
FY02	管理费用预算表
FY03	财务费用预算表
0005	研发预算
YF01	研发支出预算表
0006	运营预算
YY01	EVA指标计算表
1001	财务预算
CW01	主要分析指标表
CW02	资产负债表
CW03	利润预算表
CW04	现金流量预算表

图 5—5　预算报表分类(二)

第三步:控制类别定义,执行【全面预算】→【体系定义】→【控制预警】→【控制类别定义】。打开控制类别定义功能,根据上云集团管控要求,当执行数据等于 80%预算数据时,系统进行提示;当执行数据等于 90%预算数据时,系统警告;当执行数据超过预算数据时,系统拒绝,请检查。如图 5—6 所示。

图 5—6　控制类别定义

三、任务二:预算维度规划与表样定义

(一)任务描述

上云集团预算管理委员会对整个集团管理费用预算进行规划,各单位需要填报财务费用预算表,需要在系统中对该预算表的预算组织、期间、指标和数据类型进行规划。

按该预算表的设置要求,应包括预算期间本年和上年(预算期间选择0年与-1年),预算指标选择对应收支项目(需要根据项目列表在集团收支项目定义)、数据类型选择本年预算数、预算组织是过滤维度。定义完成表样后,设置格式并发布,并定义合计公式、分级汇总公式。

具体实现在系统中定义完成财务费用预算表,如表5—1所示。

表5—1　财务费用预算表

预算组织			年		
预算指标	上年数	本年预算数	1月	…	12月
财务预算费用					
利息收入					
利息支出					
汇兑损益					
金融机构手续费					
现金折扣					

(二)任务实现

按如下用户信息,登录浪潮GS管理软件。

登录日期	登录用户	登录密码
2018.1.1	zhangtao	aaaaaa

第一步:定义预算指标,执行【业务公共】→【财务基础数据】→【财务信息】→【集团收支项目定义】,打开集团收支项目定义功能,在左侧列表选择“财务费用预算”,点击“下级增加”,增加以下内容,如表5—2所示,实现步骤如图5—7所示。

表 5—2　　　　　　　　　　　　　　　**增加的内容**

项目编号	项目名称	收入支出
6603001	利息收入	收入
6603002	利息支出	支出
6603003	汇兑损益	支出
6603004	金融机构手续费	支出
6603005	现金折扣	支出

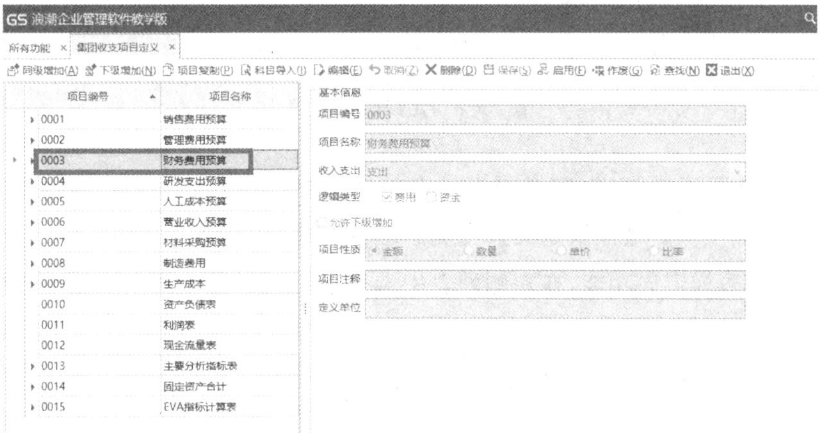

图 5—7　定义预算指标

第二步:定义数据类型,在右侧预算组织列表中双击切换到"上云集团",执行【全面预算】→【体系定义】→【基础数据】→【公有预算维度定义】,打开公有预算维度定义功能,在左侧列表中选择"数据类型",点击"维度数据",在弹出界面点击"增加同级",输入以下内容,如表 5—3 所示,实现步骤如图 5—8 所示。

表 5—3　　　　　　　　　　　　　　　**增加的内容**

编　号	名　称
0001	当前数
0002	预计数
0003	上年数
0004	本年预算数

图 5—8　定义数据类型

第三步：预算表样定义（定义报表），在右侧预算组织列表中双击切换到“上云集团”，执行【全面预算】→【体系定义】→【编制准备】→【预算表样定义】。

打开预算表样定义功能，在左侧列表中选择“费用预算”，参照上述财务预算费用表增加预算表，点击“增加”，输入报表编号“FY03”，报表名称“财务费用预算表”，点击“保存”，提示保存完毕后点击“确定”，如图 5—9 所示。

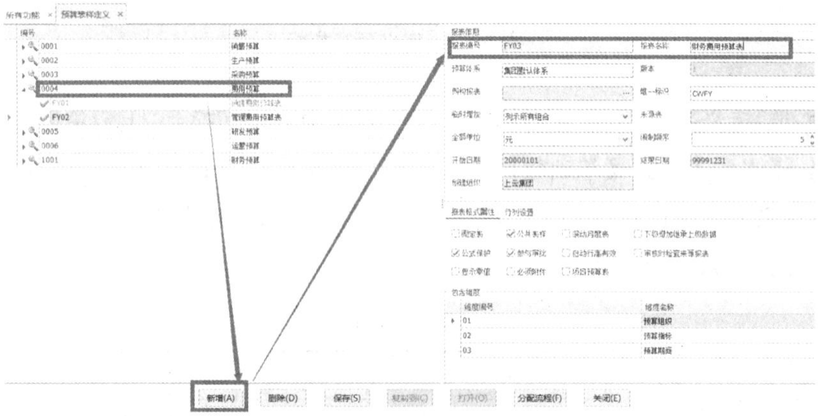

图 5—9　预算表样定义（定义报表）

第四步：预算表样定义（画表样），执行【全面预算】→【体系定义】→【编制准备】→【预算表样定义】。

打开预算表样定义功能，在左侧列表中选择“财务费用预算表”，点击“打开”，会弹出定义向导界面，在界面左侧“包含维度”中点击“增加”，在帮助窗口选择“数据类型”维度，点击“确定”，如图 5—10 所示。

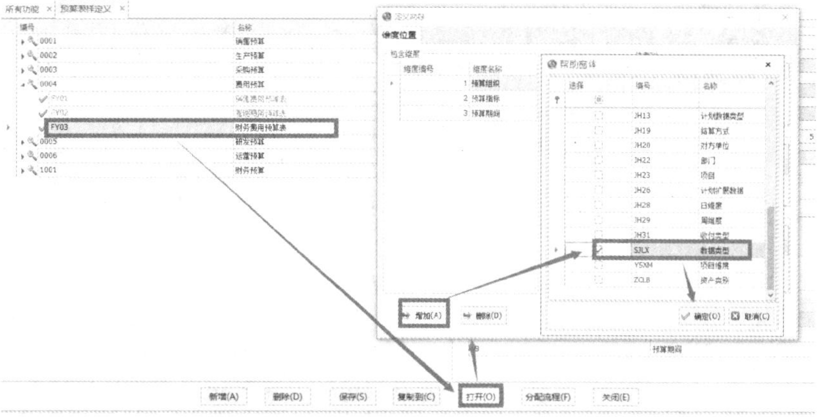

图 5—10 预算表样定义(画表样)

选择“预算指标”在信息列点击“填充”,选择“预算指标”在数据列点击“填充”,点击“下一步”,如图 5—11 所示。

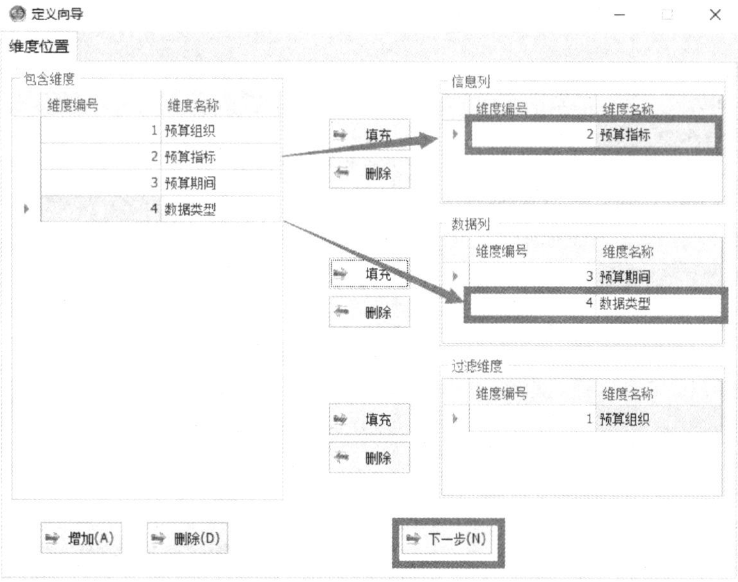

图 5—11 定义向导(一)

在维度成员界面,先选择左侧“预算指标”,再勾选右侧“财务费用预算”及其下级维度指标,如图 5—12 所示。

然后在左侧选择“预算期间”,再从右侧选择“—1 年、0 年、0 月、+1 月、+2 月、+3 月、+4 月、+5 月、+6 月、+7 月、+8 月、+9 月、+10 月、+11 月”,如图 5—13 所示。

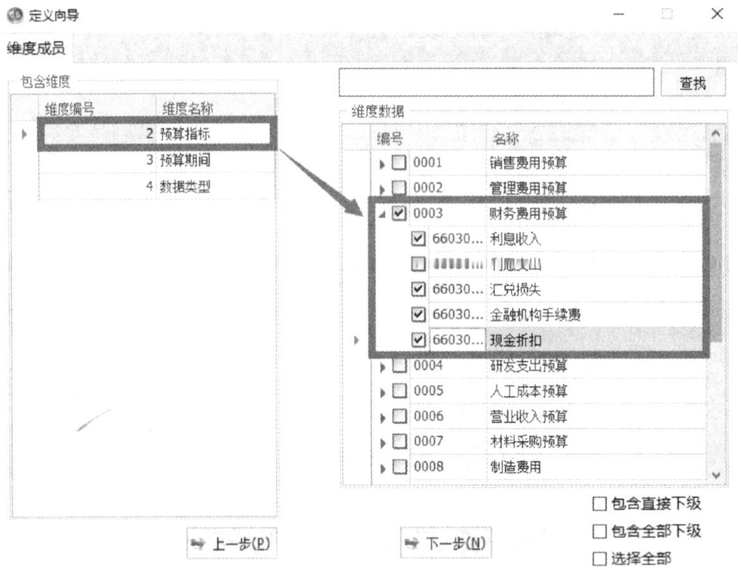

图 5—12　定义向导(二)

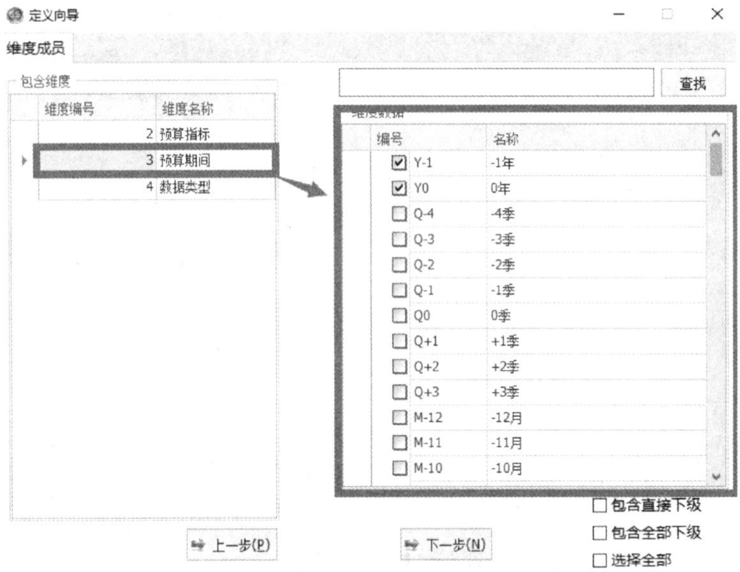

图 5—13　定义向导(三)

最后在左侧选择“数据类型”，再从右侧选择“本年预算数”，如图 5—14 所示。

第五步：预算表样定义(完善表样)，执行【全面预算】→【体系定义】→【编制准备】→【预算表样定义】。打开预算表样定义功能，在左侧列表中选择“财务费用预算表”，点击“打开”，如图 5—15 所示。

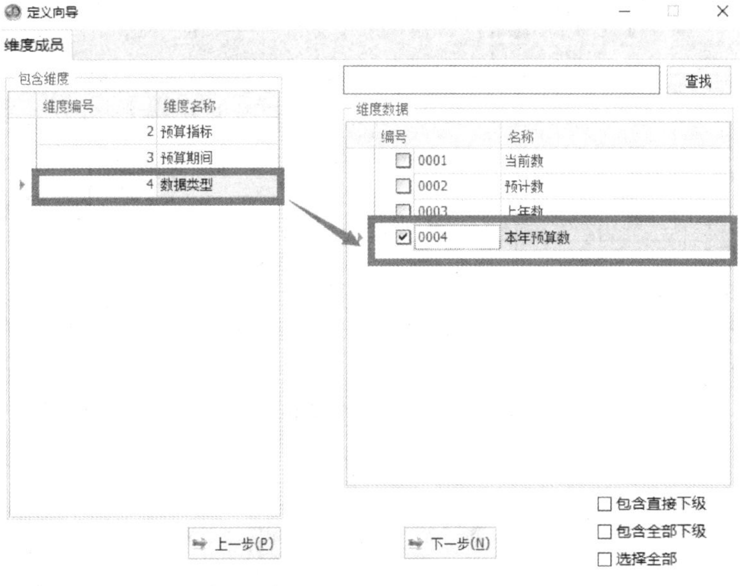

图 5—14 定义向导(四)

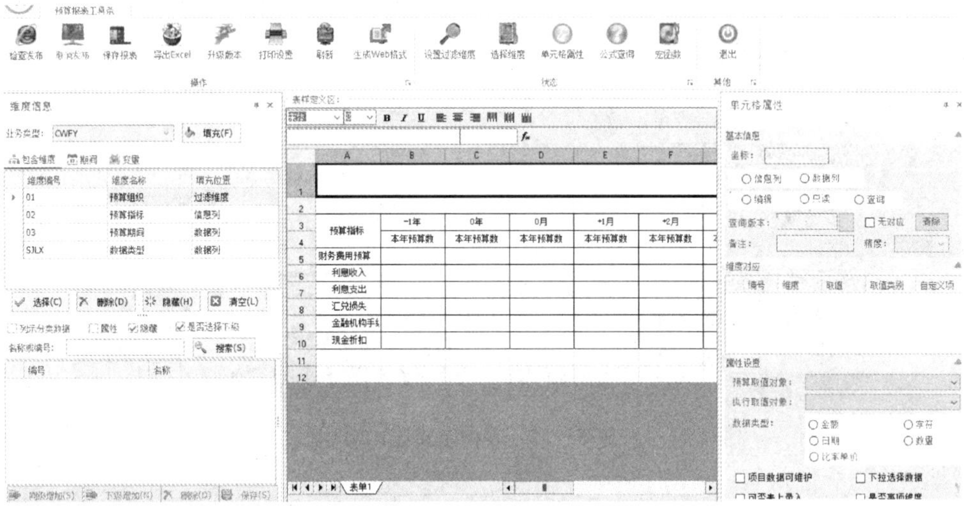

图 5—15 预算表样定义(完善表样)

分别将 B3—B4、C3—C4、D3—D4、E3—E4、F3—F4、G3—G4、H3—H4、I3—I4、J3—J4、K3—K4、L3—L4、M3—M4、N3—N4、O3—O4 合并,并分别修改单元格内容为"上年数、本年预算数、1 月、2 月、3 月、4 月、5 月、6 月、7 月、8 月、9 月、10 月、11 月、12 月",如图 5—16 所示。

在 A2 输入"编制单位:",选择 B2 单元格,点击"宏函数",选择"预算组织"并确认,如图 5—17 所示。

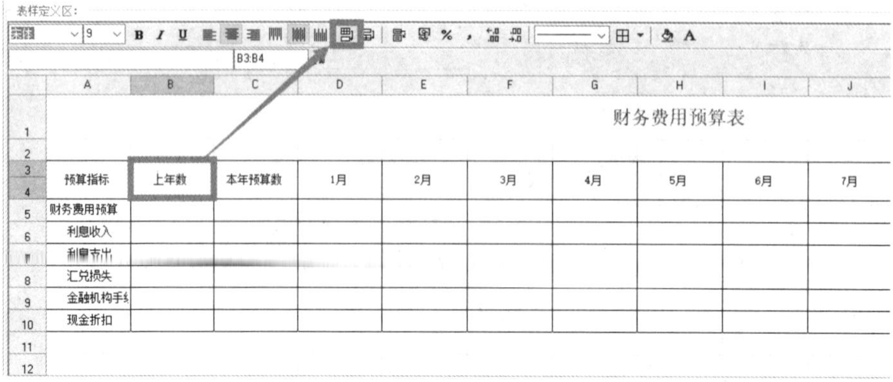

图 5－16 表样定义区(一)

表 5－17 表样定义区(二)

选择 H2 单元格，点击“宏函数”，选择“预算年度”并确认，在“[BZYY]”后输入“年”，在 A11 输入“编制人”。选择 B11 单元格，点击“宏函数”，选择“编制人”并确认，如图 5－18 所示。

点击“保存报表”，提示成功点确认，然后再点击“检查发布”，在弹出界面完整性检查界面点击“检查”，检查结果提示“通过”后点击“发布”，如图 5－19 所示。

第六步：预算表样定义(定义公式)，执行【全面预算】→【体系定义】→【编制准备】→【预算表样定义】，打开预算表样定义功能，在左侧列表中选择“财务费用预算表”，点击“打开”，选择“B5”单元格，点击“f_x”图标定义公式，如图 5－20 所示。

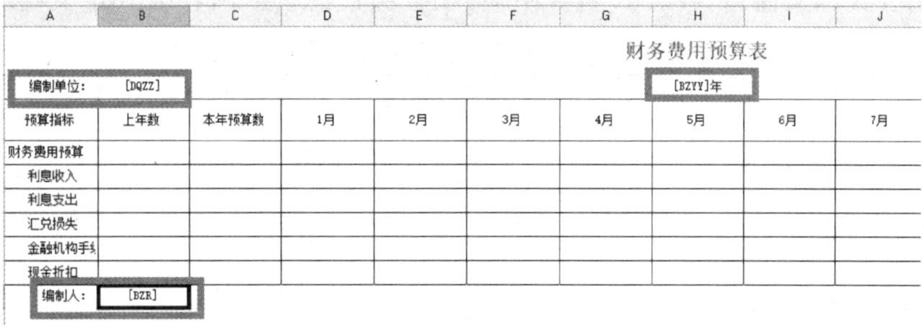

图 5—18　表样定义区(三)

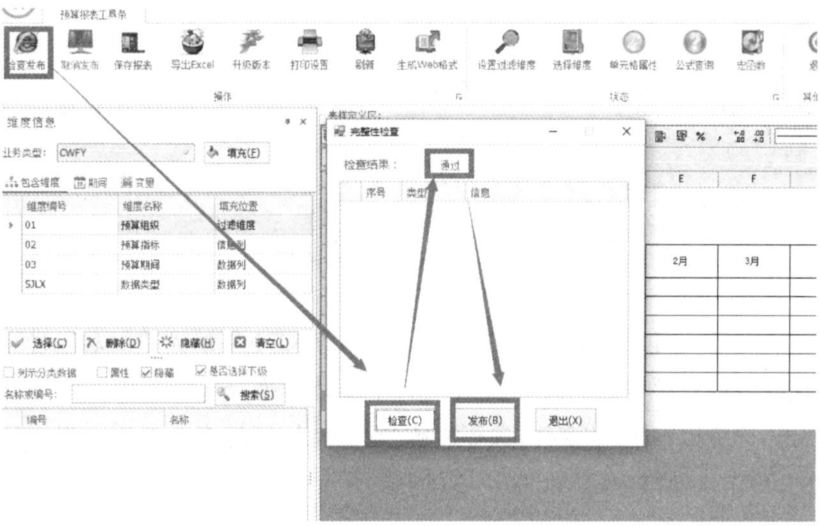

图 5—19　检查发布

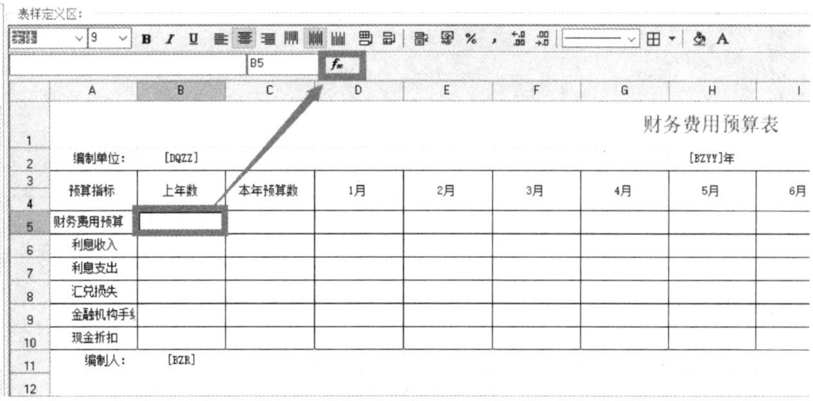

图 5—20　预算表样定义(定义公式)

弹出公式定义窗口，在公式名称中输入“分级汇总公式”，在公式定义栏点击“增加”，公式行中的“函数”单元格选择“分级汇总”，确定后保存，如图 5－21 所示。

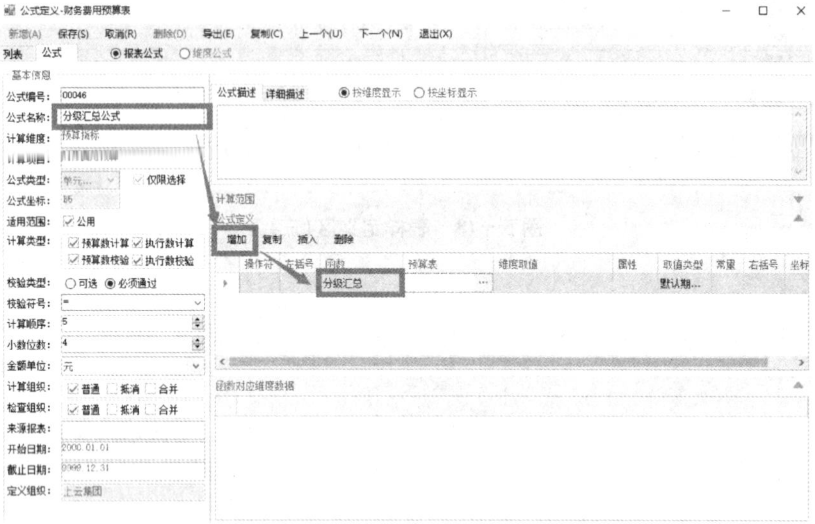

图 5－21　公式定义(一)

选择“C5－C10”单元格，点击“f_x”，公式名称输入“本年预算数汇总”，计算维度选为“预算期间”，计算顺序改为“6”，公式定义中函数选择“SUM 函数”，预算表单元格点击会弹出“选择报表区域”窗体，选择左侧“财务费用预算表”，然后在报表里面选择“D5：O10”，确定后保存公式，如图 5－22 所示。

图 5－22　公式定义(二)

第七步：编制方案定义：执行【全面预算】→【体系定义】→【编制准备】→【编制方案定义】。打开编制方案定义功能，预算编制方案已预置，当前需要将新定义的预算表与预算组织关联。左侧选择编制活动，中间框选择对应组织“青岛制药有限公司”，最后在右侧勾选财务费用预算表，点击“保存”，提示成功后点击“确定”，如图 5－23 所示。

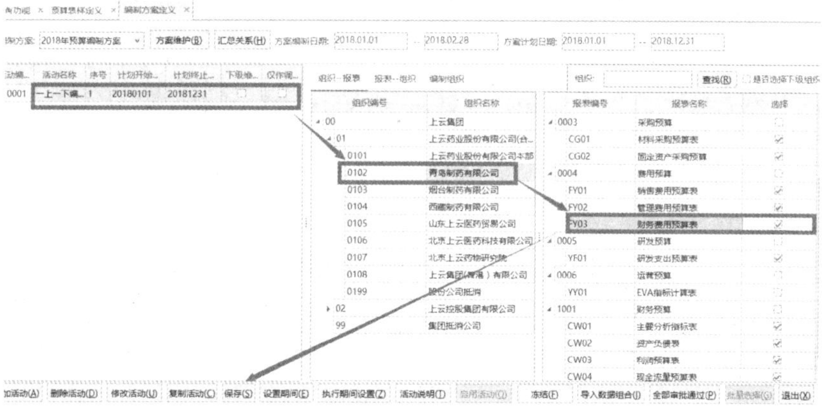

图 5－23　公式定义(三)

通过如上操作，即可对集团内所有预算组织进行集团统一管控，达到整个集团预算体系标准统一，为之后预算数据汇总分析做好准备。

第三节　场景二：预算编制与汇总

一、场景描述

上云集团全面预算的编制采用上下结合式的编制流程，即：预算目标自下而上层层下达汇总，预算编制则自下而上体现目标的具体落实，可以概括为：上下博弈、集权为主。

业务预算由各子(分)公司业务部门编制，编制完成后，预算管理委员会审议预算初稿，公司董事会确定并下达预算方案，由预算管理委员会逐层下达给业务部门遵照执行。

预算的编制可以采用零基预算或弹性预算等方法编制，鼓励采用零基预算法。业务预算涉及企业的各个业务部门。

管理部门：主要工作是编制管理费用预算及其他费用支出预算。

2018 年 1 月 1 日，上云集团青岛制药公司，由总经理办公室杨秘书负责将总经办

5 位领导的全年预计发生的管理费用—各项费用按月进行编制，其中，差旅费和招待费全年预算如下，编制完成提交审批，如表 5—4 所示。

表 5—4 **公司领导的差旅费和招待费全年预算** 单位：万元

项　目	上年数	本年预算数	1 月	2 月	3 月	4 月	5 月	6 月	7 月	8 月	9 月	10 月	11 月	12 月
管理费用合计	—	—												
差旅费			1	2	3	4	5	6	7	8	9	10	11	12
业务招待费			0.5	1	1.5	2	2.5	3	3.5	4	4.5	5	5.5	6

资产采购部门：主要工作是编制资产采购专项预算。

2018 年 1 月 1 日，上云集团青岛制药公司，由资产管理部王建华部长将青岛制药公司全年预计固定资产采购支出按月进行编制，全年预算如下，编制完成提交审批，如表 5—5 所示。

表 5—5 **全年预计固定资产采购支出** 单位：万元

项　目	上年数	本年预算数	1 月	2 月	3 月	4 月	5 月	6 月	7 月	8 月	9 月	10 月	11 月	12 月
机器设备			11	12	13	14	0	0	0	0	0	0	0	0
运输设备			21	22	23	0	0	0	0	0	0	0	0	0
办公设备			1	1	1	0.5	1	1	1	1	1	1	1	1
其他设备			0	0	0	0	0	0	0	0	0	0	0	0

二、任务一：预算编制

（一）任务描述

上云集团将在 2018 年 1 月份开始编制 2018 年预算数据。参照以上提供的数据进行编制。

（二）任务实现

第一步：按如下用户信息，登录浪潮 GS 管理软件，将预算组织切换到“青岛制药有限公司”。

登录日期	登录用户	登录密码
2018.1.1	yangmishu	aaaaaa

执行【全面预算】→【预算编制】→【预算编制】，打开编制预算功能，在左侧列表中

选择“010218 总经办”，勾选预算报表“管理费用预算表”，如图 5—24 所示。

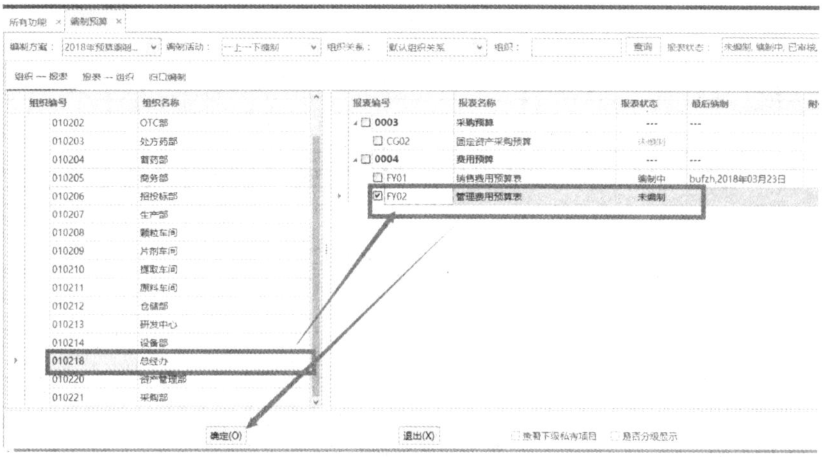

图 5—24　勾选“管理费用预算表”

点击“确定”，打开管理费用预算表—总经办编制界面后，参照以下数据进行录入，如表 5—6 所示，实现步骤如图 5—25、图 5—26 所示。

表 5—6　　需录入的数据　　单位：元

项　目	上年数	本年预算数	1 月	2 月	3 月	4 月	5 月	6 月	7 月	8 月	9 月	10 月	11 月	12 月
管理费用合计	—	—												
差旅费			10 000	20 000	30 000	40 000	50 000	60 000	70 000	80 000	90 000	100 000	110 000	120 000
业务招待费			5 000	10 000	15 000	20 000	25 000	30 000	35 000	40 000	45 000	50 000	55 000	60 000

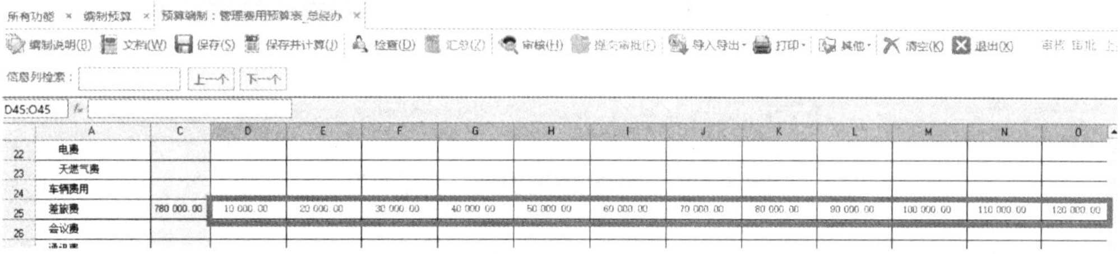

图 5—25　预算编制(一)

录入完成后点击“保存并计算”，计算完成点击“审核”。审核通过后，点击“提交审批”，提示审批成功后点击“确定”。

第二步：按如下用户信息，登录浪潮 GS 管理软件，将预算组织切换到“青岛制药

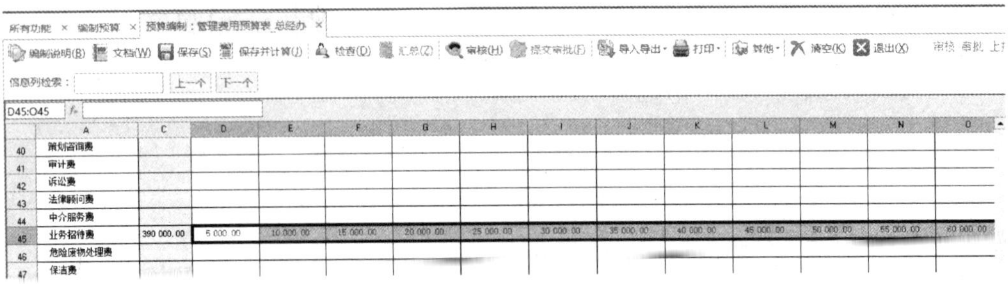

图 5-26 预算编制(二)

有限公司”。

登录日期	登录用户	登录密码
2018.1.1	wangjianhua	aaaaaa

执行【全面预算】→【预算编制】→【预算编制】→【编制预算】,打开编制预算功能,在左侧列表中选择“010220 资产管理部”,勾选预算报表“固定资产采购预算”,点击“确定”,如图5-27所示。

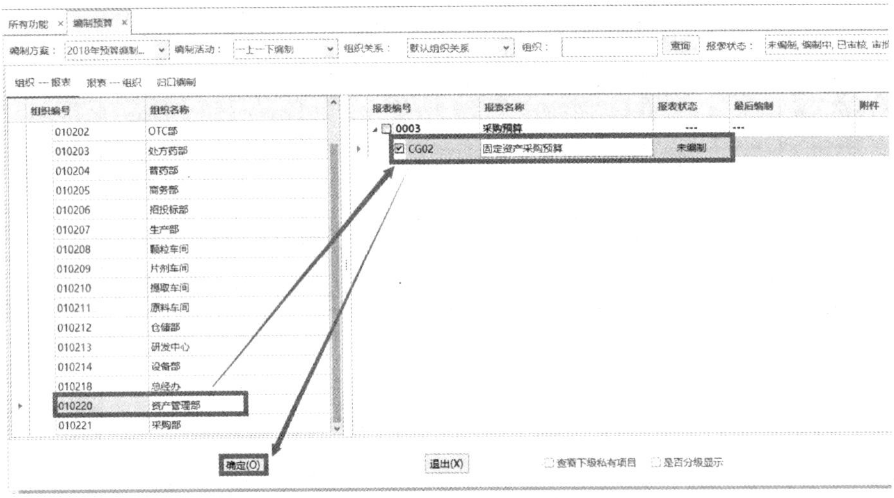

图 5-27 勾选“固定资产采购预算”

打开固定资产采购预算_资产管理部编制界面后,参照以下数据进行录入,如表5-7所示。

表 5—7　　**需录入的数据**　　单位:元

项　目	上年数	本年预算数	1 月	2 月	3 月	4 月	5 月	6 月	7 月	8 月	9 月	10 月	11 月	12 月
机器设备			110 000	120 000	130 000	140 000	0	0	0	0	0	0	0	0
运输设备			210 000	220 000	230 000	0	0	0	0	0	0	0	0	0
办公设备			10 000	10 000	10 000	5 000	10 000	10 000	10 000	10 000	10 000	10 000	10 000	10 000
其他设备			0	0	0	0	0	0	0	0	0	0	0	0

录入完成后点击“保存并计算”,计算完成,如图 5—28 所示。

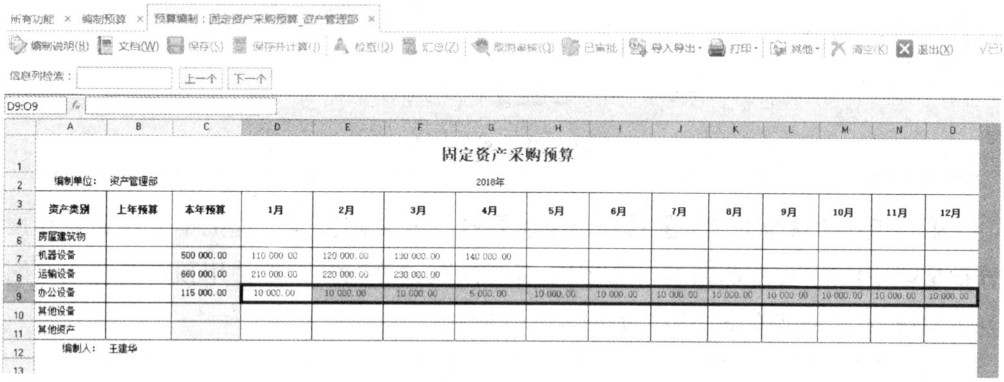

图 5—28　录入固定资产采购预算数据

点击“审核”,审核通过后,点击“提交审批”,提示审批成功后可点击“确定”。

三、任务二:报表汇总

(一)任务描述

各部门预算编制完成之后公司层要进行数据汇总。

(二)任务实现

第一步:按如下用户信息,登录浪潮 GS 管理软件,将预算组织切换到“青岛制药有限公司”。

登录日期	登录用户	登录密码
2018.1.1	yangmishu	aaaaaa

执行【全面预算】→【预算编制】→【预算编制】→【报表汇总】,打开报表汇总功能,在左侧列表勾选“0102 青岛制药有限公司”及其下属预算组织,右侧列表勾选“固定资产采购预算”和“管理费用预算表”,点击“汇总”,提示成功后点击“确定”,如图 5—29

所示。

图 5—29　报表汇总

第二步：执行【全面预算】→【预算编制】→【预算编制】→【预算批量审核】，打开预算批量审核功能，在左侧列表勾选“固定资产采购预算”和“管理费用预算表”，在右侧列表勾选“青岛制药有限公司”，如图 5—30 所示。

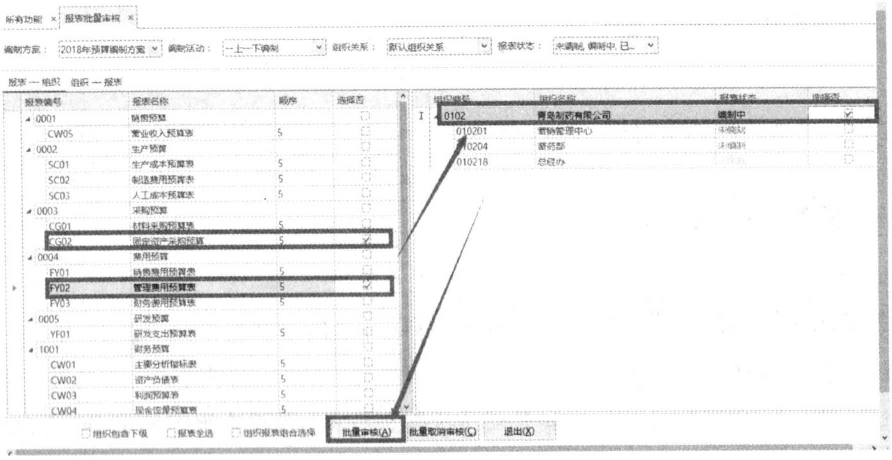

图 5—30　报表批量审核

点击“批量审核”，出现以下提示后，点击“是”，提示审核成功后点击“确定”，如图 5—31 所示。

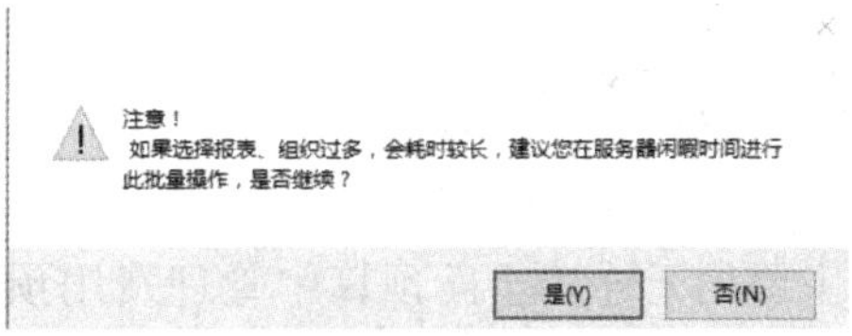

图 5－31　批量审核

第三步：执行【全面预算】→【预算编制】→【预算编制】→【预算批量提交审批】，打开预算批量提交审批功能，在左侧列表勾选“固定资产采购预算”和“管理费用预算表”，在右侧列表勾选“青岛制药有限公司”，点击“批量提交审批”。提示审核成功后点击“确定”，如图 5－32 所示。

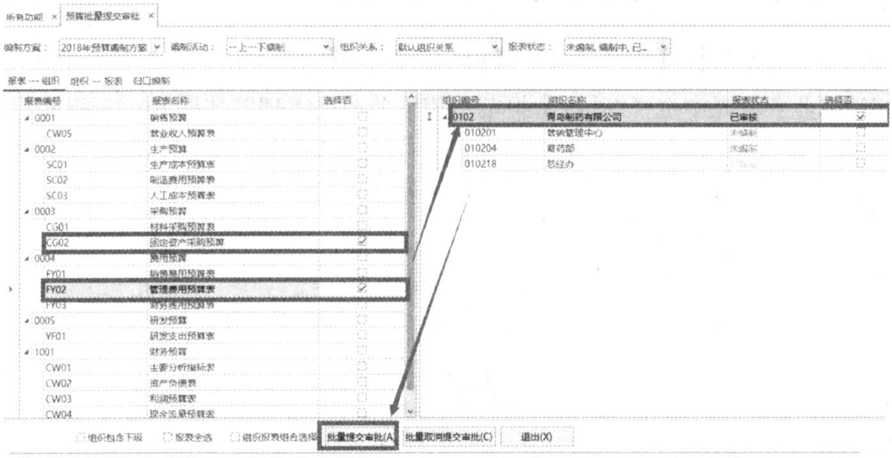

图 5－32　预算批量提交审批

第四节　场景三：预算控制定义

一、场景描述

全面预算是总纲，是加强业务管控的有力手段，全面预算的有效贯彻执行必将深入每一个业务环节；从目前对于预算管控的规划来看，预算目标是能够真正落到实处的，预算目标对各业务口的管控既是有效的监督执行，更是一种引导、促进、价值提升。

根据上云集团的管控要求，需要定义管理费用预算、资产采购预算控制。

二、任务一：管理费用预算控制

（一）任务描述

管理费用预算控制主要用于连接全面预算中管理费用预算表和网上报销中差旅费报销两个系统接口，包含了预算组织与核算组织对应、预算指标与分摊项目对应、预算期间与制单日期对应、数据类型对应和占用数据对应。

（二）任务实现

按如下用户信息，登录浪潮 GS 管理软件，将预算组织切换到“上云集团”。

登录日期	登录用户	登录密码
2018.1.1	zhangtao	aaaaaa

执行【全面预算】→【体系定义】→【控制预警】→【业务对应定义】，打开业务对应定义功能，在业务单元中选择“差旅费报销单稽核前—进管理”，如图 5—33 所示。

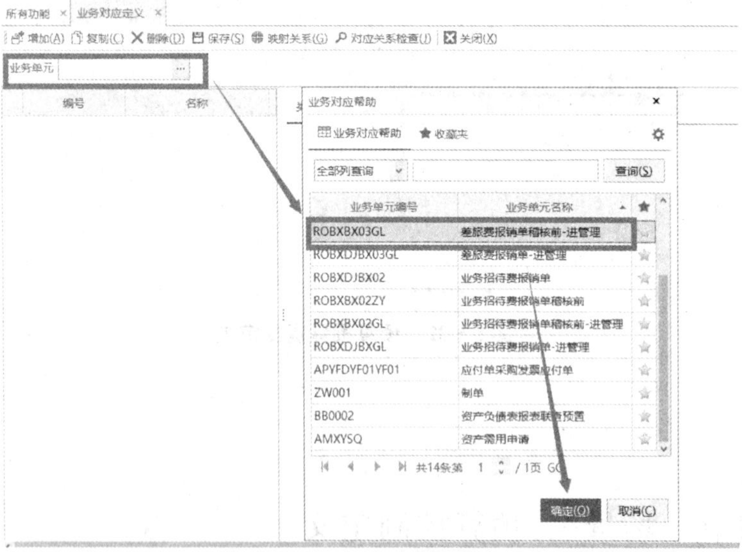

图 5—33　业务对应定义(一)

1. 点击“增加”按钮，类别编号输入“CLBX01GL”，类别名称输入“差旅费用报销单稽核前—进管理”。在左侧列表中点击编号“CLBX01GL”前面的三角符号，展开后再选择“预算组织”，在右侧中对应类型选择“映射”，来源字段选择“分摊单位编号”，来源附加字段选择“分摊部门编号”，映射关系选择“差旅费报销单稽核前_预算组织”，如图 5—34 所示。

2. 然后点击工具栏“映射定义”，会弹出映射定义界面，点击“新增”，在新增行的

图 5—34 业务对应定义(二)

“目标对象”选择预算组织“010218 总经办”,在“分摊单位编号开始编号”和“分摊单位编号终止编号”中选择核算组织“0102 青岛制药有限公司”,在“分摊部门编号开始编号”和“分摊部门编号终止编号”中选择核算部门“18 总经办”,最后点击“保存”并关闭,如图 5—35 所示。

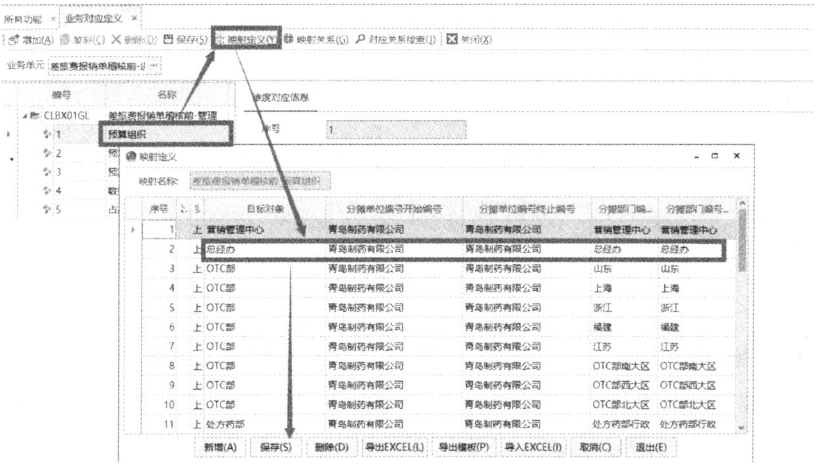

图 5—35 业务对应定义(四)

3. 在左侧列表中点击“预算指标”,右侧对应类型选择“映射”,来源字段选择“分摊项目”,映射关系选择“差旅费报销单稽核前—进管理_预算指标”,如图 5—36 所示。

然后点击工具栏“映射定义”,会弹出映射定义界面,点击“新增”,在新增行的“目

图 5—36 业务对应定义(五)

标对象”选择预算指标“6602014 差旅费”,在“分摊项目开始编号”和“分摊项目终止编号”中选择分摊项目“6602014 管理费用——差旅费”,如图 5—37 所示。

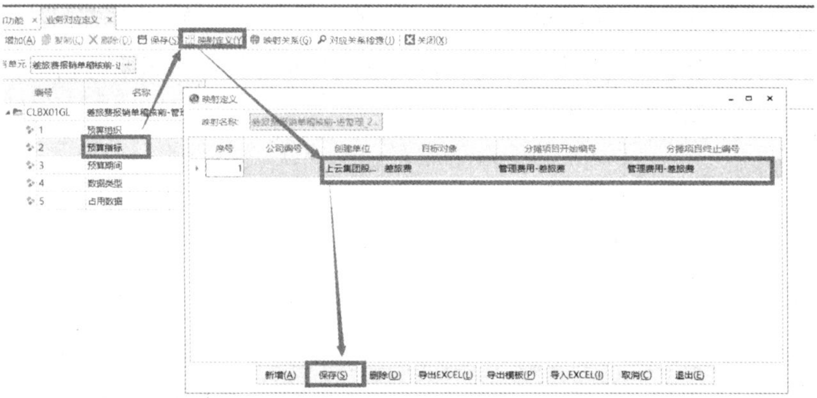

图 5—37 业务对应定义(六)

点击“新增”,在新增行的“目标对象”选择预算指标“6602034 业务招待费”,在“分摊项目开始编号”和“分摊项目终止编号”中选择分摊项目“6602034 管理费用——业务招待费”,最后“保存”并关闭。

4. 在左侧列表中点击“预算期间”,右侧对应类型选择“映射”,来源字段选择“制单日期”,映射关系选择“年月对应”,如图 5—38 所示。

图 5—38　业务对应定义(七)

5. 在左侧列表中点击“数据类型”，右侧对应类型选择“常量”，对应常量选择“本年预算数”，如图 5—39 所示。

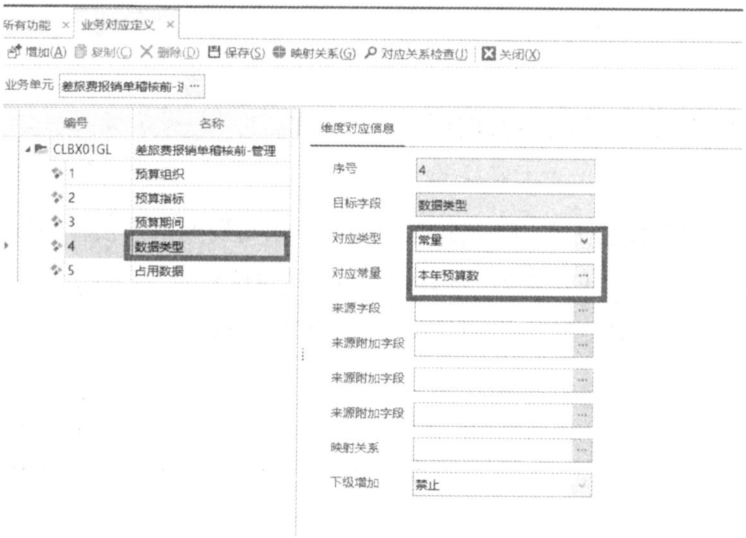

图 5—39　业务对应定义(八)

6. 在左侧列表中点击“占用数据”，右侧对应类型选择“直接对应”，来源字段选择“分摊金额”，数据归集规则选择“增加”，如图 5—40 所示。

图 5—40　业务对应定义(十)

7. 定义完成后,可以进行保存。

三、任务二:资产采购预算控制

(一)任务描述

资产采购预算控制主要用于连接全面预算中固定资产采购预算和资产管理中资产需用申请两个系统接口,包含了预算组织与申请单位对应、预算指标对应、预算期间与申请日期对应、数据类型对应、资产类别对应和执行数据对应。

(二)任务实现

按如下用户信息,登录浪潮 GS 管理软件,将预算组织切换到“上云集团”。

登录日期	登录用户	登录密码
2018.1.1	zhangtao	aaaaaa

执行【全面预算】→【体系定义】→【控制预警】→【业务对应定义】,打开业务对应定义功能,在业务单元中选择“资产需用申请”,如图 5—41 所示。

1. 点击增加,类别编号输入“001”,类别名称输入“资产需用申请”,在左侧列表中点击编号“001”前面的三角符号,展开后,再选择“预算组织”,在右侧对应类型中选择

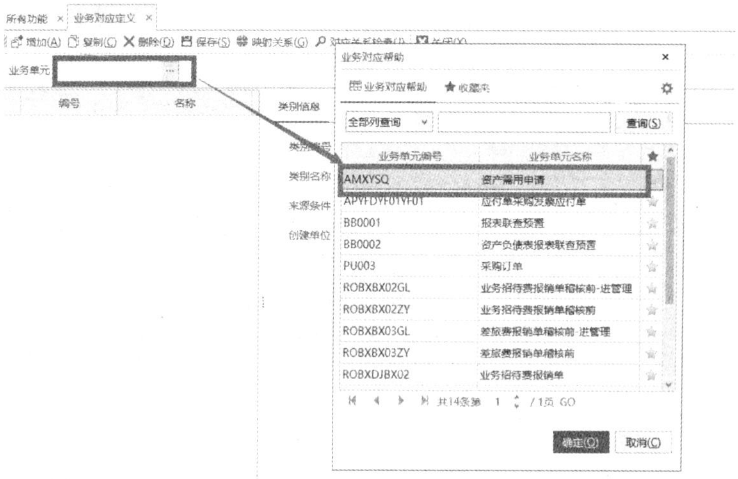

图 5—41　业务对应定义(一)

“映射”,来源字段选择“申请单位”,来源附加字段选择“申请部门”,映射关系选择“资产需用申请_预算组织”,如图 5—42 所示。

图 5—42　业务对应定义(二)

然后点击工具栏“映射定义”,弹出映射定义界面,点击“新增”,在新增行的“目标对象”选择预算组织“010220 资产管理部”,在“申请单位开始编号”和“申请单位终止编号”中选择申请单位“0102 青岛制药有限公司”,在“申请部门开始编号”和“申请部门终止编号”中选择核算部门“20 资产管理部”,最后点击“保存”并关闭,如图 5—43

所示。

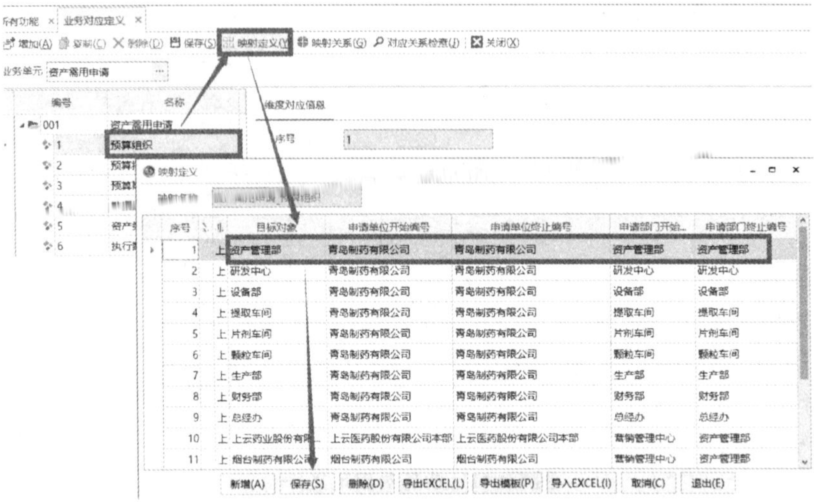

图 5—43 业务对应定义(三)

2. 在左侧列表中点击“预算指标”，右侧对应类型选择“常量”，对应常量选择“固定资产合计”，如图 5—44 所示。

图 5—44 业务对应定义(四)

3. 在左侧列表中点击“预算期间”，右侧对应类型选择“映射”，来源字段选择“申请日期”，映射关系选择“年度对应”，如图 5—45 所示。

4. 在左侧列表中点击“数据类型”，右侧对应类型选择“常量”，对应常量选择“本

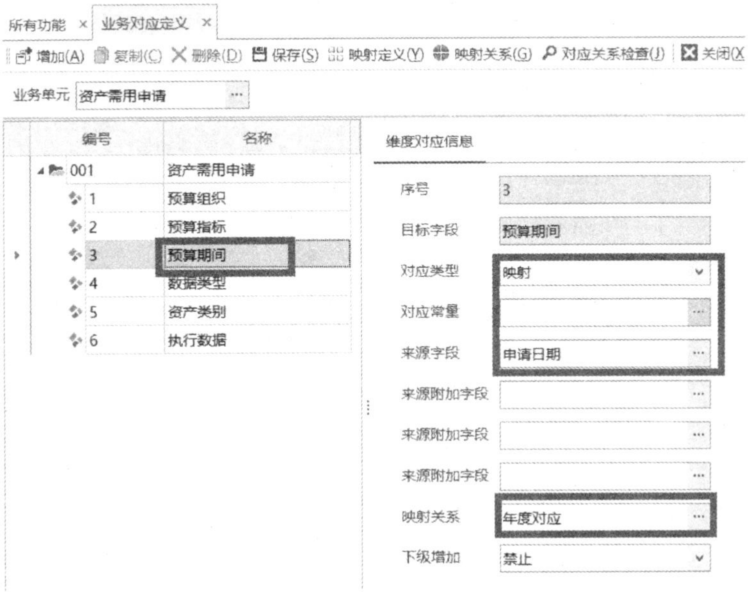

图 5—45　业务对应定义(五)

年预算数”,如图 5—46 所示。

图 5—46　业务对应定义(六)

5. 在左侧列表中点击“资产类别”,右侧对应类型选择“直接对应”,来源字段选择“资产类别”,如图 5—47 所示。

图 5—47 业务对应定义(七)

6. 在左侧列表中点击“执行数据”,右侧对应类型选择“直接对应”,来源字段选择“预计成本”,数据归集规则选择“增加”,如图 5—48 所示。

图 5—48 业务对应定义(八)

7. 定义完成后,点击工具栏“保存”。

四、任务三：业务控制启用

（一）任务描述

预算业务对应定义设置完成后，需要对业务控制进行启用，以达到自动归集的目的。

（二）任务实现

第一步：按如下用户信息，登录浪潮 GS 管理软件，将预算组织切换到“上云集团”。

登录日期	登录用户	登录密码
2018.1.1	zhangtao	aaaaaa

执行【全面预算】→【体系定义】→【控制预警】→【业务控制启用】，打开业务控制启用功能，模块选择“网上报销”，左边选择业务单元“差旅费报销单稽核前—进管理”，右边选择所有单位，启用日期是“2018—01—01”，如图 5—49 所示。

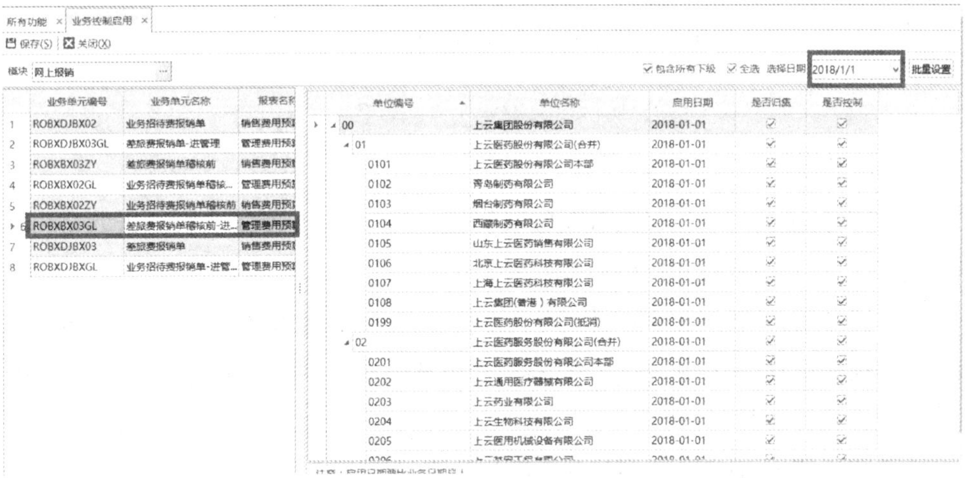

图 5—49　业务控制启用（一）

第二步：模块选择“资产购置”，左边选择业务单元“资产需用申请”，右边选择所有单位，启用日期是“2018—01—01”，如图 5—50 所示。

图 5－50 业务控制启用(二)

第五节 场景四:预算控制(费用)

一、场景描述

2018 年 1 月 18 日,上云集团青岛制药公司,总经理办公室狄副总去北京出差。出差结束后,填报差旅费和招待费报销单据。

差旅费报销:青岛—北京,3 天,其中住宿1 000元,高铁往返 400 元,补助 600 元,填报完毕提交审批,查看预算占用数、执行数据和余额。狄副总在 1 月 19 日查看报销进度和预算执行情况。

业务招待费报销:与重要客户组织展会洽谈,花费5 001元,填报完毕提交审批,由于超出 1 月份招待费预算,因此无法办理。

二、任务一:管理费用——差旅费

(一)任务描述

需要根据上述案例进行差旅费报销,以实现预算对差旅费的管控目的。

差旅费报销细节:火车票为青岛—北京,出差总共 3 天,其中住宿费1 000元,高铁费用 400 元,补助 600 元,填报完毕提交领导审批,查看预算占用数、执行数据和余额。狄副总在 1 月 19 日查看报销进度和预算执行情况。

(二)任务实现

第一步:2018 年 1 月 18 日,上云集团青岛制药公司,总经理办公室狄副总出差结束后,杨秘书负责填报差旅费。

按如下用户信息,在浏览器登录浪潮 GS 管理软件。登录地址为 http://服务器 IP 地址:端口/cwbase/web/Login.aspx,如图 5—51 所示。

图 5—51 登录浪潮 GS 管理软件页面

登录日期	登录用户	登录密码
2018.1.18	yangmishu	aaaaaa

执行【报账管理】→【网上报销】→【我的报销】→【我的单据】,打开我的单据功能,新建单据选择报销——差旅费报销单,如图 5—52 所示。

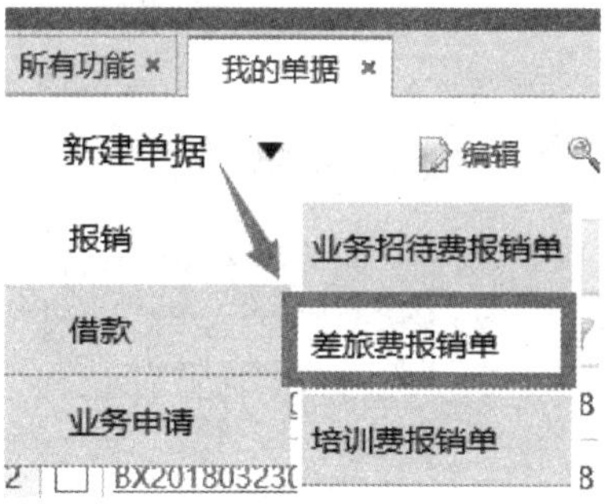

图 5—52 选择“差旅费报销单”

填写摘要“北京差旅费报销”,在行程明细中填写车船费 400 元、住宿费1 000元、补助金额 600 元,费用分摊中费用项目选“销售费用——差旅费”,如图 5—53、图 5—54所示。

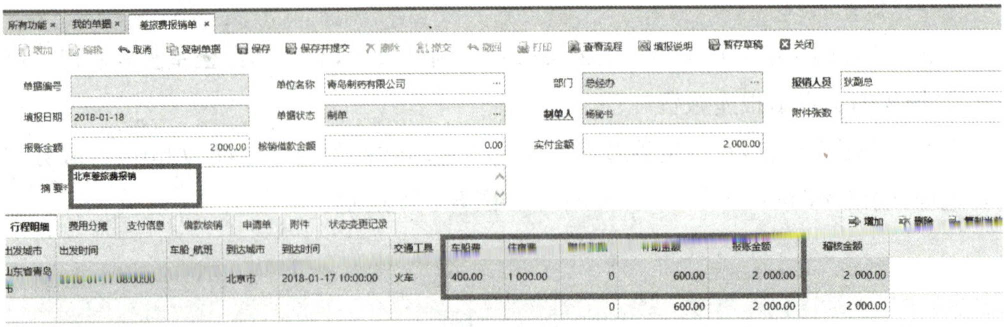

图 5－53　差旅费报销单(一)

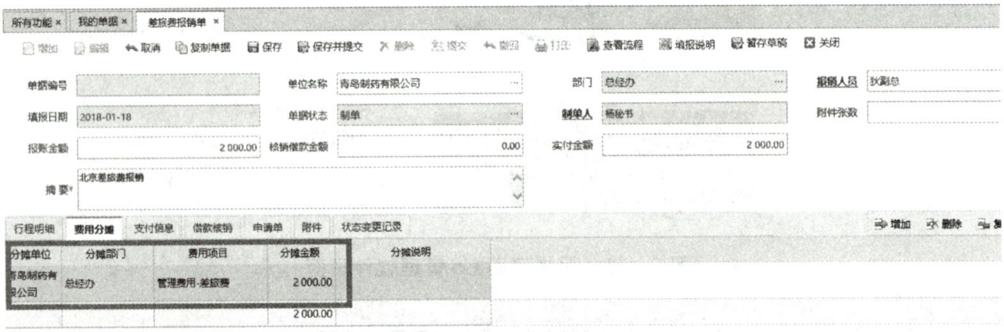

图 5－54　差旅费报销单(二)

第二步:填报完成后提交审批,查看预算占用和执行,点击“预算查询”,如图5－55所示。

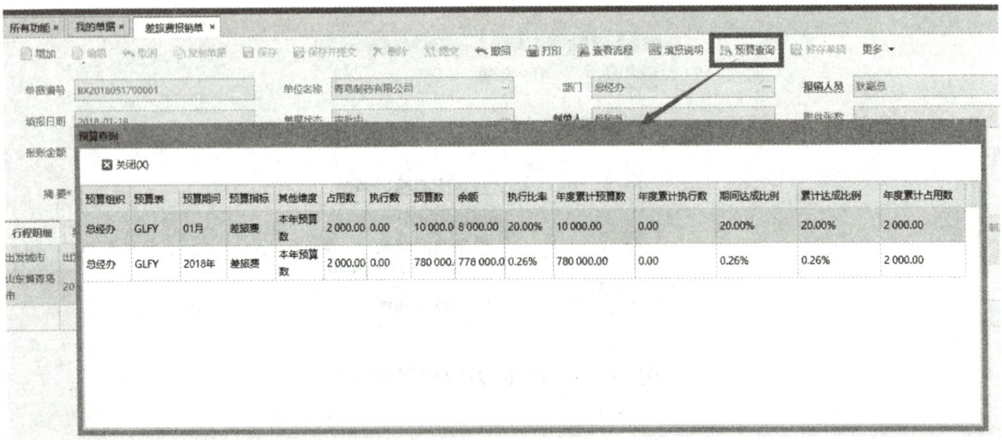

图 5－55　差旅费报销单(三)

第三步:在预算执行中查询执行情况,执行【全面预算】→【执行分析】→【预算查询】→【预算执行查询】，打开预算执行查询功能，在左侧选择预算组织“010218 总经办”，右侧选择“管理费用预算表”，点击“确定”，如图 5—56 所示。

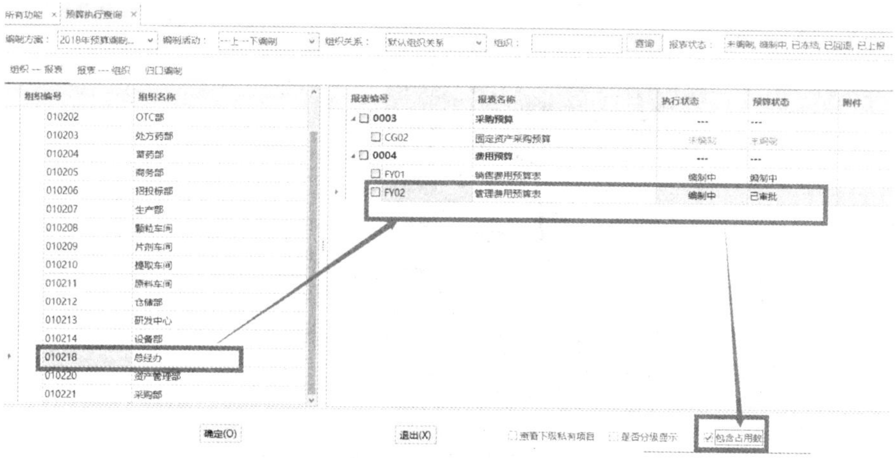

图 5—56　预算执行查询(管理费用预算表)

查看差旅费的执行情况，如图 5—57 所示。

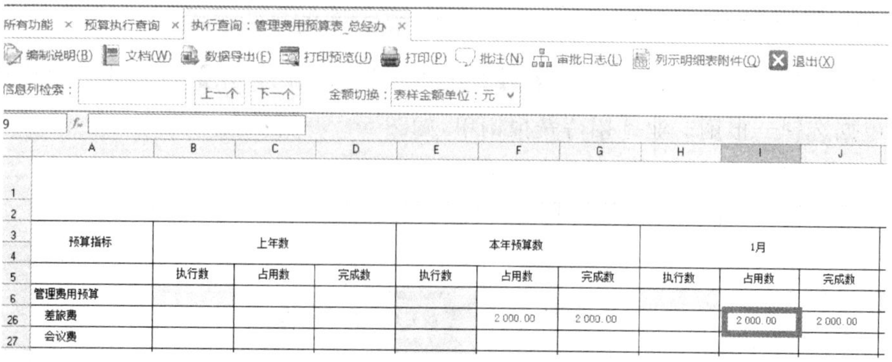

图 5—57　差旅费的执行情况

三、任务二：管理费用——业务招待费

（一）任务描述

需要根据上述案例进行业务招待费报销，以实现预算对业务招待费的管控目的。

业务招待费报销：与重要客户组织展会洽谈，花费5 001元，填报完毕提交审批，由于超出 1 月份招待费预算，因此无法办理。

（二）任务实现

第一步：2018 年 1 月 18 日，上云集团青岛制药公司，总经理办公室狄副总出差结束后，杨秘书负责填报招待费报销单据。

按如下用户信息，登录浪潮 GS 管理软件。登录地址为 http://服务器 IP 地址：端口/cwbase/web/Login.aspx，如图 5—58 所示。

图 5—58　登录浪潮 GS 管理软件页面

登录日期	登录用户	登录密码
2018.1.18	yangmishu	aaaaaa

执行【报账管理】→【网上报销】→【我的报销】→【我的单据】，打开我的单据功能，新建单据选择—报销—业务招待费报销单，如图 5—59 所示。

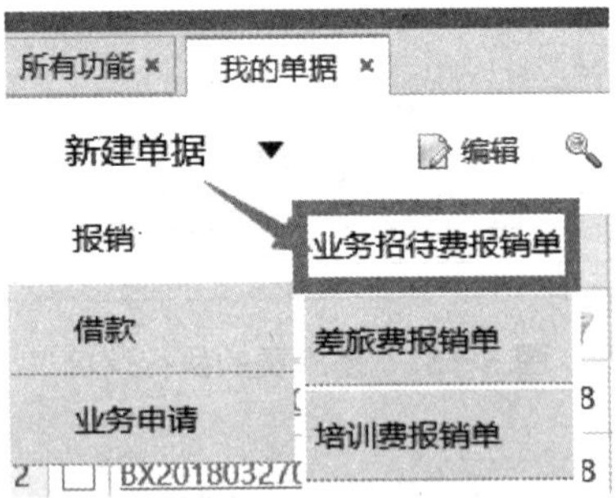

图 5—59　选择“业务招待费报销单”

填写费用说明“与重要客户组织展会洽谈”，在报账金额填写5 001元，费用分摊中费用项目选“管理费用——业务招待费”，如图 5—60、图 5—61 所示。

第二步：提交审批，提示超出预算无法报销，如需报销需通过预算调整单进行金额调整，如图 5—62 所示。

图 5—60　业务招待费报销单(一)

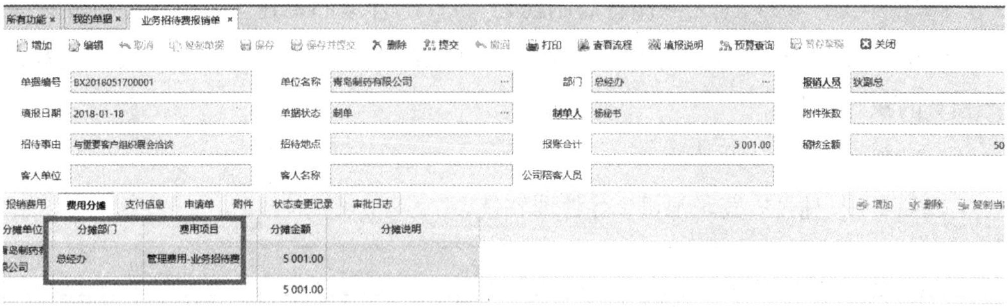

图 5—61　业务招待费报销单(二)

图 5—62　业务招待费报销单(三)

第六节 场景五:预算控制(资产)

一、场景描述

需要根据上述案例进行资产需要申请,以实现预算对资产采购的管控目的。

二、任务一:资产申请

(一)任务描述

2018 年 1 月 6 日,上云集团青岛制药公司,资产管理部王建华进行大型机器设备的采购申请,设备名称“板式超高温杀菌机”,预计成本450 000元。提交审批。查看资产预算的执行情况。

(二)任务实现

按如下用户信息,登录浪潮 GS 管理软件。

登录日期	登录用户	登录密码
2018.1.6	wangjianhua	aaaaaa

2018 年 1 月 6 日,上云集团青岛制药有限公司,资产管理部王建华进行大型机器设备的采购申请。执行【资产管理】→【资产购置】→【资产需用申请】,打开资产需用申请功能,资产组织选择“0001 青岛制药资产管理组织”,如图 5—63 所示。

图 5—63 资产需用申请

申请单位选择“青岛制药”,申请部门选择“15 资产管理部”,申请人选择“王芳”。在工具栏分录操作点击“增行”,在资产需用申请分录栏中资产类别选择“0002 机器设备”,资产名称选择“板式超高温杀菌机”,数量为 1,预计成本450 000元,使用人“王芳”,预计使用日期选择“2018/2/1”,如图 5—64 所示。

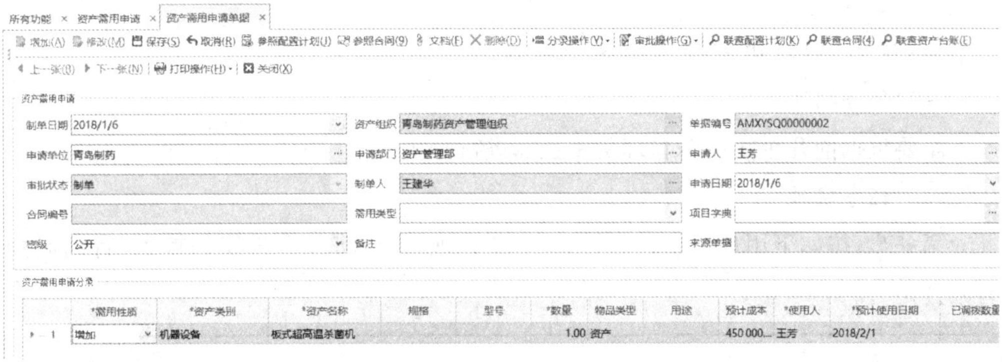

图 5—64　填制资产需用申请单据

点击“保存”。由于超出预算,提示预算控制信息—拒绝,如图 5—65 所示。

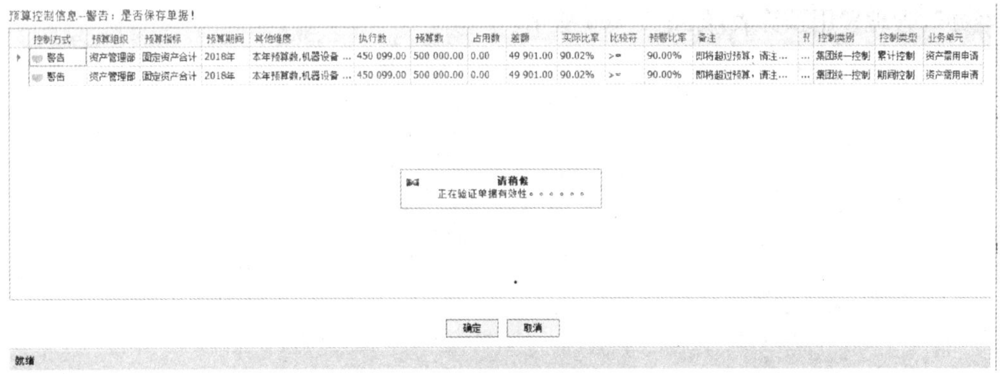

图 5—65　保存单据

第七节　场景六:预算执行与分析

一、场景描述

上云集团建立了全面预算分析制度,由预算管理办公室定期召开全面预算执行分析会议,掌握全面预算的执行情况,研究、落实解决全面预算执行中存在问题的政策措施，纠正全面预算的执行偏差。月末财务部长蔡林刚分析管理费用预算和采购预算执行情况，对于大额或异常的费用和设备采购支出进行逐笔分析。

分析内容包括：(1)分析管理费用预算情况；(2)分析固定资产采购预算执行情况；(3)分析预计现金流量表执行情况。

二、任务一：分析管理费用预算情况

(一)任务描述

需要根据前几个案例对管理费用预算进行分析。

(二)任务实现

第一步：按如下用户信息，登录浪潮 GS 管理软件，将预算组织切换到“青岛制药有限公司”。

登录日期	登录用户	登录密码
2018.1.31	cailingang	aaaaaa

执行【全面预算】→【预算分析】→【预算查询】→【预算执行查询】，选择“010218 总经办”，管理费用预算表，如图 5—66 所示。

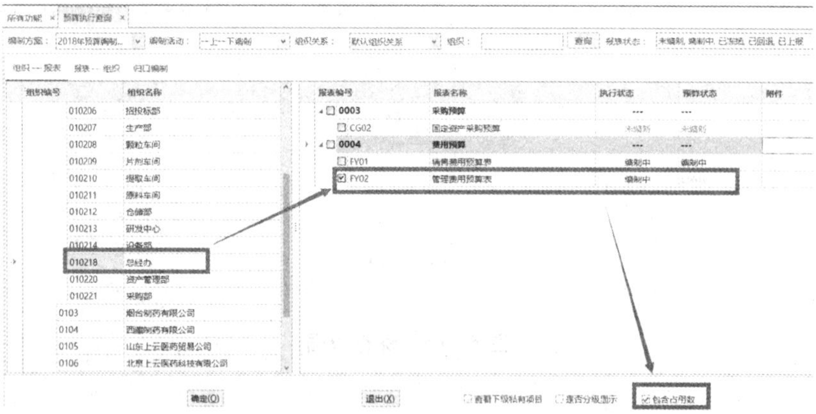

图 5—66　预算执行查询(管理费用预算表)

第二步：分析预算执行情况，逐笔分析，执行数据对应的原始业务单据。管理费用——差旅费，预算到月，实际控制按照年累计进行控制，执行数归集到年累计，如图 5—67、图 5—68、图 5—69 所示。

第三步：分析预算执行情况，逐笔分析，执行数据对应的原始业务单据。管理费用——业务招待费，预算到月，按月控制，执行数归集到月度，如图 5—70 所示。

图 5－67　执行查询(一)

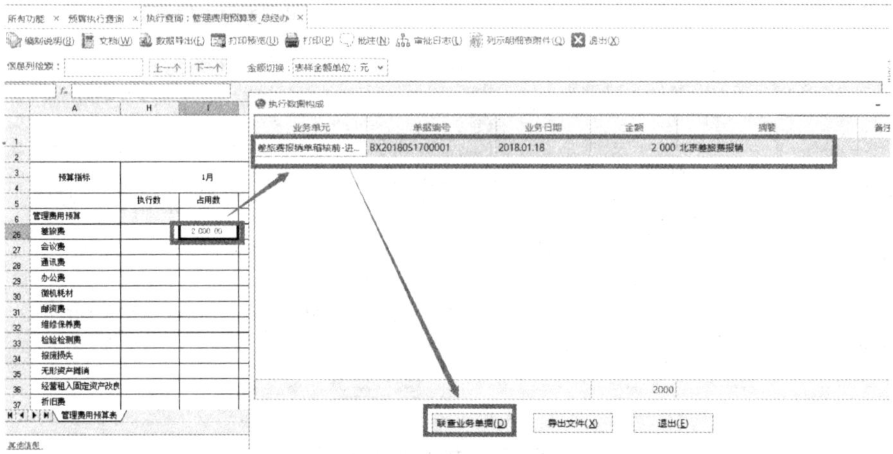

图 5－68　执行查询(二)

图 5—69　执行查询(三)

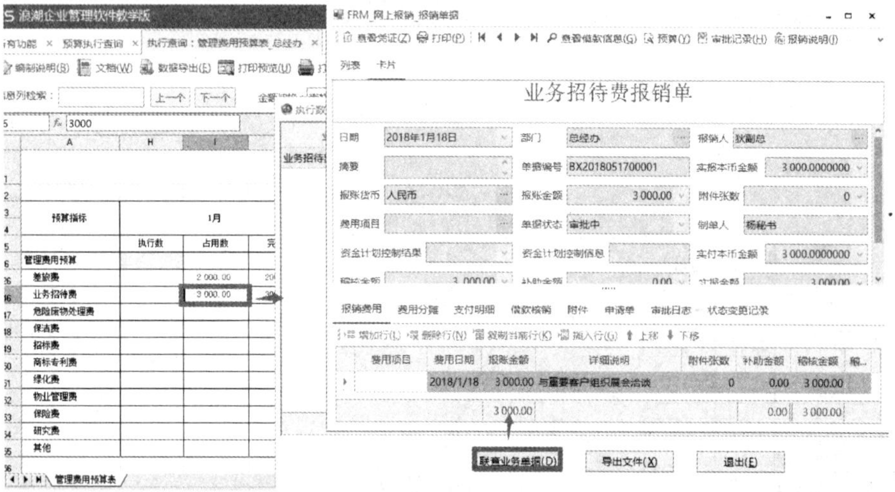

图 5—70　执行查询(四)

三、任务二:分析固定资产采购预算执行情况

(一)任务描述

分析固定资产采购预算。

(二)任务实现

第一步:按如下用户信息,登录浪潮 GS 管理软件,将预算组织切换到“青岛制药有限公司”。

登录日期	登录用户	登录密码
2018.1.31	cailingang	aaaaaa

执行【全面预算】→【预算分析】→【预算查询】→【预算执行查询】，选择“资产管理部”，固定资产采购预算，如图 5—71 所示。

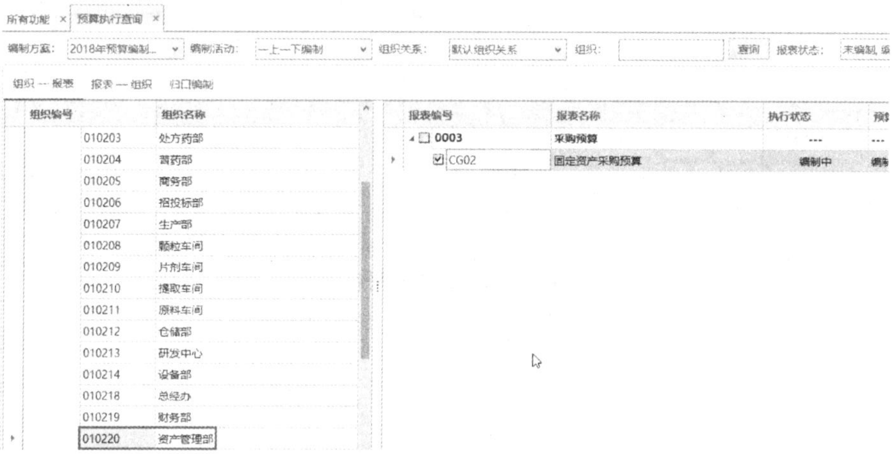

图 5—71　预算执行查询(固定资产采购预算)

第二步：分析预算执行情况，逐笔分析，执行数据对应的原始业务单据，如图5—72所示 。

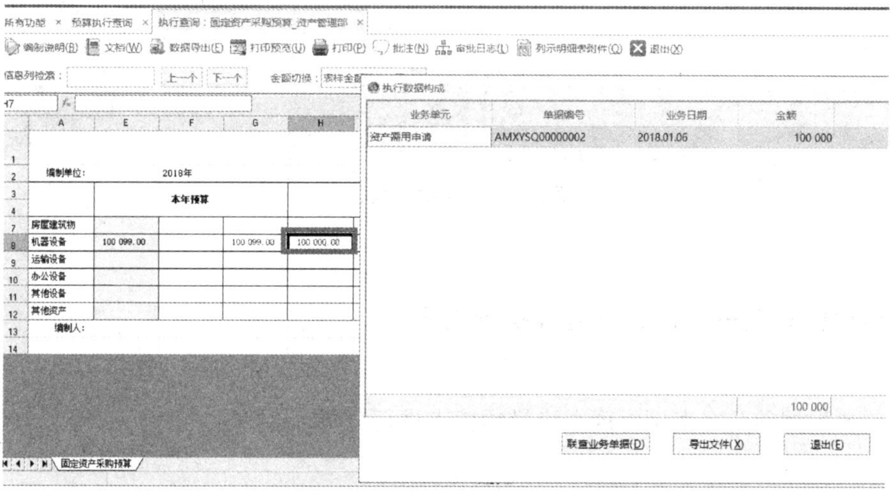

图 5—72　执行查询

第三步：执行【全面预算】→【执行分析】→【预算分析】→【完成分析】，选择“资产管理部”，固定资产采购预算，如图 5—73、图 5—74 所示。

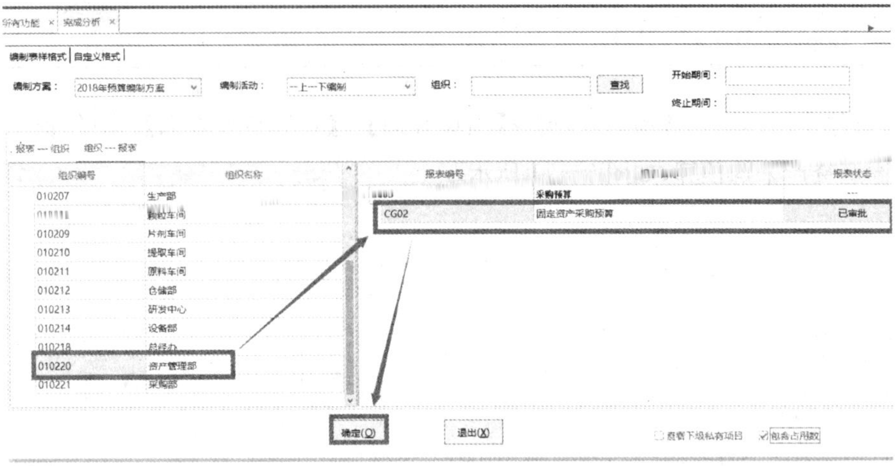

图 5—73　完成分析(一)

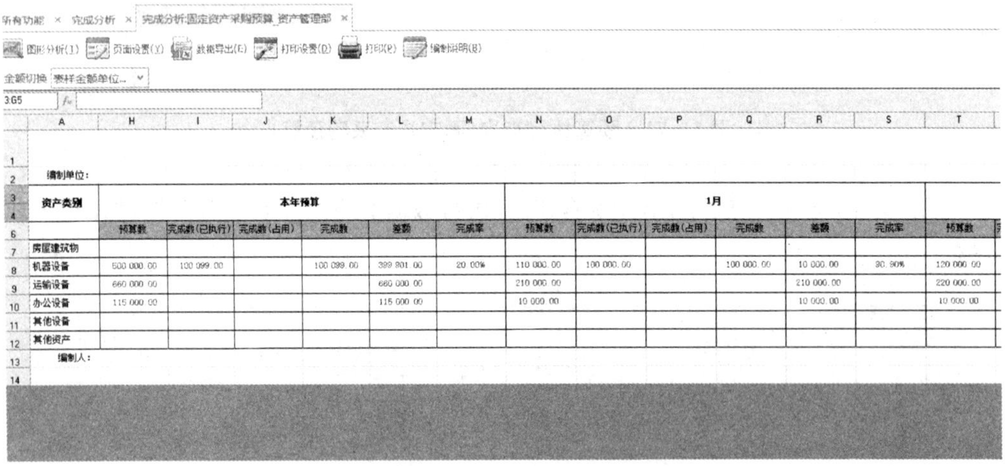

图 5—74　完成分析(二)

四、任务三：分析现金流量表执行情况

（一）任务描述

需要根据前几个案例对现金流量预算表进行分析。

（二）任务实现

按如下用户信息，登录浪潮 GS 管理软件。

登录日期	登录用户	登录密码
2018.1.31	cailingang	aaaaaa

第一步:登录日期为 2018 年 1 月 31 日,将预算组织切换到“青岛制药有限公司”,执行【全面预算】→【执行分析】→【预算执行】→【执行数归集】,打开执行数归集功能,如图 5—75 所示。

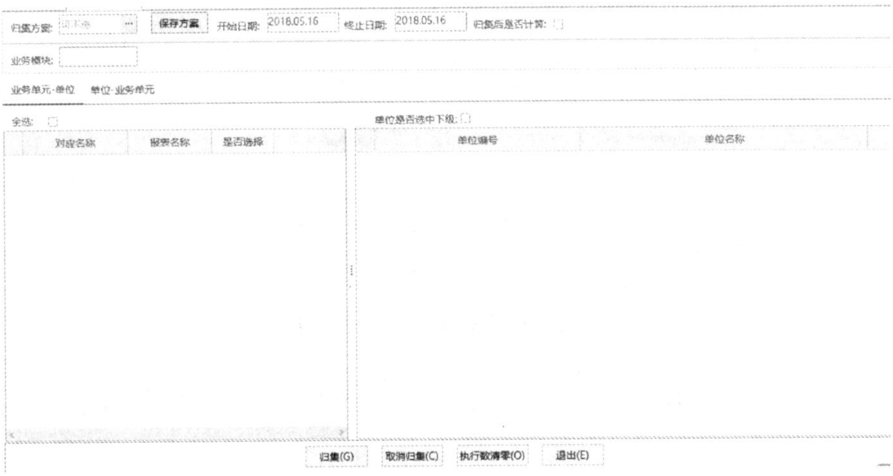

图 5—75　执行数归集(一)

在“业务模块”选择“报表”,左侧列表选择“现金流量预算表”,单位选择“青岛制药有限公司”,点击“归集”,如图 5—76 所示。

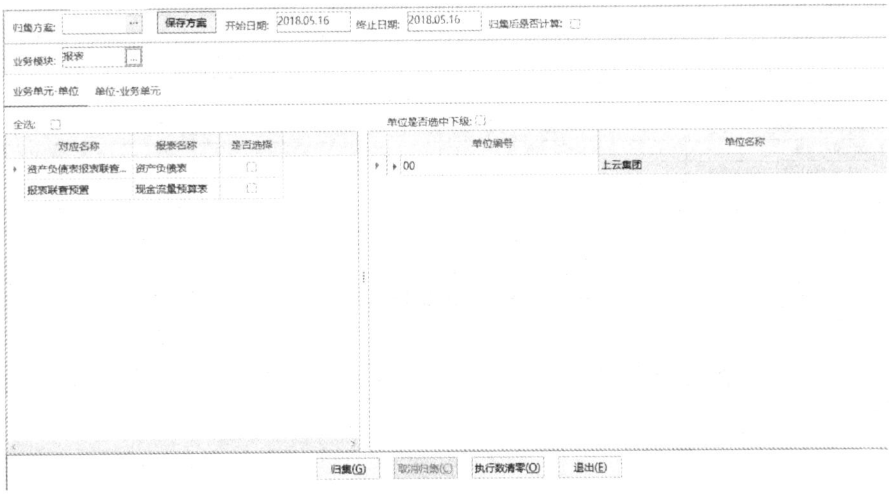

图 5—76　执行数归集(二)

第二步：执行【全面预算】→【执行分析】→【预算执行】→【预算执行查询】，如图5—77所示。

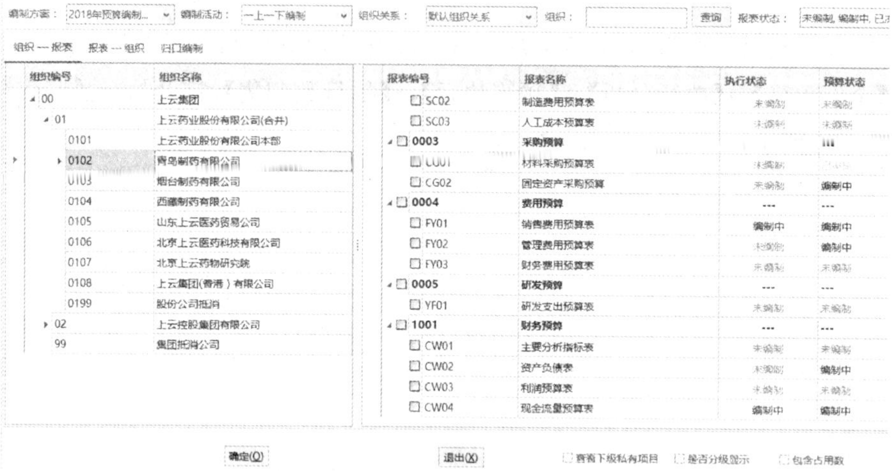

图5—77　预算执行查询(一)

预算组织选择“青岛制药有限公司”，报表选择“现金流量预算表”，点击“确定”，如图5—78所示。

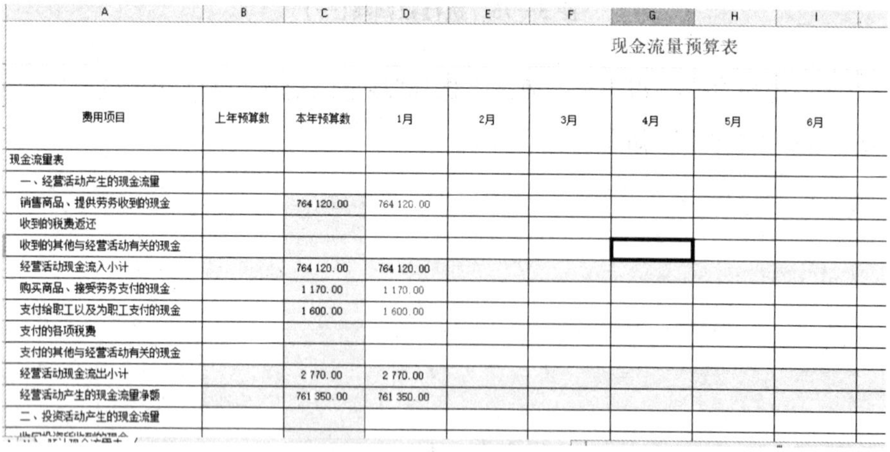

现金流量预算表

费用项目	上年预算数	本年预算数	1月	2月	3月	4月	5月	6月
现金流量表								
一、经营活动产生的现金流量								
销售商品、提供劳务收到的现金		764 120.00	764 120.00					
收到的税费返还								
收到的其他与经营活动有关的现金								
经营活动现金流入小计		764 120.00	764 120.00					
购买商品、接受劳务支付的现金		1 170.00	1 170.00					
支付给职工以及为职工支付的现金		1 600.00	1 600.00					
支付的各项税费								
支付的其他与经营活动有关的现金								
经营活动现金流出小计		2 770.00	2 770.00					
经营活动产生的现金流量净额		761 350.00	761 350.00					
二、投资活动产生的现金流量								

图5—78　预算执行查询(二)

选择“销售商品、提供劳务收到的现金”，对应月份为1月份，右键“数据构成”，如图5—79、图5—80所示。

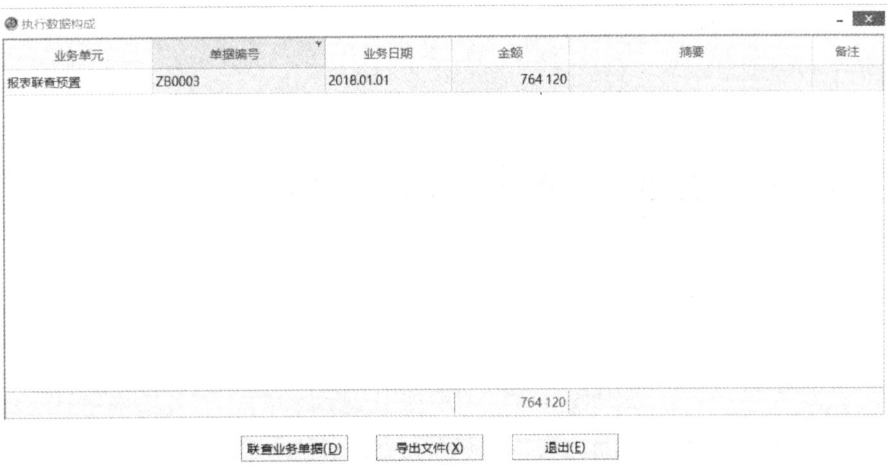

执行数据构成

业务单元	单据编号	业务日期	金额	摘要	备注
报表联查预置	ZB0003	2018.01.01	764 120		
			764 120		

联查业务单据(D)　导出文件(X)　退出(E)

图 5—79　预算执行查询(三)

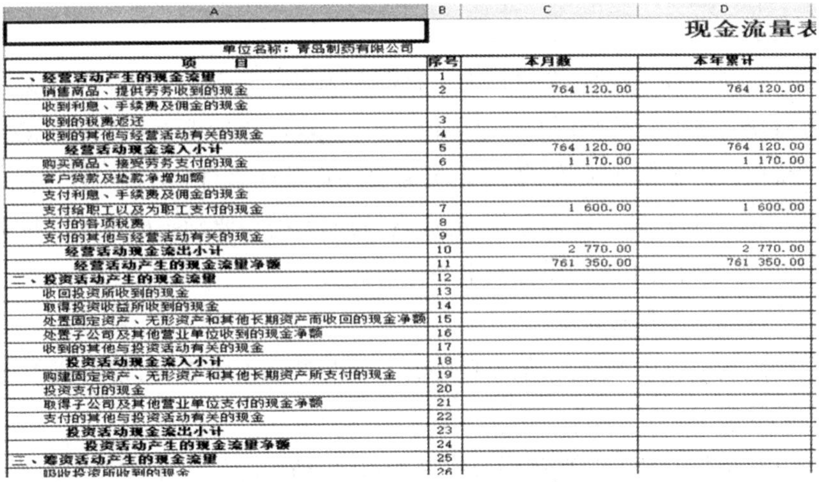

现金流量表

单位名称：青岛制药有限公司

项　　目	序号	本月数	本年累计
一、经营活动产生的现金流量	1		
销售商品、提供劳务收到的现金	2	764 120.00	764 120.00
收到利息、手续费及佣金的现金			
收到的税费返还	3		
收到的其他与经营活动有关的现金	4		
经营活动现金流入小计	5	764 120.00	764 120.00
购买商品、接受劳务支付的现金	6	1 170.00	1 170.00
客户贷款及垫款净增加额			
支付利息、手续费及佣金的现金			
支付给职工以及为职工支付的现金	7	1 600.00	1 600.00
支付的各项税费	8		
支付的其他与经营活动有关的现金	9		
经营活动现金流出小计	10	2 770.00	2 770.00
经营活动产生的现金流量净额	11	761 350.00	761 350.00
二、投资活动产生的现金流量	12		
收回投资所收到的现金	13		
取得投资收益所收到的现金	14		
处置固定资产、无形资产和其他长期资产而收回的现金净额	15		
处置子公司及其他营业单位收到的现金净额	16		
收到的其他与投资活动有关的现金	17		
投资活动现金流入小计	18		
购建固定资产、无形资产和其他长期资产所支付的现金	19		
投资支付的现金	20		
取得子公司及其他营业单位支付的现金净额	21		
支付的其他与投资活动有关的现金	22		
投资活动现金流出小计	23		
投资活动产生的现金流量净额	24		
三、筹资活动产生的现金流量	25		
吸收投资所收到的现金	26		

图 5—80　预算执行查询(四)

第六章　主题三：成本管理与控制

第一节　相关知识

一、成本概念

（一）成本

“成本”一词，通常是指一个机构为了目前及未来的效益，而取得商品或劳务所支付的现金或现金等值。而所谓的现金等值，是指为取得商品或劳务而提供交换的非现金资产的价值。为了指导决策，管理人员需要知道某些事件（比如一件产品、一部机器、一种新的生产过程和一次服务等）的成本，我们就把需要确定成本的这些事件称为成本对象，即需要对成本进行单独测定的任何活动。

（二）产品成本与期间成本

按照传统制造业成本分类，依照费用的发生与产品的关系，可以将成本划分为产品成本和期间成本。

产品成本是与产品生产直接相关的成本，它包括产品生产中所耗用的直接材料、直接人工和制造费用等。按照会计核算的配比原则，将已销售的产品的成本及时转入销售成本，以确定产品的销售利润。

期间成本是企业经营过程中所发生的主要与该会计期间的销售、经营和管理等活动相关的成本，例如，管理费用、财务费用、销售费用等。由于这些费用与产品的生产无直接关系，而与生产经营期直接相关，因此，按照现行会计准则，期间成本均列为当期的营业费用，在计算当期营业收益中予以扣除。

（三）直接成本与间接成本

有关成本的一个重要问题就是成本与特定的成本对象直接相关还是间接相关，因此，按与特定成本对象之间是否具有明显的关系，可将成本区分为直接成本与间接成本两大类。

直接成本也叫“可追踪成本”，是指与特定成本对象直接相关的，能够经济而又方便地按特定标准将其直接归属于该对象的成本。或者说是可以进行追溯的成本。

间接成本也叫“共同成本”，是指与特定成本对象相关，但不能经济而又方便地追溯到各个成本对象的成本。间接成本的发生与许多成本对象都有联系，要通过一定的方法在各个成本对象之间进行分配。

在成本会计中，我们知道一件产品的成本构成包括直接材料、直接人工、制造费用。一般来说，直接材料和直接人工是直接成本，制造费用是间接成本。

（四）成本动因与成本分配基础

在满足客户需求的前提下，不断降低与控制成本，就需要找到驱使成本发生和改变的因素，而这些因素，就是我们定义的成本动因（cost driver）。成本动因是指任何能影响成本的因素。也就是说，成本动因的变化会导致某一成本对象的成本的变动。它是成本发生的驱动力。

与成本动因容易混淆的一个概念是成本分配基础。成本分配基础是指间接成本在分配到特定成本对象上时所采用的一个特定的分配标准，如按发生的直接人工工时分配、按机器小时分配等。在传统的成本会计中就是采用这种方法分配间接成本的。成本分配基础不是成本发生和改变的因素，它可能与成本动因一致，也可能与成本动因毫无关系。

（五）固定成本和变动成本

1. 固定成本

固定成本是指在相关范围内，其发生额不受产量变动影响的固定不变的成本，或者用前面的成本动因解释，是指尽管成本动因变动，但其总量保持不变的成本。固定成本通常包括行政人员工资、厂房保险费、机器设备以及厂房折旧、专利权摊销等。

2. 变动成本

变动成本是指其发生额会随着产量的变动而变动的成本，或者定义为按成本动因变动的比例在总量上发生变动的成本。变动成本通常包括：直接材料、直接人工、加班费、按直接人工提取的福利费等。

3. 划分固定成本与变动成本的前提假设

从固定成本和变动成本的定义可以看到，这种对成本的划分方法有一定的前提假设：

（1）成本的变动或者固定是针对某一个特定的成本对象而言的。

（2）时间段必须是特定的。

（3）总成本是线性的。

（4）只有一个成本动因。

(5)成本动因在一个相关范围内变动。

4. 半变动成本

固定成本和变动成本划分的前提假设表明了当成本动因不在一个相关范围内变动的时候，成本就不能单纯地划分为固定成本或者变动成本，而是半变动成本或者混合成本(mixed cost)。就管理控制而言，半变动成本应划分为固定和变动两项要素。

5. 单位成本与总成本

单位成本也叫平均成本，是以总成本除以单位数计算的。单位成本是个平均数，从决策的角度来讲，考虑总成本要优于考虑单位成本，因为总成本相对于单位成本来说，没有进行平均计算，不会造成产品的成本平滑。

二、成本管理控制

企业生产的主要目的是获取最大的利润，而降低成本是提高利润的主要途径之一。成本控制是对企业生产过程中各个环节、各个阶段的全部成本的控制，包括设计阶段的成本控制、生产阶段的成本控制、产品销售及售后服务阶段的成本控制。也就是说，产品生命周期的每个阶段都要进行成本控制，即全面控制。

成本控制是保证目标成本实现的重要手段。企业应该在产品生命周期的每个阶段始终以目标成本为指导，密切注意实际成本偏离目标成本的数额及原因，并及时将有关信息反馈给管理层，明确责任，建立积极的奖惩制度，充分调动每位员工的积极性，实现企业的成本目标，真正发挥成本控制的作用。

成本控制可按以下标准进行分类。

(一)按成本控制阶段分类

按成本控制阶段分类是与产品生命周期相适应的，一般可分为设计阶段成本控制、生产阶段成本控制和销售及售后服务阶段成本控制。

设计阶段成本控制也称为事前成本控制，是指在产品投产前，通过价值工程分析，确定目标成本，作为控制的依据。这一阶段的成本控制是降低成本最有效的途径。

生产阶段成本控制和销售及售后服务阶段成本控制均属于日常成本控制，是指在产品成本及费用形成过程中，要求按照目标成本来衡量实际成本支出，两者若有偏差，该差异就是一项重要的成本控制信息，应该及时找出差异的原因。对实际成本超支的差异必须纠正，对实际成本节约的差异要保持并且给予有关责任部门和责任人一定的奖励。

(二)按控制原理分类

按控制原理分类，可将成本控制分为前馈控制、防护控制和反馈控制。

根据现代控制论的原理，前馈控制是对产品设计、试制阶段进行的成本控制。防护控制是一种制度控制，它是通过建立企业内部规章制度来控制成本。反馈控制是产品成本发生过程中的成本控制，属于日常成本控制。

（三）按控制内容分类

按控制内容分类，可将成本控制分为产品成本控制和质量成本控制两大类。

产品成本控制是产品生产过程的全面控制；质量成本控制是质量与成本控制在产品生产过程中的有机结合，质量成本决策确定的最优水平可以作为质量成本控制的目标。

三、标准成本

成本控制系统的首要任务是确定控制目标或标准，作为衡量实际成本的尺度。标准成本是运用科学方法，预计在有效经营条件下，产品应达到的目标单位成本，它是成本管理与控制系统的基准成本。

管理人员在确定企业成本控制标准时可以选择不同的标准。

（一）理想的标准成本

理想的标准成本是一种理论标准，是指在最理想（最佳）经营状态下的最低成本。它是假定整个生产过程材料无浪费、机器设备无故障、人员无闲置、生产效率达到最高、成本达到最低水平。该标准由于太完美，一般情况下，企业员工无论怎样努力都很难达到这一标准，这将抑制员工的积极性，可能会促使他们采用某些不太合理的手段（如降低产品质量）来达到这一标准，最终影响企业的经营效果（如质量成本上升）。所以，企业很少采用理想的标准成本。

（二）历史的标准成本

历史的标准成本是根据过去若干时期实际成本的资料，计算其平均值，并结合未来的变动趋势制定的标准成本。该标准经过努力一般较容易达到，但由于实际成本中经常包含了浪费和低效率，所以该标准比较“松弛”，将其作为企业控制目标不尽合理。

（三）现实的标准成本

现实的标准成本也是正常的标准成本，它是在现有的生产技术水平和正常生产经营能力的前提下应该达到的标准。该标准包含了正常的原料浪费、机器偶然故障、人员闲置等低效与失误。因此，这一标准要求企业员工尽最大努力才能达到，它既先进又合理，比理想的标准成本更现实。

四、分权管理与责任中心

（一）分权化管理

分权化管理是一个相对于集权化管理的概念。在集权化管理过程中，决策是由高层管理者制定的，下属管理者只是负责执行这些决策。而分权化管理则允许下级管理者做出与其管辖领域相关的重要决策，并执行这些决策。分权化管理是将决策制定权授予下级的做法。

分权化管理在企业中得到广泛应用的原因很多，具体而言主要有以下几方面：

(1)企业所处的环境；

(2)信息专门化；

(3)适时做出反应，并为中央管理部门节约时间；

(4)下级管理人员的培训和选拔；

(5)下级管理人员的动力。

(二)分权管理下的责任中心

根据控制区域和责任范围的不同，责任中心可以分为四种主要类型：(1)收入中心：管理者仅对销售收入负责的责任中心。(2)成本中心：管理者仅对成本负责的责任中心。(3)利润中心：管理者对收入和成本负责的责任中心。(4)投资中心：管理者对收入、成本和投资活动负责的责任中心。

1. 收入中心

收入中心的存在是为了组织营销活动，典型的收入中心是公司的销售部门，该部门负责产品的销售和分配。

2. 成本中心

成本中心有狭义、广义之分。狭义的成本中心，是指对产品生产或劳务提供所消耗的资源负责的责任中心，也即主要指生产产品或提供劳务的责任中心。广义的成本中心，是指除狭义成本中心外还包括那些非生产性的以控制经营管理费用为主的责任中心，即费用中心。

3. 利润中心

利润中心是对利润指标负责的责任中心，其责任是控制收入和成本费用。该中心的管理人员同时具有生产和销售两个职责。

利润中心需要对下列活动做出决策：生产哪种产品、如何生产，产品质量如何控制，价格的制定以及产品销售。管理者需要权衡价格、产量、质量和成本，使得中心的经营达到最优。

4. 投资中心

投资中心是对投资负责的责任中心，其不仅用收益计量，还要将其收益与投入的资本结合起来加以考虑，即用收益与所占用的资本额的比率来计量。投资中心需要做出的决策不仅包括产品的组合、价格的制定和生产方法等短期经营决策，而且还包括投资规模和投资类型的决策。由于投资目的也是为了获得利润，所以投资中心实质上也是利润中心，但投资中心拥有投资决策权，能够独立地运用所掌握的资金，有权购置和处理固定资产，扩大和缩小生产能力等，所以它控制的区域和职权范围比一般的利润中心要大得多。在这里，投资中心扩展了利润中心的概念。

五、系统概述

知识经济竞争时代，企业成本管理的边界已经跨越内部，延伸至全价值链，为企业战略提供高质量成本信息，进行价值管理。

浪潮 GS 战略成本以战略的眼光从成本的源头识别成本驱动因素，对价值链进行成本管理，运用成本数据和信息，为战略管理的每一个关键步骤提供战略性成本信息，帮助企业建立价值创造型财务管理体系，打造长期成本竞争优势，提高成本竞争能力。

GS 战略成本包括成本数据、成本中心会计、产品成本核算、作业成本、标准成本、成本计划、实时成本、获利分析、成本估算、项目成本会计十大功能模块，如图 6－1 所示。

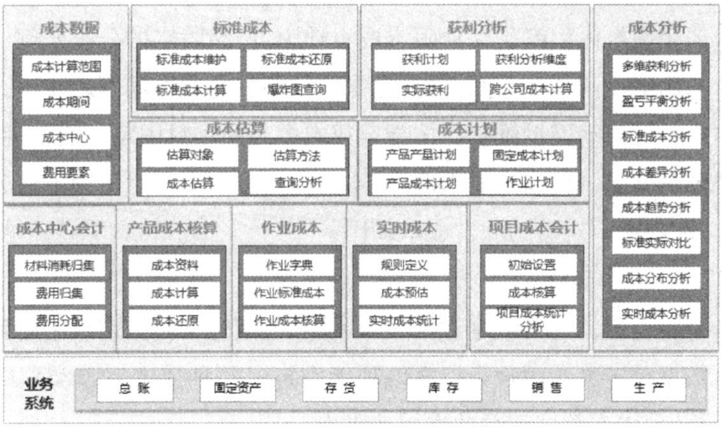

图 6－1　浪潮 GS 全面预算产品架构

六、功能介绍

（一）成本数据

1. 成本计算范围

成本计算范围，顾名思义就是定义成本计算的范围，具体来说就是包括哪些成本中心。在同一个成本计算范围，成本计算的规则相同。成本计算范围由公司成本管理岗定义和设置，并且成本计算范围有一定的计算顺序。

2. 成本期间

(1)期间定义。定义战略成本使用的期间,并描述与关联公司的期间对应关系。

(2)期间状态管理。提供成本期间的关闭打开功能。系统初始必须利用本功能设置起始期间。

3. 成本项目

(1)成本分解体系。按照成本管理的需要定义费用要素的统计维度。

(2)费用要素组。基于成本分解体系,维护每类体系的成本项目结构和成本项目所包含的费用要素。

(3)费用要素使用。定义费用要素与其他模块的对应关系,例如哪个要素是委外模块的费用,哪个要素是计件工资的费用等。

4. 固定成本动因

(1)成本中心动因量维护。用于成本中心间的费用分配,例如分配取暖费按面积分配,而面积就是成本中心固定成本动因。

(2)成本对象动因量维护。用于产品间的费用分配,物料的固定成本动因类似于物料的属性,例如物料体积就是一种固定成本动因,产品固定的分配比例(每月的费用直接按 3∶5 的比例在两个产品间分配)也是一种固定的成本动因。

(3)成本中心对象动因量维护。按指定成本中心的物料固定的成本动因来分割费用,例如物料体积就是一种固定成本动因,明确指定成本中心对象固定的分配比例,也是一种直接分配到成本对象的固定成本动因。

5. 基础数据

(1)成本对象类型。定义成本对象类型,计算范围定义时指定成本对象类型。

(2)成本数据源定义。用户可以在该功能中定义每种成本对象类型的数据源,该定义最终构成各种成本数据汇总数据用的脚本。

(3)成本资料检查项。定义成本资料检查的具体内容,可自定义检查规则。

(4)成本资料检查项分配。选择本计算范围在成本资料检查时需要检查的具体检查项。

6. 映射关系

(1)成本类别定义。定义成本类别和产品的关系。设置成本类别后可以按照类别进行查询、统计。

(2)映射关系类别。定义系统需要的数据对应关系类别,如责任中心与核算部门的对应关系,成本数据取数时可利用这些对应关系,实现跨模块、跨业务的数据取数。

(3)成本中心和部门的关系。定义成本中心和财务核算部门的对应关系,便于后续实际数的获取。

(4)工程项目关系。查询工程项目和财务系统专项核算的对应关系,便于后续实际数的获取。

(5)成本动因来源关系。有些单位常以直接材料成本或直接人工费用作为间接费用的分摊依据,此处定义成本动因和费用要素的对应关系,表示费用要素的直接发生额是对应的成本动因的动因额,用于作为间接费用的分摊依据。

(二)成本中心会计

1. 成本资料

(1)成本资料批量获取。批量获取成本计算时需要的相关成本资料数据,在成本中心设置较多时,通过该功能批量获取数据,可以提高工作效率。

(2)成本中心动因统计。归集或者维护成本中心的动态成本动因。

(3)成本对象动因统计。提供对一般费用单的单据进行维护功能,支持运行时定制,根据设置的规则进行展示。

(4)产品产量统计。归集或者维护成本中心的产品完工入库情况。

投入产量录入是确定本期投产的成本对象和所在成本中心信息,投入产量信息是确定本期成本中心和成本对象范围信息。本期发生的需要归集或分配的各类费用数据在有投入产量的成本对象和对应的成本中心内进行分配。

本期投入产量的来源可以是库存管理中的生产入库单引入,本期生产入库按生产部门得到成本中心,获得对应产品的本期产量,引入的投入产量按产品汇总,即如果一个成本对象在某成本中心有多次入库记录,则入库产品统计产量单据会按产品合计产量。

完工入库不仅包括正常产品/半成品的入库,也包括联副产品即废品的入库,对于废品的入库同时需要估算废品值。

(5)费用归集。费用归集是成本计算的重要环节,这里的费用主要包括折旧、薪酬、福利费用、制造费用等,来源于总账、固定资产、成本数据源或手工录入。

归集费用时以成本中心为单位,归集每个成本中心发生的费用,如果已经明确到具体的产品,则直接归集到成本中心对应的产品上。

(6)材料消耗归集。材料费用归集是成本计算的另一个归集的重要环节,材料类费用来源于供应链系统的领料出库单,同时去掉本期的材料出库单。系统支持手工录入产品对应的直接材料消耗。

(7)材料消耗导入。当材料消耗无法进行自动归集时,可以通过 Excel 文件(系统固定的格式)的方式,将材料消耗信息导入该功能。导入后,也可以进行维护,例如新增、删除、修改、查看等操作。

(8)产品产量来源数据对比表。提供产品产量统计数据和其来源存货货物移动单之间的数据对比分析功能，可用于分析数据的准确性和一致性。依赖成本数据源的设定，只有设定了数据源的来源明细且是来自存货货物移动单的成本资料才能够被分析。

(9)材料消耗来源数据对比表。提供材料消耗归集数据和其来源存货货物移动单之间的数据对比分析功能，可用于分析数据的准确性和一致性。

2. 业务处理

(1)费用分配。对费用归集的各个成本中心的费用明细，按照分配步骤的权限进行费用的分配。费用分配的对象是产品，如果来源费用是共耗材料，也可以按分配步骤定义的方法分配至产品。

辅助生产车间的费用分配采用代数法，这是分配时辅助费用分配最准确的一种分配方法。本系统辅助生产费用仅支持代数法分配。

基本生产的成本中心费用分配主要处理各类要素费用，如人工费用、折旧费用、制造费用等。费用归集后，根据预先设置的分配标准，完成共耗费用在成本中心内或成本中心成本对象组内的分配。

共耗材料费用分配主要包括领料出库单、其他入库单(副产品入库)、成本调整单三种业务单据中，直接归集了具体成本对象或成本对象组的记录以及未指定明确成本对象的记录进行分配。

(2)费用分配管理。该功能用于对通过“费用分配”功能分配出的数据进行管理，主要是进行制证操作。

(3)辅助费用计算单。统计计算辅助车间的辅助产品(费用要素)的成本计算单。

3. 费用单

(1)费用单管理。提供费用单的批量处理功能。

(2)一般费用单编制。提供对一般费用单的单据进行维护功能，支持运行时定制，根据设置的规则进行展示。

4. 查询分析

(1)费用归集查询。查询成本中心对应费用的详细信息，可根据计算范围、成本中心、费用要素和成本项目查询出某些期间内的所用费用的详细信息。

(2)成本动因分析。统计某期间某成本中心的成本动因。

(3)间接费用分配分析。统计某期间共耗费用的分配情况。

(4)费用单统计分析。提供对不同费用单的统计分析功能。可查询出不同费用单对应的费用要素的费用金额。

(5)共耗材料分配查询。查询共耗材料的分配情况。

(6)材料消耗查询。查询材料消耗情况。

(7)成本中心动态动因查询。查询成本中心动态成本动因值。

(8)成本对象动态动因查询。查询某时间段内成本对象动态成本动因统计情况。

(9)成本中心费用跟踪查询。图形化的成本中心费用要素的来源去向追溯,查询某项费用在成本中心的流转情况,用于跟踪成本中心间的费用分配。

(10)成本中心费用查询。提供对成本中心某个期间费用消耗明细的查询。

(11)辅助费用分配查询。提供对某个期间辅助费用分配结果的查询。

5. 初始

(1)成本中心费用定义。该功能定义成本中心发生的费用、费用率、费用分配方式及费用的来源等。

该功能可实现:定义成本中心可能发生的费用,即不同的成本中心可以有不同的费用。定义成本中心费用来源,即费用是手工录入、从总账取数,还是从固定资产取数。定义费用的接收方费用,即发生的费用的最终接收方,例如,成本中心发生的折旧费、办公费等在接收方可以统一定义为制造费用。定义费用的费用率,即费用单价。

(2)分配步骤定义。定义成本计算范围内费用分配的先后顺序及具体内容。

(3)费用单类型定义。定义费用单的类型,每类费用单都有自己不同的内容和控制规则,对不同的费用单类型进行状态的管理、功能的发布以及规则的设置。如外包结算费用单、对外赔偿费用单等。

(三)产品成本核算

1. 成本资料

(1)在制品维护,统计或记录成本中心的在制品。

在制品就是已经投产但是未入库的产品或半成品。在制品核算有很多方式,需要根据成本中心费用分配步骤定义的在制品分配方式确定。对于采用约当产量、统计数量和统计成本的在制品核算方法,需要使用此功能确定约当系数或者确定在制品的在职成本。

约当产量设置是按照成本项目设置在制品折算系数。约当产量＝在制品数量×约当系数。在成本核算时将成本在完工和在制品按照产量进行分配。

分项约当是根据各个成本项目所占的比例进行分配。

统计数量只对物料成本有效,即人工确定材料消耗的数量。在制品材料成本＝消耗数量×消耗单价。

统计成本即人工指定材料或者费用的金额。完工成本＝总成本－在制品成本。

(2)成本资料检查。在系统成本计算前进行成本资料的检查。

2. 成本计算

(1)实际成本计算。按照成本核算范围的核算顺序及核算步骤进行成本核算。

成本核算时，根据材料和费用分配的结果按照成本 BOM 从底层开始逐层计算出每个半成品的本期入库成本，通过计价方法计算出单位成本(单价)，再根据产品耗用半成品的数量和价格计算出产品的成本，以此类推，计算出所有制造半成品和成品的成本。

成本核算由普通公司的核算员来执行。

(2)成本还原。成本还原就是将产品中的半成品还原成材料明细及结构，对企业成本分析和产品定价、经营决策都能提供直接有效的支持。

在成本还原过程中，去除在本期产出的产品中对应半成品的耗用的成本结构差异，通过各种还原方法，支持引入库存半成品成本结构维护，使得还原结果更接近平行结转时的成本结构；也支持最近期间法还原，取得最近期间的半成品结构。

按还原范围还原用于解决在一个还原范围内部多步成本核算，而成本考核按还原范围考核的需求。

在还原范围内，用半成品的成本结构单将半成品还原替换为材料、费用、费用动因的构成明细，用来显示出制造产品的所有原始材料和费用构成。

(3)成本计算单。成本计算单也叫成本核算单或成本核算表，记录成本核算对象的成本信息，具体包括分成本项目信息、分明细物料和费用的成本信息。

(4)成本调整单。本月成本已经计算完成后，在进行月末结转时，需要对计入本月的成本有调整的需要，可以填写成本调整单来进行修改。

(5)存货成本列表。维护半成品的存货期初成本。利用该功能可以脱离存货计算出半成品的出库成本，不受存货模块的功能约束，实现成本的卷积计算，然后再回写存货单据。

(6)存货单据中心调整。在库存管理模块录入的出入库相关单据上，指定的成本中心如果与实际成本计算时不一致，需要成本核算系统在数据统计、归集前对成本中心进行调整。通过该功能可以实现批量调整货物移动单的成本中心。

(7)年累计成本计算。用于年度累计成本投入和完工的统计。

3. 成本查询

(1)产品成本计算单查询。查询基本产品的成本计算单。

(2)成本中心成本计算单查询。查询基本生产成本中心的成本计算单。

(3)材料投入对账表。查询某个成本中心的存货生产出库单和成本计算单的当期材料投入。

(4)完工入库对账表。查询某期间存货生产入库和成本计算单的当期产品完工。

(5)完工入库产品查询。查询某时间段内产品生产完工入库情况。

(6)在制品约当信息查询。查询某时间段内产品生产在制品约当情况。

(7)在制品消耗统计查询。查询某时间段内产品生产在制品消耗情况。

(8)产品完工成本明细表。查询某成本期间内完工产品的成本明细。

(9)产品完工成本还原树查询。以树形的样式展示产品成本计算单的完工成本信息,半成品可以按照还原范围定义的规则逐级展开,清晰展示产品的成本卷积过程。

4. 成本分析

(1)材料成本差异分析。材料成本差异分析一般分为数量差异和价格差异,数量差异就是由于耗用材料的实际数量和标准数量的差异产生的,数量差异忽略价格对成本的影响,方便考核车间,价格差异是由于原材料采购价格波动引起的产品成本的变动,价格差异忽略材料耗用数量对成本的影响。

(2)人工差异分析。能清晰、全面地了解人工成本的构成、数量和指标之间的关系,为公司人力资源决策提供方便准确的依据。

人工成本差异分析一般分为人工效能差异和工资率差异。人工效能差异对应材料成本的数量差异,工资率差异对应材料成本的价格差异。人工成本一般都按工时进行分配,工资成本的工时相当于材料的数量。

(3)变动成本差异分析。产品变动成本差异包含直接材料差异、直接人工差异和变动制造费用差异。变动制造费用差异分析一般分为费率差异和耗费差异。

(4)产品成本分析。根据筛选的条件来统计相关产品的消耗数量以及成本信息。

(5)批次成本分析。根据筛选的条件来统计相关批次产品的消耗数量以及成本信息。

(6)标准实际对比分析。通过标准和实际对比进行成本分析。

(7)成本中心成本对比分析。同一产品或同一类产品在多个成本中心(多条生产线)生产,分析各个生产线的成本。

(8)成本中心明细成本对比分析。同一产品或同一类产品在多个成本中心(多条生产线)生产,分析各个生产线的明细成本。

(9)批次成本对比分析。按成本项目分析批次成本的对比情况。

(10)批次明细成本对比分析。按明细分析批次成本的波动情况,可以按还原前分析,也可以按还原后分析。

(11)产品成本波动分析。按产品分析一段期间的成本波动情况,可以按还原前分析,也可以按还原后分析。

(12)产品成本明细波动分析。按明细分析一段期间的成本波动情况,可以按还原前分析,也可以按还原后分析。

(13)跨期成本差异分析。按成本项目明细分析一段期间的成本波动情况,可以按还原前分析,也可以按还原后分析。

5. 初始

(1)单位存货成本结构。维护当前期间期初存货中自制物料出库成本中的成本构成。

成本还原有多种方法，如果使用加权平均法就需要使用存货还原单位成本，计算本月半成品出库还原成本公式如下：

$$\text{本月半成品出库还原成本}=\left(\text{本月还原成本总额}+\text{期初存货还原单位成本}\times\text{期初数量}\right)/\left(\text{期初存货数量}+\text{本月生产入库数量}\right)$$

(2)年累计成本初始。在每个成本核算范围启用前初始每个产品的年累计投入成本、年累计完工成本和年累计产量等，以方便企业进行年累计成本的统计分析。

年累计成本初始包括四部分：年累计产量、汇总成本，年累计材料投入成本，年累计费用成本和年累计费用动因。

年累计成本是指从年初累计到当前的总成本，因此年累计就是成本启用期间前一个期间的累计成本，因此成本初始实际上记录了启用期间之前和启用期间两个时期的累计成本。

(3)产品成本计算单初始。成本一般都有在制品，成本计算单初始就是把期初在制品进行初始。

成本计算单初始的内容包括期初材料成本、期初费用成本和期初费用动因。

(4)计算步骤定义。本功能用于定义成本计算的步骤。

不同的成本中心之间存在半成品的耗用关系，需要按照耗用关系进行成本计算。如果多个成本中心间彼此存在耗用关系，则需要这个成本中心同时计算，即划分为一个计算步骤。

计算步骤需要根据业务关系及核算岗位设置来划分。一个计算范围可以有一个或多个步骤。步骤之间的顺序可以是串行，也可以是并行。

(5)还原范围定义。成本还原范围用于确定成本还原的范围。有时需要在一个成本中心内还原，以便分析该成本中心的投入成本；有时按成本计算范围还原，以便分析范围内的投入成本。

一个成本中心可以属于一个或多个还原范围，一个还原范围包括多个成本中心。

系统提供三种还原方法：批次还原法、最近期间法和加权平均法。

(6)在制品分配定义。定义完工和在制间进行分配的方式。

不同的成本中心、不同的费用在完工和在制间进行分配的方式可能不同，有的按约当产量分，有的按定义的成本动因分。

在制品分配定义在实际成本计算时使用。

(7)联副产品核算定义。定义在进行成本计算时主产品和副产品之间的分配方法。联副产品核算方法有三种：比例法、标准单价法和标准成本法。

比例法是指产品成本按折标系数将每个副产品的成本从主产品中除去。

标准单价法是将副产品固定为一个物料增加到材料消耗中，作为减项来执行。

标准成本法是将副产品的定额成本明细作为减项合并到主产品的明细中。

（四）作业成本

1. 标准

（1）产品作业标准。产品作业标准就是定义产品生产消耗作业的标准量。根据产品作业标准，可以计算作业计划和产品标准成本。产品作业标准成本与期间相关，可按期间范围定义产品作业标准。

（2）作业标准成本。生产的高度自动化，使得直接材料和直接人工成本比重下降，而产品的制造费用比重则大幅上升，提出了以“作业”为核心的现代成本管理模式——作业成本。

2. 实际

（1）产品作业消耗统计。归集和记录各产品消耗作业的数量。

（2）作业成本核算。根据作业标准消耗费用，将成本中心发生的费用，按作业消耗费用动因的数量（费用动因量）来分配费用的金额和数量，再将作业消耗费用的数量和金额汇总计算作业成本。

3. 查询分析

（1）作业成本标准实际对比分析。实现作业标准和实际对比分析。

（2）作业成本统计分析。查询成本中心作业的成本明细分析。

（3）作业成本波动分析。对不同期间对比分析成本中心下的作业的成本分析。

（4）产品作业标准成本查询。查询某个成本中心的作业分费用要素的标准成本。

（5）作业成本查询。查询某个成本中心的作业分费用要素的成本。

（6）产品作业实际成本查询。查询某个成本中心的产品作业实际成本。

（五）标准成本

1. 产品标准成本

（1）标准成本维护。制定产品的标准成本。包括产品的材料标准成本、费用标准成本以及成本动因的标准用量。

（2）标准成本管理。标准成本定义的管理画面。可用于查找、定位、分析，以及执行批处理操作。

（3）标准成本计算。产品是由一层一层半成品加工而成的，在成本计算范围内的BOM层次，按层次计算产品成本，因此产品的定额应该是由半成品堆积而得。标准成本计算实现了从底层逐层计算标准成本的功能，实现制定产品的标准成本。

(4)标准成本还原。根据定义的成本还原范围和产品标准成本进行成本还原。在还原范围的成本中心,将产品结构中的半成品分解成产品构成明细,再对产品定额成本构成明细数据汇总。

(5)标准成本计算单。记录标准成本核算对象的成本信息,包括分成本项目信息、分明细物料和费用的成本信息以及标准成本与实际成本之间的差异。

2. 标准费率

(1)成本动因标准费率。定义成本动因的标准费率。

(2)物料标准价格。定义物料的标准价格。

3. 生产数据取数

(1)生产数据取数。标准成本包括三部分:物料标准成本、费用要素标准成本和成本动因标准用量。物料标准成本可以通过生产数据取数、根据 BOM 获得,费用要素标准成本和成本动因标准用量可以通过生产数据中的工艺路线获得。

(2)成本中心产品关系。定义成本中心、产品、物料清单、工艺路线的匹配关系,用于标准成本从生产数据取数。

(3)中间产品供应关系。定义某个成本中心所用中间产品是由哪个成本中心供应的。用于从生产数据取数后,明确中间产品的供应成本中心,如果不定义,将随机获取一个成本中心作为供应成本中心。

4. 爆炸图

(1)爆炸图查询定义。定义爆炸图查询的条件。

(2)爆炸图查询。提供图形化的查询索引界面,方便用户操作。

5. 查询分析

(1)标准成本分析。将产品的标准成本,按不同期间统计成本数据分析。

(2)标准成本执行分析。将产品的单位标准成本和单位实际成本,按产品和不同期间进行对比数据分析。

(3)标准成本还原分析。将产品还原后的标准成本和实际成本,按产品和不同期间进行对比数据分析。

(4)成本差异分析。将产品的标准成本和实际成本,按产品和不同期间进行对比数据分析。

(5)标准费率波动分析。分析一段期间的标准费率的波动情况。

(6)物料标准价格波动分析。分析一段期间的物料标准价格的波动情况。

第二节　场景一：集团成本基础数据与成本体系建设

一、场景描述

上云集团决定在青岛制药厂试点运行成本管理模式。各单位均按照集团公司成本管控规范进行成本管理，应集团内部管理需要，按产品进行核算。

集团要求能够实现成本的各种对比分析，能够分析产品成本的构成、不同月份的成本波动分析、成本差异分析和差异构成，满足财务和各车间控制、考核的需要。

在整个成本管理体系达到：成本数据适应内部管理、易对比、易分析，产品成本数据精细化、可分解、具有计算的灵活性，费用形成成本分析，帮助企业利用成本信息进行战略选择，评价不同产品的获利情况以及不同竞争战略选择执行状况，保证集团战略目标的实现。

二、任务一：成本组织定义（已预置）

（一）任务描述

集团公司组织统一设置成本组织、组织编号、范围编号及范围名称，各单位根据自身业务、管理需求确定以产品成本为计算对象，并按照编号规则进行设定。成本组织与核算组织相同，成本计算范围为核算组织。一个部门作为一个核算对象，确认部门只能对应单一核算对象，如表 6－1 所示。

表 6－1　　单一核算对象

组织编号	成本组织	范围编号	计算范围名称	成本对象	顺序号
01	青岛制药	01	青岛制药计算范围	产品	10

（二）任务实现

按如下用户信息，登录浪潮 GS 管理软件。

登录日期	登录用户	登录密码	对应核算组织
2018.1.1	8888	aaaaaa	青岛制药有限公司

第一步：执行【业务公共】→【业务基础数据】→【管理会计】→【成本组织】，点击“增加同级”菜单，填写成本组织名称“青岛制药”，如图 6－2 所示。

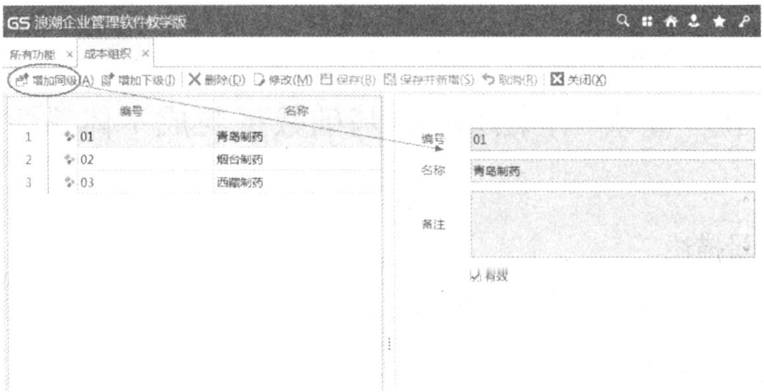

图 6—2　填写成本组织

第二步:执行【系统公共】→【系统管理】→【用户管理】→【用户维护】→选择操作用户 FL→【编辑】→【全局权限】→【成本计算范围】,如图 6—3 所示。

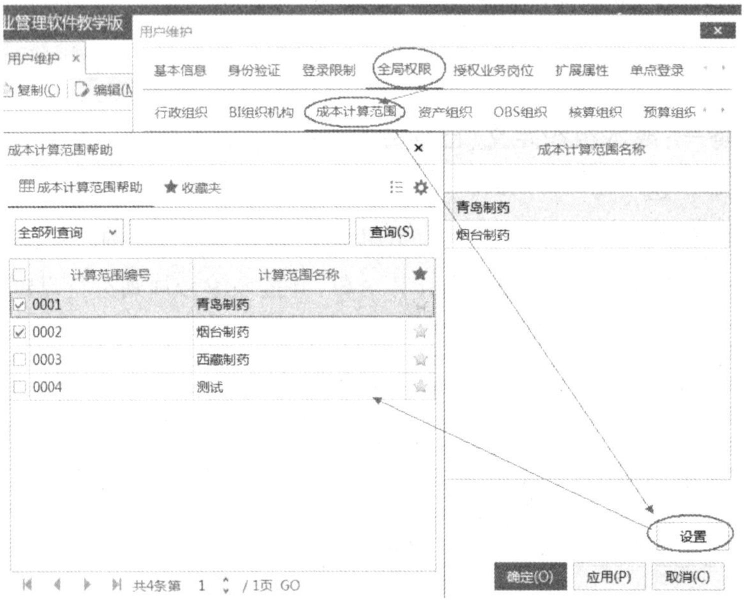

图 6—3　设置成本计算范围

第三步:执行【管理会计】→【成本数据】→【成本计算范围】→【计算范围定义】,结合各家公司业务实际,设置唯一的成本计算范围,如图 6—4 所示。

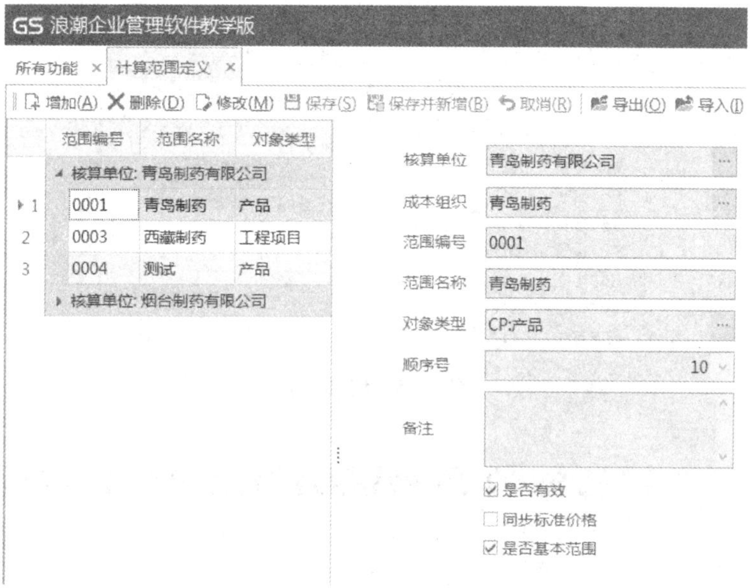

图 6—4　计算范围定义

三、任务二：期间定义与管理

（一）任务描述

定义成本系统使用的期间，并与会计期间相对应。

（二）任务实现

按如下用户信息，登录浪潮 GS 管理软件。

登录日期	登录用户	登录密码	对应核算组织
2018.1.1	FL	aaaaaa	青岛制药有限公司

第一步：执行【管理会计】→【成本数据】→【成本期间】→【期间定义】→【增加年度】，结合集团公司业务实际，成本期间与财务期间设置一致，采用“年度＋月份”的自然月方式设置，如图 6—5 所示。

第二步：执行【管理会计】→【成本数据】→【期间状态管理】，期间选择“2018 年 1 月 1 日”，选择菜单栏“设置成启用期间”。启用后，选择“期间打开”，如图 6—6 所示。

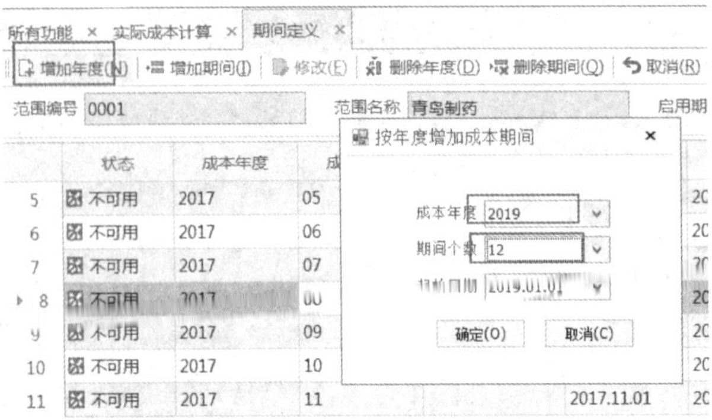

图 6—5 增加年度

图 6—6 期间状态管理

四、任务三:设置成本中心与系统的对应关系

(一)任务描述

青岛制药厂下成本中心与核算部门的对应关系,如表 6—2 所示。

表 6—2 成本中心与核算部门的对应关系

编号	成本中心名称	核算部门	备 注
1	提取车间	提取车间	
2	片剂车间	片剂车间	
3	颗粒车间	颗粒车间	
4	公共车间管理	成本公共部门	

(二)任务实现

按如下用户信息,登录浪潮GS管理软件。

登录日期	登录用户	登录密码	切换对应核算组织
2018.1.1	FL	aaaaaa	青岛制药有限公司

第一步:执行【业务公共】→【业务基础数据】→【财务组织】→【核算部门定义】,定义“成本公共部门”,如图6—7所示。

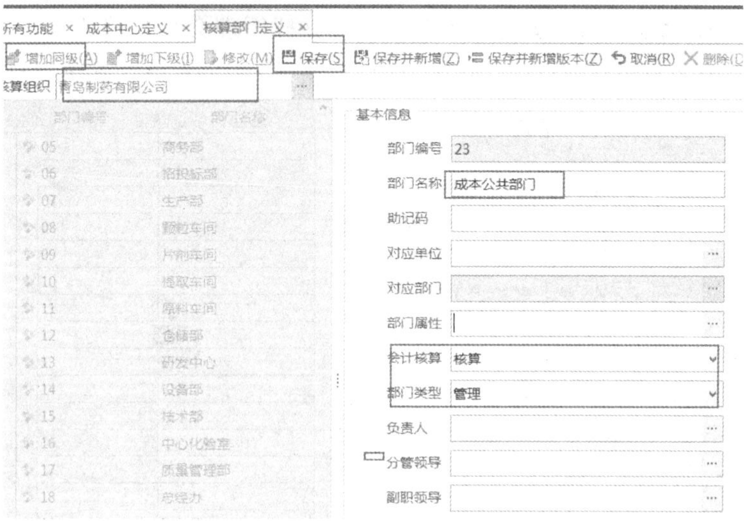

图6—7　核算部门定义

第二步:定义路径:【业务公共】→【业务基础数据】→【管理会计】→【成本中心定义】。增加名称:公共车间管理 。核算部门选择“成本公共部门”,如图6—8所示。

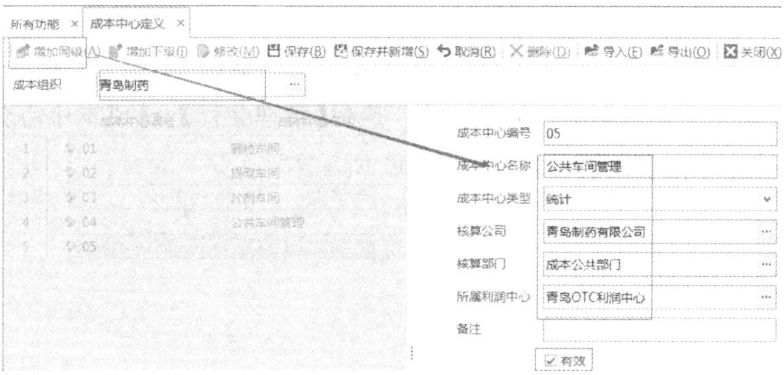

图6—8　成本中心定义

五、任务四：设置成本动因

（一）任务描述

根据目前青岛制药厂的情况，预置部分成本动因方便进行统一管理。

（二）任务实现

登录日期	登录用户	登录密码	对应核算组织
2018.1.1	FL	aaaaaa	青岛制药有限公司

第一步：执行【业务公共】→【业务基础数据】→【管理会计】→【成本动因定义】，选择核算单位：青岛制药有限公司。点击“增加”，增加动因“水量”，动因属性为“变动”，仅勾选与“成本中心相关”，如图 6－9 所示。

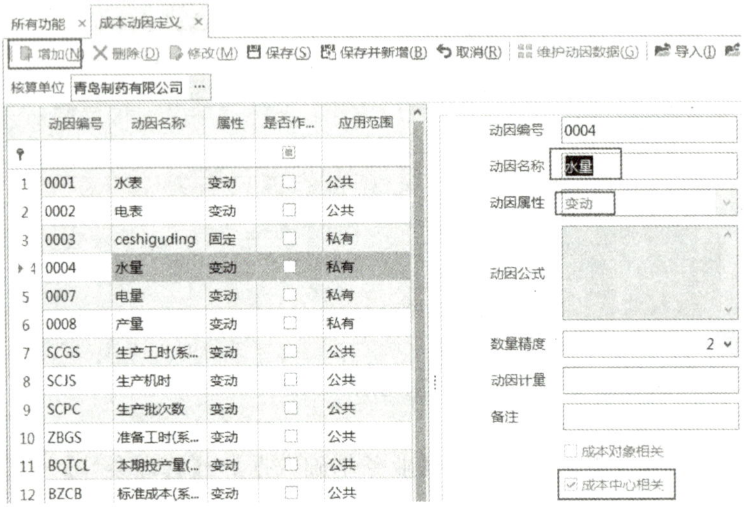

图 6－9　成本动因定义(水量)

第二步：同第一步增加动因“电量”，如图 6－10 所示。

第三步：维护变动成本动因的动因值。执行【管理会计】→【成本中心会计】→【成本资料】→【成本中心动因统计】，如图 6－11 所示。

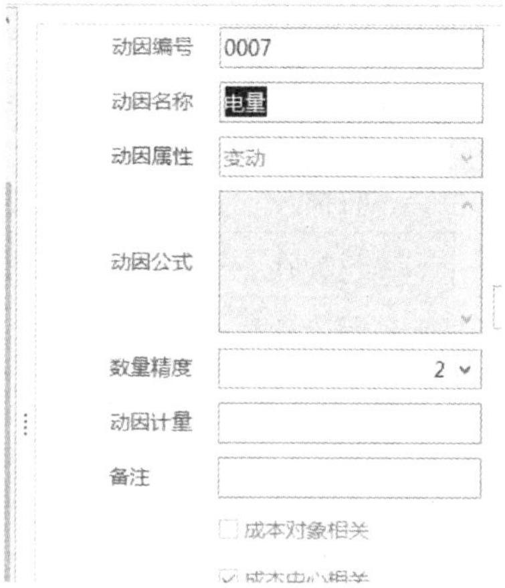

图 6—10　成本动因定义(电量)

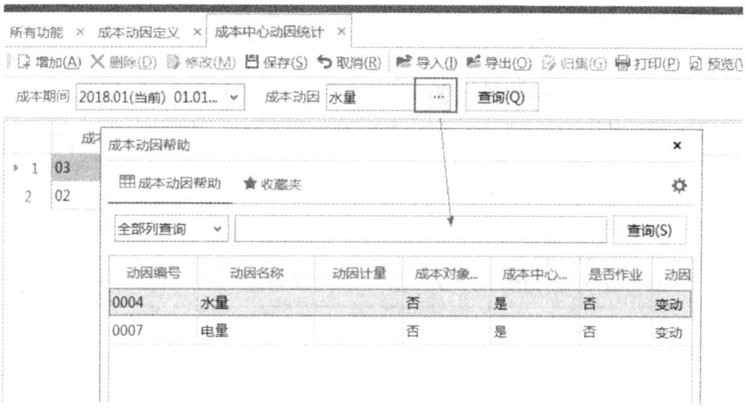

图 6—11　成本中心动因统计

六、任务五：成本项目和费用要素定义

(一)任务描述

成本项目是费用按经济用途分类的结果，是成本构成分析的重要分析项目，一般分为直接材料、直接人工、制造费用、燃料动力、其他等，有的还可以在下面再细分，例如制造费用下面再分折旧、维修等。费用项目是费用按经济内容进行分类的结果，主要用于费用归集。

费用项目一般与制造费用科目的明细科目对应。成本项目一般与生产成本科目的明细科目对应，如表 6—3 所示。

表6—3　　费用项目和成本项目的对应科目

项目编号	项目名称	项目类别
01	主要材料	材料费用
02	直接人工	人工
03	折旧	制造费用
04	制造费用	制造费用

使用的费用要素，如图6—4所示。

表6—4　　使用的费用要素

费用项目编号	费用项目名称	成本项目名称	成本动因
0016	直接人工——工资	直接人工	产量
0017	制造折旧费	制造费用	产量
0018	制造维修费	制造费用	产量
0019	其他公共制造加工费	制造费用	水量

（二）任务实现

登录日期	登录用户	登录密码	对应核算组织
2018.1.1	FL	aaaaaa	青岛制药有限公司

第一步：执行【业务公共】→【业务基础】→【管理会计】→【成本项目定义】，按照任务描述中的要求增加成本项目名称，点击“保存”，如图6—12所示。

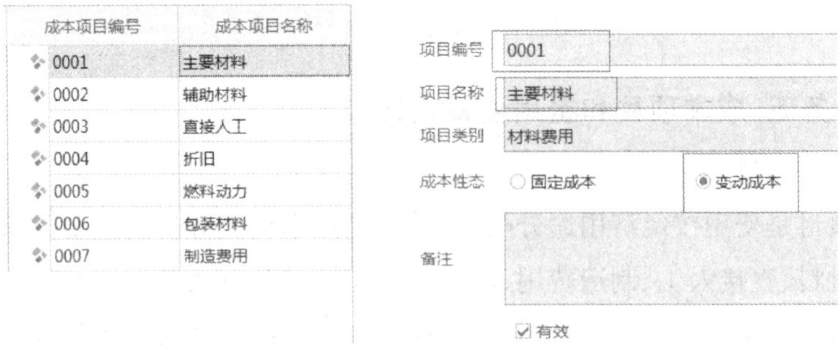

图6—12　成本项目定义

第二步：执行【业务公共】→【业务基础】→【管理会计】→【费用要素】，选择核算单位“青岛制药有限公司”，按照任务描述中的要求增加费用要素，如图6—13所示。

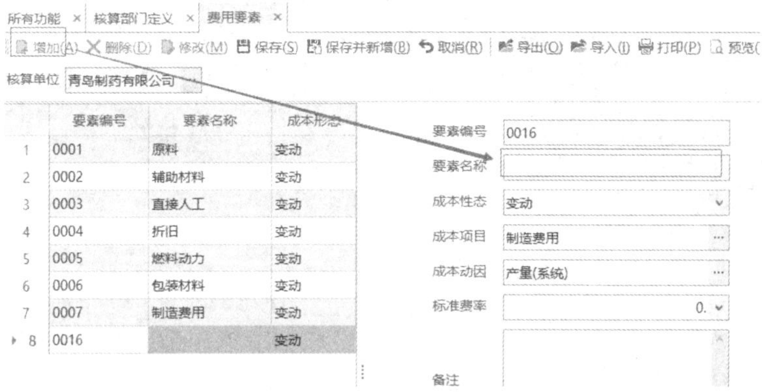

图 6—13　增加费用要素

七、任务六:成本中心取数规则设定

(一)任务描述

成本中心发生的费用以及费用的取数来源。

通过该功能实现如下业务:

表 6—5　　成本中心发生的费用

成本中心名称	成本中心费用	费用来源
公共车间管理	直接人工——工资	总账

费用要素取数来源,如表 6—6 所示。

表 6—6　　费用要素的取数来源

费用要素名称	会计科目	来源内容	动因
直接人工——工资	5101001 工资	借方累计	产量
制造折旧费	5101015 折旧费	借方累计	产量
制造维修费	5101013 维修保养费	借方累计	产量
其他公共加工费	6402002 加工费成本	借方累计	水量

(二)任务实现

第一步:执行【管理会计】→【成本中心会计】→【成本中心费用定义】,选择“公共管理车间”,点击菜单栏“增加”,选择费用名称:直接人工——工资,如图 6—14 所示。

在“来源”一栏选择“总账”,如图 6—15 所示。

在明细列表点击“增行”,将“科目编号”“来源内容”补充完整,如图 6—16 所示。

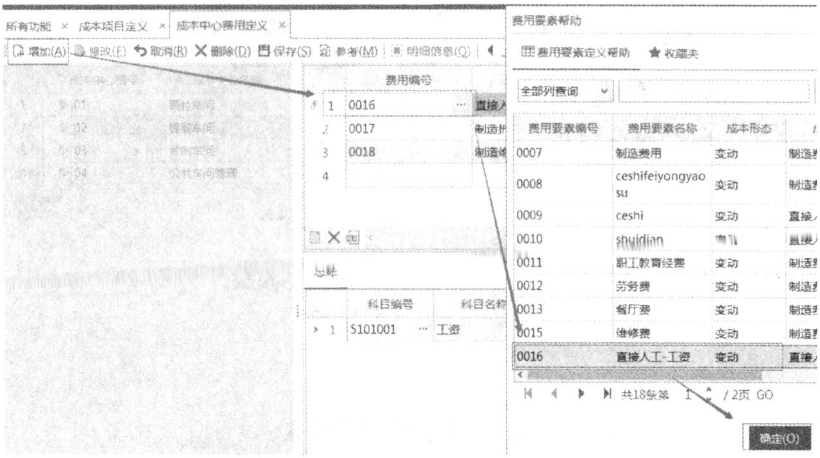

图 6—14 成本中心费用定义

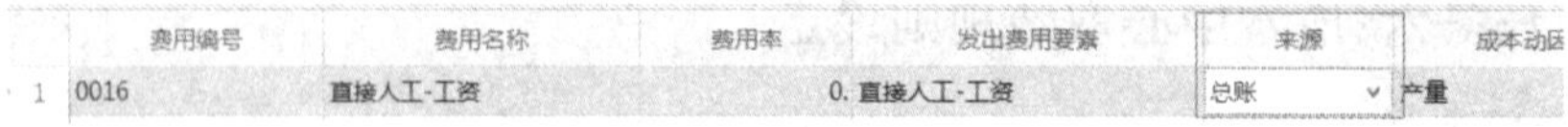

图 6—15 “来源”一栏选择“总账”

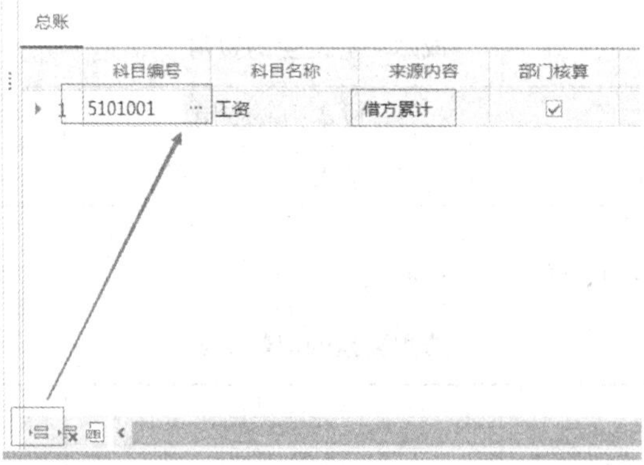

图 6—16 “科目编号”“来源内容”补充完整

第二步:同“直接人工——工资”的费用要素取数来源一样的步骤,增加其他要素取数规则。

八、任务七:成本中心费用分配步骤定义

(一)任务描述

定义成本核算范围内费用分配的顺序。例如,费用先分配到成本中心,再将费用分配到成本对象类别,然后再分配给产品。

成本中心分配步骤定义如表 6—7 所示。

表 6—7　　　　　　　　**成本中心分配步骤定义**

计算步骤名称	成本中心	顺序号	费用要素名称	分配方法
公共车间管理部门分配	公共车间	10	制造折旧费	电量
			其他共同加工费用	水量
			制造维修费	电量

（二）任务实现

第一步：执行【管理会计】→【成本中心会计】→【分配步骤定义】，点击“新增”，输入顺序号“10”，步骤名称“公共车间管理部门分配”，点击“新增分配活动”，接受对象类型选择“成本中心”，如图 6—17 所示。

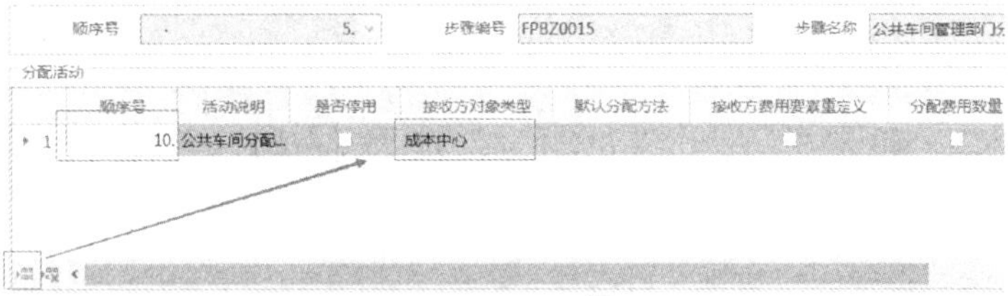

图 6—17　分配步骤定义

第二步：分配发出方设置。点击“增行”，选择成本中心为“公共车间管理”，选择需要分配的费用要素及分配方法，如图 6—18、图 6—19 所示。

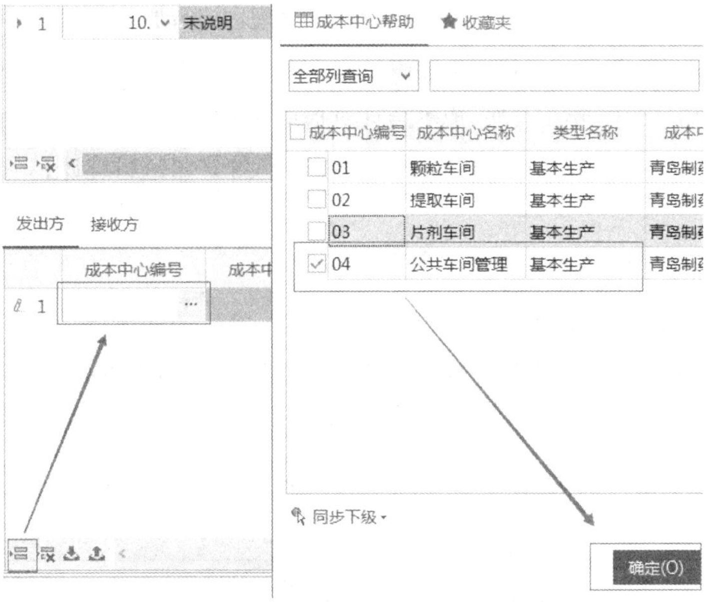

图 6—18　分配发出方设置(一)

图 6—19 分配发出方设置(二)

第三节 场景二:材料成本核算及材料、完工入库量归集

一、场景描述

场景一:材料成本核算

青岛制药厂 2018 年 1 月 25 日,材料会计对采购材料入库单与采购发票进行逐一核销,确认材料价格、数量无误后,对入库单进行存货记账处理;与车间核对领用材料汇总,对领用材料进行存货发出计算、存货记账处理,并自动生成材料领用凭证。

场景二:材料、完工入库量归集

青岛制药厂 2018 年 1 月底,成本会计对提取车间和片剂车间生产领用的材料分别进行归集,并与生产领用汇总核对;对生产完工入库产量进行统计。

二、任务一:生产领料到完工入库

(一)任务描述

生产部门通过生产出库单将以下物料做生产领料处理,如表 6—8 所示。

表 6—8 生产领料

成本项目	费用项目	材料编号	材料名称
包装材料	包装材料	01030007	pvc 硬片
辅助材料	辅助材料	01020001	蔗糖
		01020003	预胶化淀粉

续表

成本项目	费用项目	材料编号	材料名称
主要材料	原料	01010001	板蓝根饮片
		01010002	玄参饮片
包装材料	包装材料	01030002	咽炎片纸箱
		01030004	咽炎片纸盒
		01030006	咽炎片说明书
		01030009	干燥剂

(二)任务实现

按如下用户信息,登录浪潮 GS 管理软件。

登录日期	登录用户	登录密码	对应核算组织
2018.1.31	Bufzh	aaaaaa	青岛制药有限公司

第一步:采购原材料。

第二步:审核记账。

第三步:关联库存已登记数量账的单据。

第四步:存货核算单价。

第五步:原材料出库。

(注:第一至第五步,由供应链模块的有权限的人完成,已预制系统,不需要成本管理上机实际操作。)

第六步:为片剂车间生产咽炎片的生产领用主要材料[咽炎片(铝塑)中间件],如图 6—20 所示。

图 6—20 片剂车间生产咽炎片的生产领用主要材料

第七步：产品生产完工入库。执行【供应链】→【库存管理】→【货物移动入库】→【收货】，移动类型选择为“生产收货”，如图 6－21、图 6－22 所示。

图 6－21　生产收货(一)

图 6－22　生产收货(二)

第四节　场景三：费用归集与分配

一、场景描述

青岛制药厂 2018 年 1 月底，成本会计对提取车间和片剂车间及生产管理相关车间的期间费用加工费 700 元进行归集，进行费用分配，核对费用分配表。

青岛制药厂 2018 年 1 月 25 日，结算本月应付职工工资 20 000 元。其中：制造 0401 咽炎片产品生产工人工资 7 200 元；制造咽炎片（铝塑）生产工人工资12 800元；

青岛制药厂按计划支付车间管理部门用固定资产修理费 400 元，按规定的办法计提车间管理部门用固定资产折旧 600 元，如表 6—9 所示。

表 6—9　　相关资料

产　品	完工量	生产车间	分配动因	直接人工	制造费用
A—咽炎片(铝塑)	20 100	提取车间	水量		
A—咽炎片	10 000	片剂车间	水量		

二、任务一：费用归集

(一)任务描述

成本会计期末时将所有费用进行归集，便于分配到各个部门。

(二)任务实现

按如下用户信息，登录浪潮 GS 管理软件。

登录日期	登录用户	登录密码	对应核算组织
2018.1.31	FL	aaaaaa	青岛制药有限公司

费用归集。执行【管理会计】→【成本中心会计】→【成本资料】→【费用归集】，分别选择成本中心“提取车间”“片剂车间”“公共管理部门”，点击“费用归集”，然后保存。

提取车间，如图 6—23 所示。

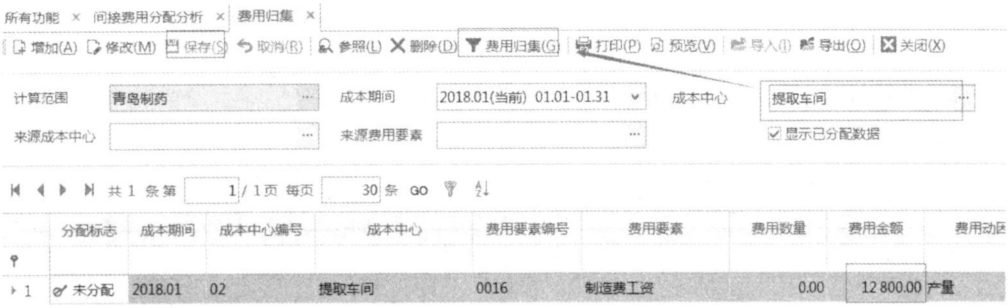

图 6—23　提取车间费用归集

片剂车间，如图 6—24 所示。

公共管理车间，如图 6—25 所示。

图 6－24　片剂车间费用归集

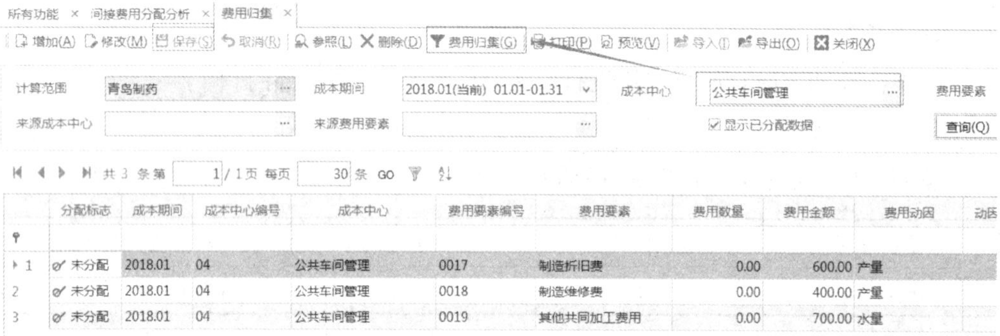

图 6－25　公共管理车间费用归集

三、任务二：费用分配

（一）任务描述

成本会计将归集到的费用对两个生产车间进行分配。

（二）任务实现

按如下用户信息，登录浪潮 GS 管理软件。

登录日期	登录用户	登录密码	对应核算组织
2018.1.31	FL	aaaaaa	青岛制药有限公司

第一步：新增公共车间新发生的维修费和折旧费分配到片剂车间和提取车间的分配步骤定义。执行【管理会计】→【成本中心会计】→【初始】→【分配步骤定义】，点击“新增”，设置顺序号为“5”，名称为“公共车间管理分配步骤”；点击“新增分配活动”，设置接收方对象类型为“成本中心”。

第二步：设置费用发出方为“公共车间管理”，增加各费用要素，如图 6－26 所示。

第三步：设置费用接收方为“提取车间”“片剂车间”，如图 6－27 所示。

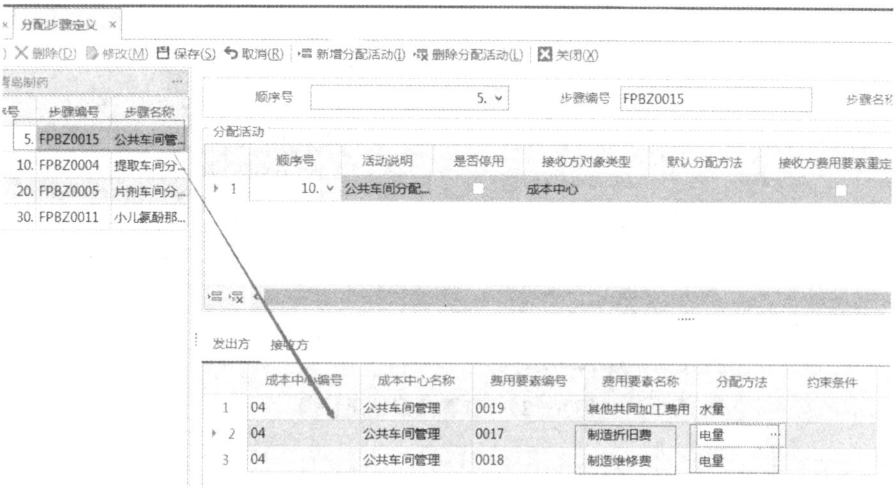

图 6—26　设置费用发出方(一)

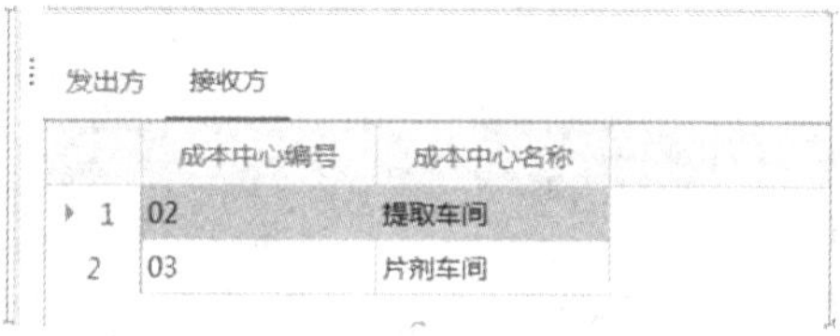

图 6—27　设置费用发出方(二)

第四步:检查成本中心动因统计的电量:统计本月的电量每个车间为 500,如图 6—28所示。

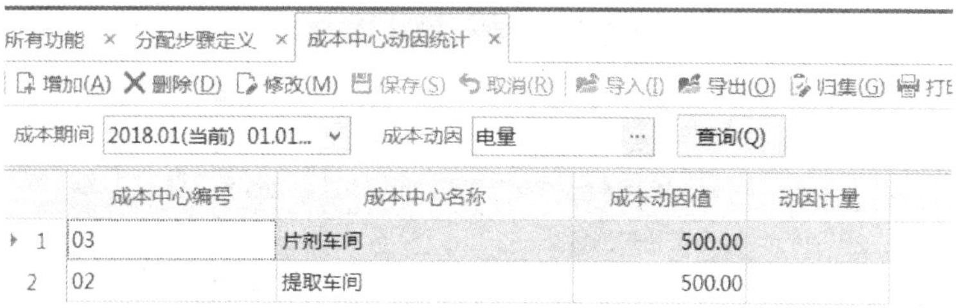

图 6—28　成本中心动因统计

第五步:将公共车间管理成本中心归集到的全部费用分配到片剂车间和提取车间。执行【管理会计】→【成本中心会计】→【业务处理】→【费用分配】,点击“费用分配”,然后点击“查看分配结果”,如图 6—29、图 6—30 所示。

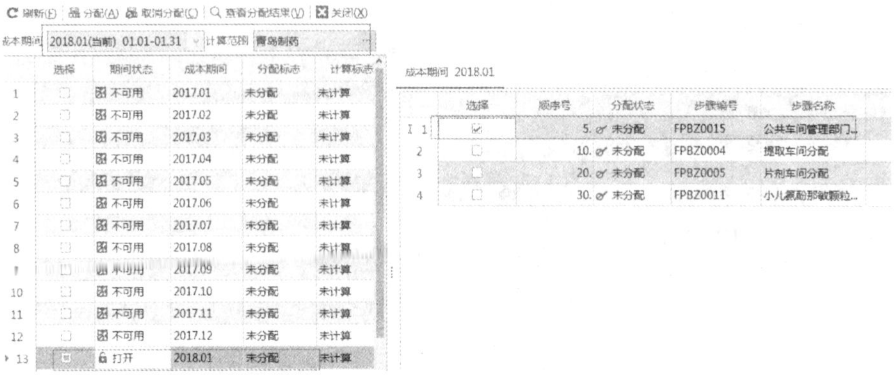

图 6－29 查看分配结果(一)

图 6－30 查看分配结果(二)

四、任务三:当期完工产品的成本分配

(一)任务描述

成本会计进行完工产品的数量统计并进行成本分配。

(二)任务实现

按如下用户信息,登录浪潮 GS 管理软件。

登录日期	登录用户	登录密码	对应核算组织
2018.1.31	FL	aaaaaa	青岛制药有限公司

第一步:本期所有完工入库品统计数量。执行【业务公共】→【业务基础】→【管理会计】→【成本中心定义】→【成本资料】→【产品产量统计】,选择成本中心为“提取车间”,点击菜单栏“归集”,如图 6—31 所示。

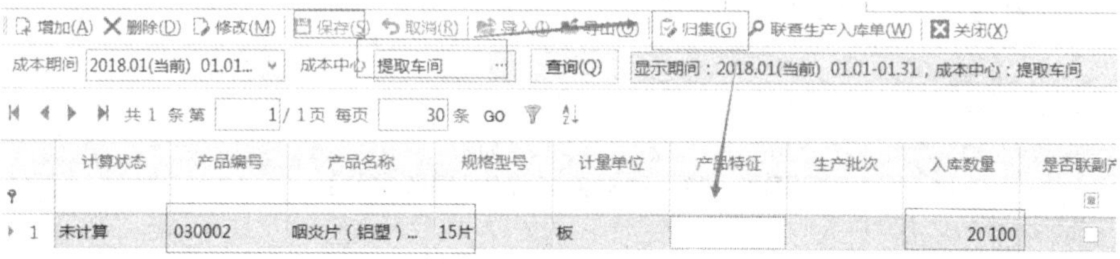

图 6—31 产品产量统计(提取车间)

第二步:相同步骤归集其他车间的产品数量,选择成本中心“片剂车间”,点击“归集”,如图 6—32 所示。

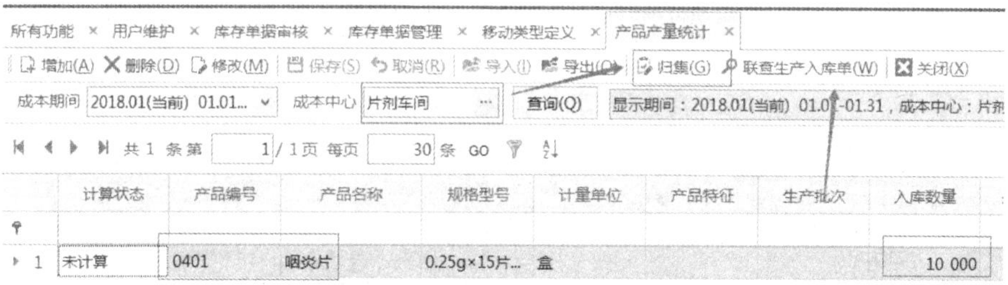

图 6—32 产品产量统计(片剂车间)

第三步:材料消耗归集。执行【管理会计】→【成本中心会计】→【成本资料】→【材料消耗归集】,选择成本中心为“提取车间”,点击“归集”,如图 6—33 所示。

选择成本中心为“片剂车间”,点击“归集”,如图 6—34 所示。

第四步:所有费用分配到产品。执行【管理会计】→【成本中心会计】→【业务处理】→【费用分配】,选择期间为当前期间,选择定义的分配步骤,点击“分配”,然后点击“查看分配结果”,如图 6—35 所示。

提取车间的分配结果,如图 6—36 所示。

片剂车间的分配结果,如图 6—37 所示。

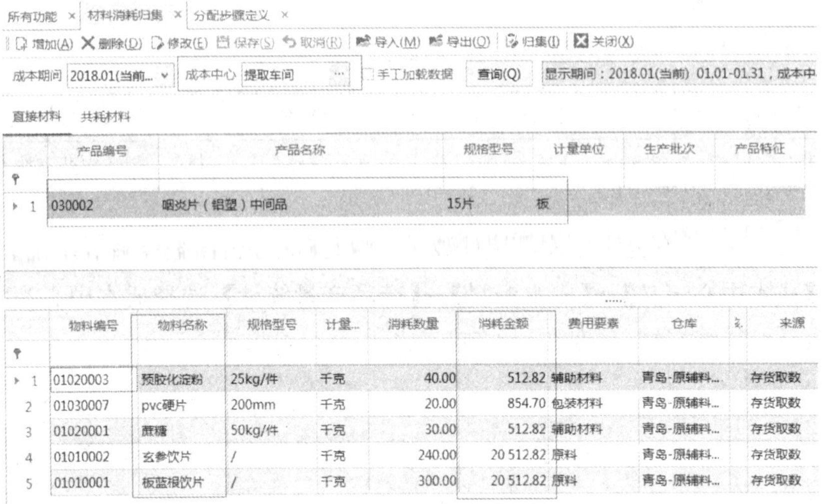

图 6－33　材料消耗归集(提取车间)

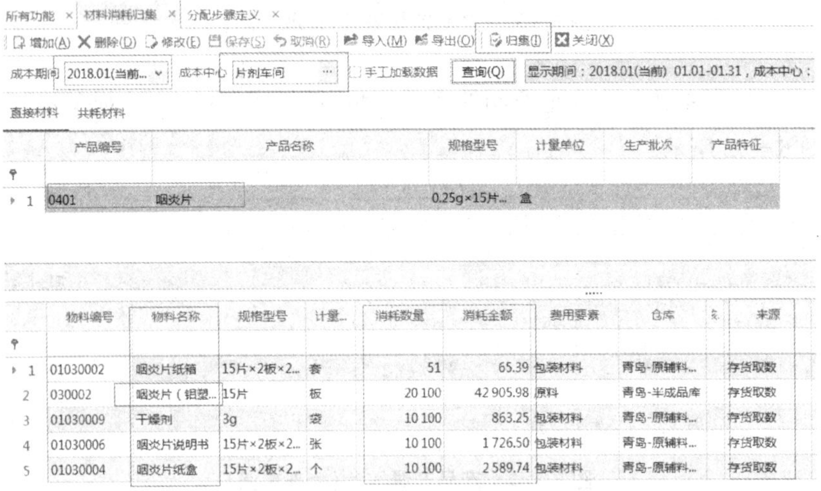

图 6－34　材料消耗归集(片剂车间)

图 6—35　费用分配

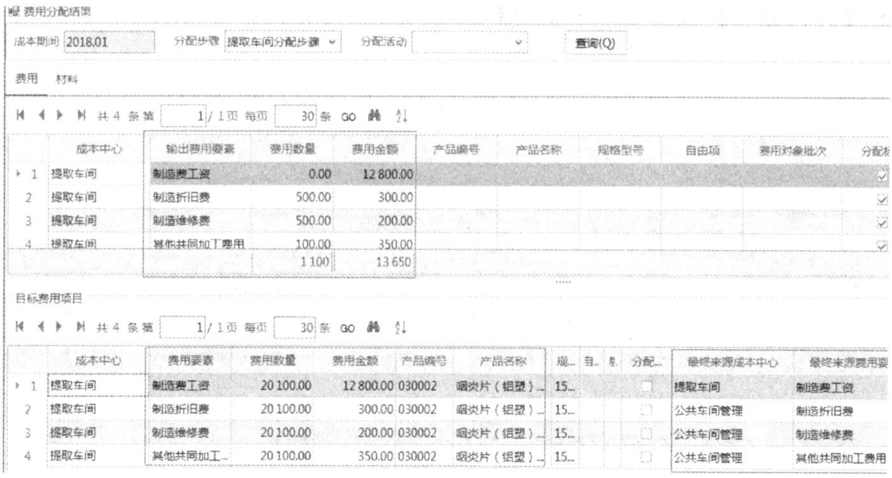

图 6—36　费用分配结果(提取车间)

成本期间 2018.01　分配步骤 片剂车间分配　分配活动　查询(Q)

费用　材料

共 4 条 第 1/1 页 每页 30 条 GO

	成本中心	输出费用要素	费用数量	费用金额	产品编号	产品名称	规格型号	自由项	费用对象批次
1	片剂车间	制造费工资	0.00	7 200.00					
2	片剂车间	制造折旧费	500.00	300.00					
3	片剂车间	制造维修费	500.00	200.00					
4	片剂车间	其他共同加工费用	100.00	350.00					
			1 100	8 050					

目标费用项目

共 4 条 第 1/1 页 每页 30 条 GO

	成本中心	费用要素	费用数量	费用金额	产品编号	产品名称	规...	自...	是	分...	最终来源成本中心	最终来源费用要素
1	片剂车间	制造费工资	10 000.00	7 200.00	0401	咽炎片	0.2...				片剂车间	制造费工资
2	片剂车间	制造折旧费	10 000.00	300.00	0401	咽炎片	0.2...				公共车间管理	制造折旧费
3	片剂车间	制造维修费	10 000.00	200.00	0401	咽炎片	0.2...				公共车间管理	制造维修费
4	片剂车间	其他共同加工...	10 000.00	350.00	0401	咽炎片	0.2...				公共车间管理	其他共同加工费用

图 6—37　费用分配结果(片剂车间)

第五步:期末全部费用归集查询与分配费用查询。执行【管理会计】→【成本中心会计】→【查询分析】→【费用归集查询】,点击“查询”,如图 6—38 所示。

起始成本期间 2018.01(当前) 01.01-01.31　结束成本期间 2018.01(当前) 01.01-01.31

起始成本中心 02:提取车间　结束成本中心 04:公共车间管理

成本...	成本中心	费用要素	成本动因	分配步骤	费用对象...	费用对象名称	来源...	来源费用...	分配...	总计 金额	数量
2018.01	公共车间管理	其他共同加...	水量		成本中心		科目余额		已分配	700.00	0
		制造维修费	产量		成本中心		科目余额		已分配	400.00	0
		制造折旧费	产量		成本中心		科目余额		已分配	600.00	0
	片剂车间	其他共同加...	产量(系统)	片剂车间分配	产品	咽炎片	费用分配	其他共同加...	未分配	350.00	10 000.00
			水量	公共车间管...	成本中心		费用分配	其他共同加...	已分配	350.00	100.00
		制造费工资	产量		成本中心		科目余额		已分配	7 200.00	0
			产量(系统)	片剂车间分配	产品	咽炎片	费用分配	制造费工资	未分配	7 200.00	10 000.00
		制造维修费	产量(系统)	片剂车间分配	产品	咽炎片	费用分配	制造维修费	未分配	200.00	10 000.00
			电量	公共车间管...	成本中心		费用分配	制造维修费	已分配	200.00	500.00
		制造折旧费	产量(系统)	片剂车间分配	产品	咽炎片	费用分配	制造折旧费	未分配	300.00	10 000.00
			电量	公共车间管...	成本中心		费用分配	制造折旧费	已分配	300.00	500.00
	提取车间	其他共同加...	产量(系统)	提取车间分...	产品	咽炎片(铝塑)...	费用分配	其他共同加...	未分配	350.00	20 100.00
			水量	公共车间管...	成本中心		费用分配	其他共同加...	已分配	350.00	100.00
		制造费工资	产量		成本中心		科目余额		已分配	12 800.00	0
			产量(系统)	提取车间分...	产品	咽炎片(铝塑)...	费用分配	制造费工资	未分配	12 800.00	20 100.00
		制造维修费	产量(系统)	提取车间分...	产品	咽炎片(铝塑)...	费用分配	制造维修费	未分配	200.00	20 100.00
			电量	公共车间管...	成本中心		费用分配	制造维修费	已分配	200.00	500.00
		制造折旧费	产量(系统)	提取车间分...	产品	咽炎片(铝塑)...	费用分配	制造折旧费	未分配	300.00	20 100.00

图 6—38　费用归集查询

第五节　场景四:产品实际成本计算与分析

一、场景描述

青岛制药厂2018年1月底,成本会计对青岛制药厂成本中心进行成本一键计算。对材料投入进行对账、对完工入库进行对账,查看产品实际成本(成本中心成本计算单查询)。

二、任务一:产品实际成本计算

(一)任务描述

成本会计进行当期实际成本计算。

(二)任务实现

按如下用户信息,登录浪潮GS管理软件。

登录日期	登录用户	登录密码	对应核算组织
2018.1.31	FL	aaaaaa	青岛制药有限公司

第一步:计算步骤定义。执行【管理会计】→【产品成本核算】→【初始】→【计算步骤定义】,点击“增加”,名称设置为“提取车间的计算设定”,步骤顺序为“10”,选择“禁止循环嵌套”,其他选项为空,成本中心为“提取车间”,如图6—39所示。

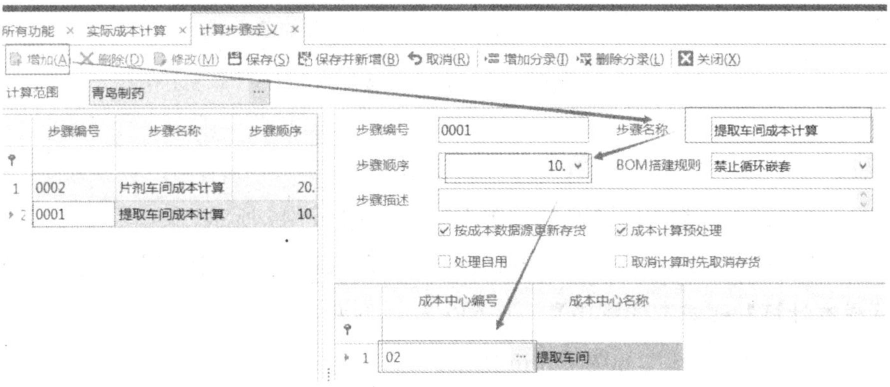

图6—39　计算步骤定义(提取车间)

片剂车间成本计算步骤,参照提取车间成本计算步骤设定,如图6—40所示。

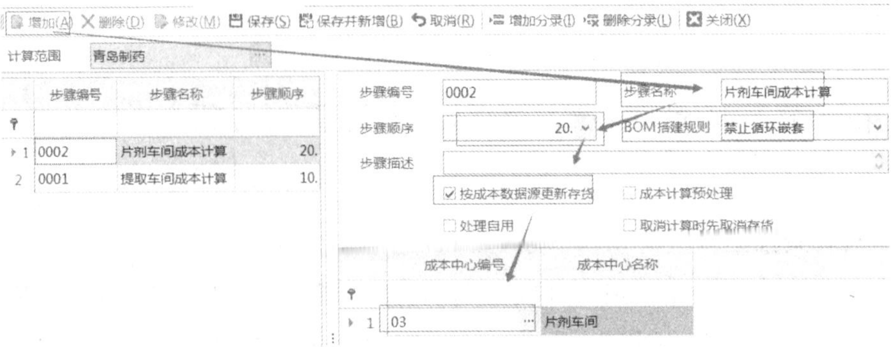

图 6—40 计算步骤定义(片剂车间)

第二步:成本计算。执行【管理会计】→【产品成本核算】→【成本计算】→【实际成本计算】→【选择计算步骤】→【成本计算】。刷新后直接点击计算即可,系统会按照计算步骤定义中设定的顺序全部计算完毕,如图 6—41 所示。

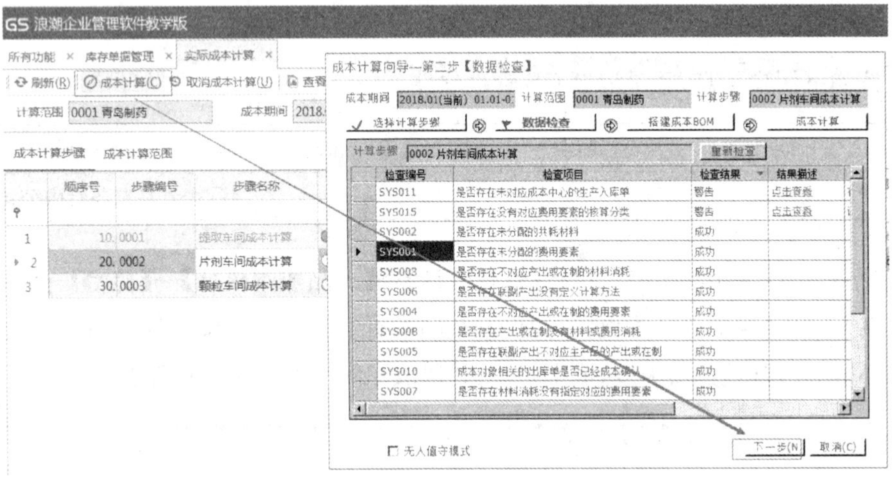

图 6—41 成本计算(一)

点击“下一步”,如图 6—42、图 6—43 所示。

第三步:查看片剂车间产品的成本 BOM,如图 6—44 所示。

第四步:成本计算单查询。执行【管理会计】→【产品成本核算】→【成本计算】→【实际成本计算】→【成本计算单】。选择成本中心为“提取车间”,产品为“咽炎片(铝塑)中间品”,点击“刷新”,如图 6—45 所示。

点击菜单栏“查看”,查看物料明细,如图 6—46 所示。

后拉滚动条查看明细,如图 6—47 所示。

查看费用项目明细,如图 6—48 所示。

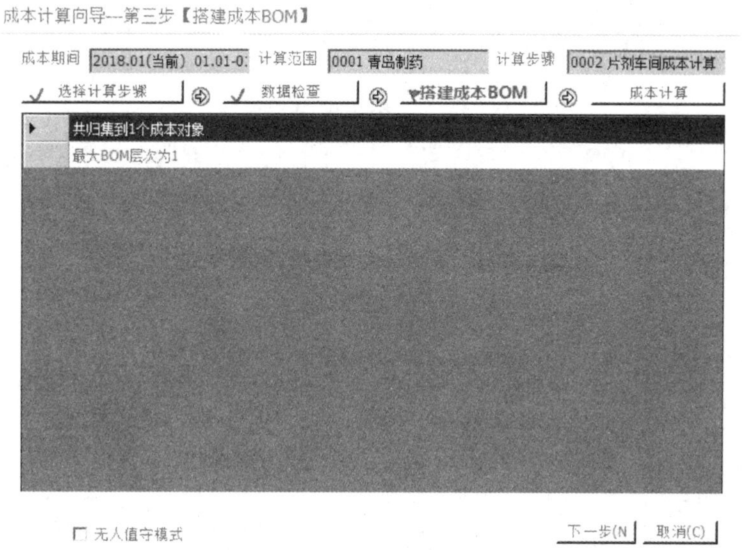

图 6－42　成本计算(二)

图 6－43　成本计算(三)

图 6－44　查看片剂车间产品的成本 BOM

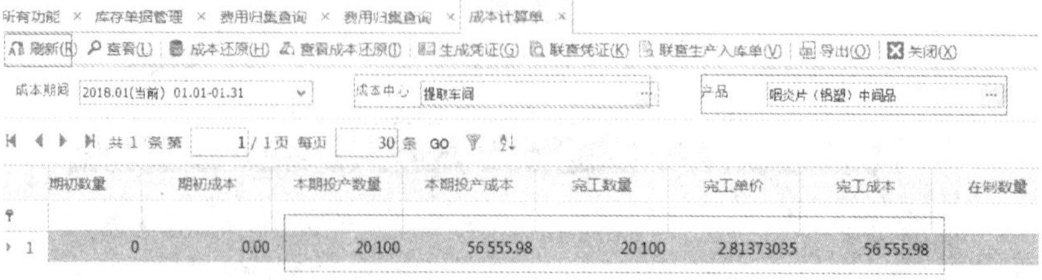

图 6—45 成本计算单查询(提取车间)

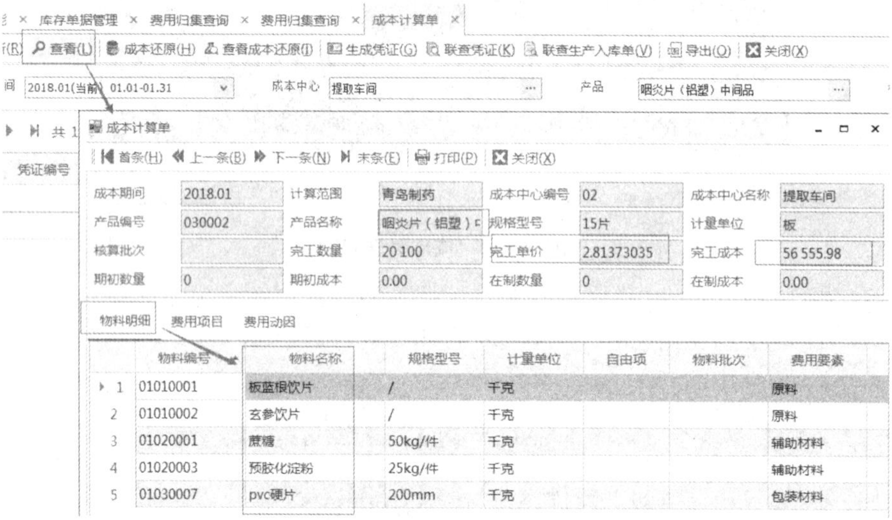

图 6—46 查看提取车间物料明细(一)

图 6—47 查看提取车间物料明细(二)

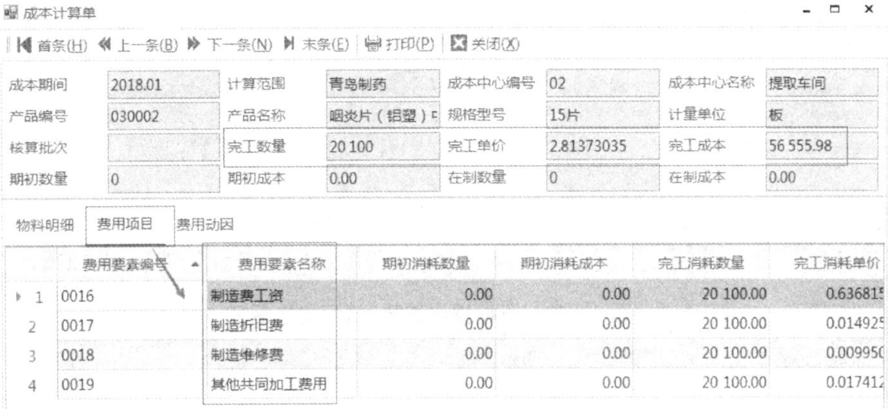

图 6—48　查看提取车间费用项目明细

第五步:执行【管理会计】→【产品成本核算】→【成本分析】→【产品成本分析】,点击“确认”,如图 6—49、图 6—50、图 6—51 所示。

图 6—49　产品成本分析(一)

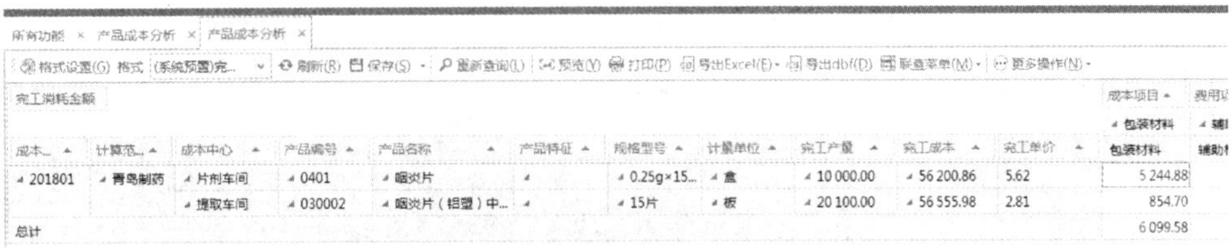

图 6—50　产品成本分析(二)

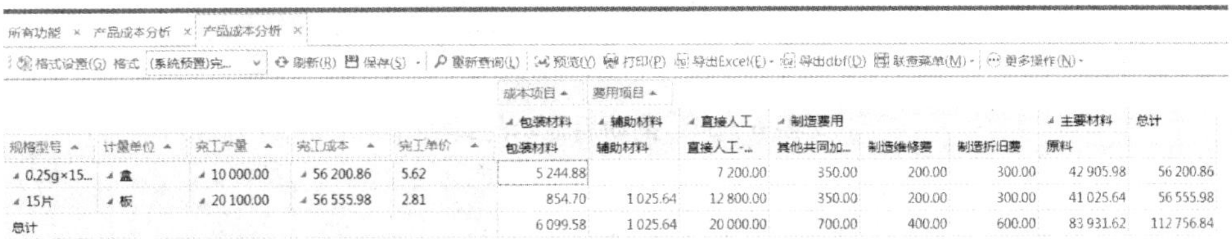

图 6—51　产品成本分析(三)

第六步:当前页面选择“更多操作”,下拉框中选择:显示待选区。将“物料”拖动到“产品特征”之前,如图 6—52、图 6—53 所示。

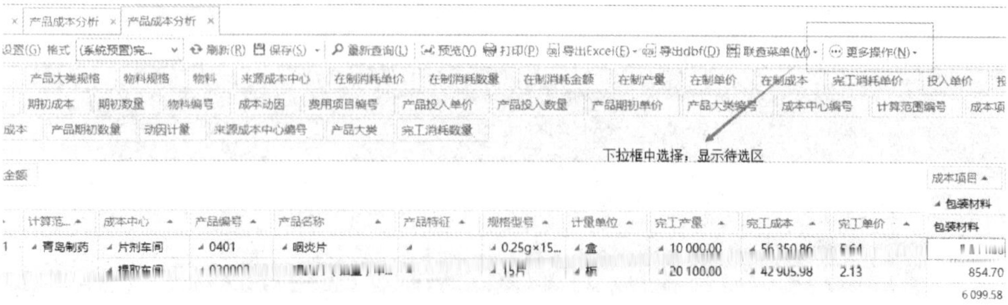

图 6—52　下拉框中选择:显示待选区

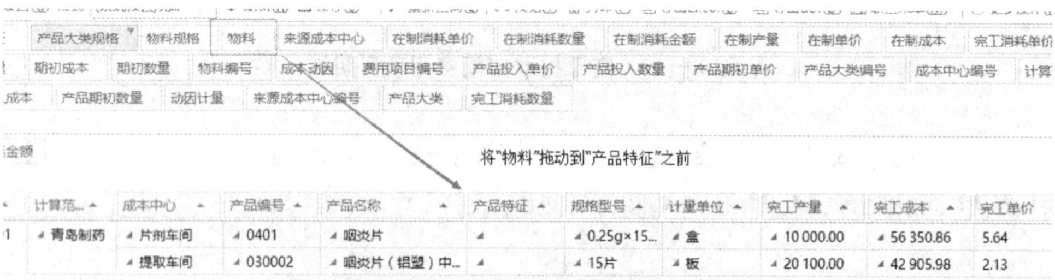

图 6—53　将“物料”拖动到“产品特征”之前

拖动之后出现以下页面,如图 6—54 所示。

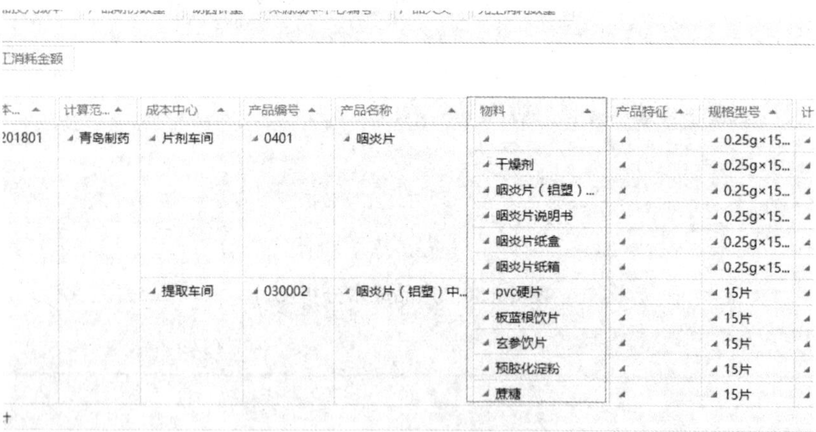

图 6—54　拖动后显示的页面

第六节　场景五：标准成本维护与分析

一、场景描述

2018年1月5日，青岛制药公司为了进一步加强成本控制、评价经济业绩、核算和分析成本差异，成立了统一的成本标准制定和修订的权威机构。各部门在标准成本制定中分工协作如下：工艺部门编制产品目录和BOM；用量标准由工艺、技术和生产部门共同主持确定；车间对各工序工时负责，采购部门是材料价格的责任部门，人力资源部和生产部门对小时工资率负责；生产车间对小时制造费用分配率负责。

月末对实际成本与标准成本的差异进行分析，分析成本项目的价差和量差，进行考核和改进，如表6—10所示。

表6—10　标准成本表

<table>
<tr><th>产品名称</th><th>产量</th><th>成本项目</th><th>费用项目</th><th>材料编号</th><th>材料名称</th><th>标准价格</th><th>标准用量</th></tr>
<tr><td rowspan="5">咽炎片（铝塑）中间品</td><td rowspan="5">20 100.00</td><td>包装材料</td><td>包装材料</td><td>01030007</td><td>pvc硬片</td><td>34.19</td><td>40.00</td></tr>
<tr><td rowspan="2">辅助材料</td><td rowspan="2">辅助材料</td><td>01020001</td><td>蔗糖</td><td>13.68</td><td>30.00</td></tr>
<tr><td>01020003</td><td>预胶化淀粉</td><td>10.26</td><td>40.00</td></tr>
<tr><td rowspan="2">主要材料</td><td rowspan="2">原料</td><td>01010001</td><td>板蓝根饮片</td><td>54.70</td><td>300.00</td></tr>
<tr><td>01010002</td><td>玄参饮片</td><td>68.38</td><td>240.00</td></tr>
<tr><td rowspan="7">咽炎片</td><td rowspan="7">10 000.00</td><td rowspan="4">包装材料</td><td rowspan="4">包装材料</td><td>01030002</td><td>咽炎片纸箱</td><td>1.03</td><td>51.00</td></tr>
<tr><td>01030004</td><td>咽炎片纸盒</td><td>0.21</td><td>10 100.00</td></tr>
<tr><td>01030006</td><td>咽炎片说明书</td><td>0.14</td><td>10 100.00</td></tr>
<tr><td>01030009</td><td>干燥剂</td><td>0.07</td><td>10 100.00</td></tr>
<tr><td>直接人工</td><td>直接人工</td><td>直接人工</td><td></td><td></td><td></td></tr>
<tr><td>制造费用</td><td>制造费用</td><td>制造费用</td><td></td><td></td><td></td></tr>
<tr><td>主要材料</td><td>原料</td><td>030002</td><td>咽炎片（铝塑）中间品</td><td>1.71</td><td>20 100.00</td></tr>
</table>

二、任务一：标准成本维护与分析

（一）任务描述

成本会计需要登录标准会计系统，维护物料标准价格并进行分析，数据见

表 6－10所示。

（二）任务实现

按如下用户信息，登录浪潮 GS 管理软件。

登录日期	登录用户	登录密码	对应核算组织
2018.1.31	FL	aaaaaa	青岛制药有限公司

第一步：由负责生产数据权限的工作人员，登录生产数据模块，录入 BOM 单（这一步成本模块参考，已经预置到系统，上机时可以略过）。

BOM1－1：咽炎片（铝塑）中间品 BOM 清单，如图 6－55 所示。

图 6－55　咽炎片（铝塑）中间品 BOM 清单

BOM1：咽炎片 BOM 清单，如图 6－56 所示。

第二步：维护物料标准价格。执行【管理会计】→【标准成本】→【产品标准成本】→【标准费率】→【物料标准价格】，点击“增加”，选择下列物料，填写标准价格，如图6－57所示。

第三步：标准成本 BOM 维护。执行【管理会计】→【标准成本】→【产品标准成本】→【标准成本维护】，选择成本中心“提取车间”和产品“咽炎片（铝塑）中间品”，如图 6－58所示。

点击“参照生产数据”，然后点击“确认”，如图 6－59、图 6－60 所示。

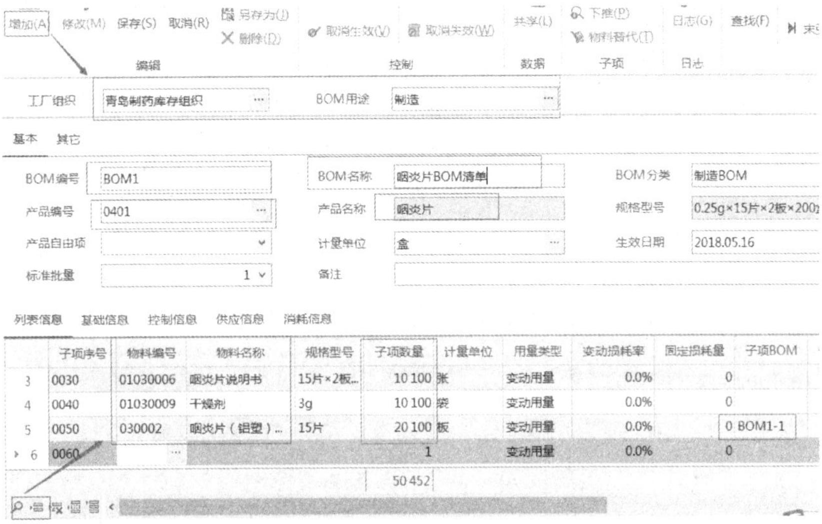

图 6—56　咽炎片 BOM 清单

图 6—57　增加标准价格

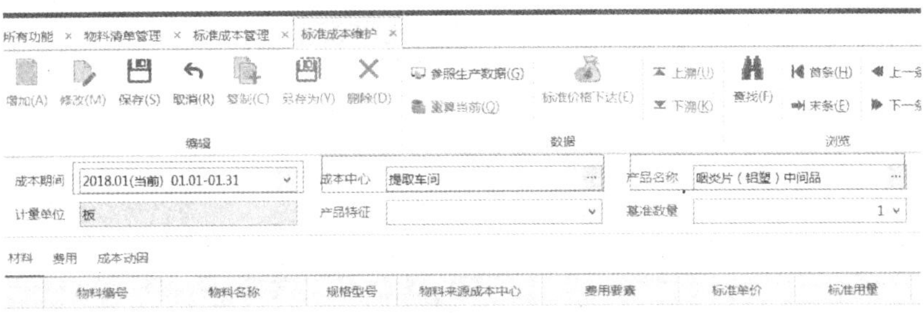

图 6—58　提取车间标准成本维护(一)

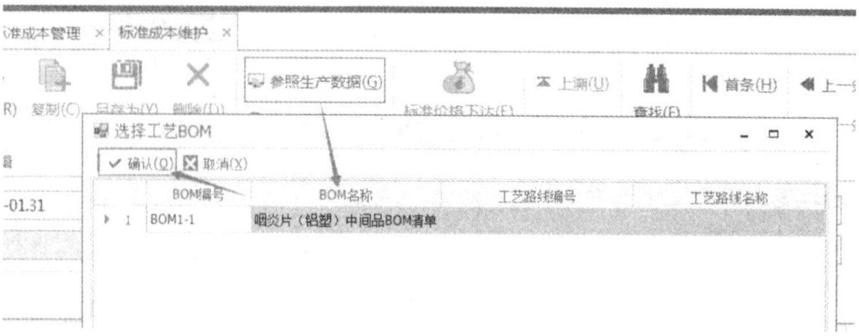

图6—59　提取车间标准成本维护(二)

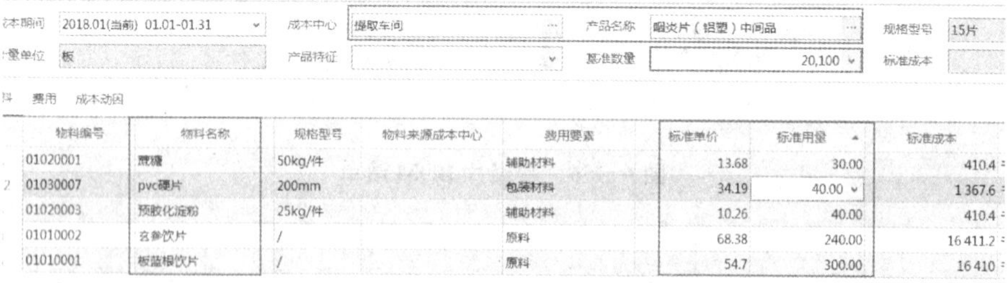

图6—60　提取车间标准成本维护(三)

第四步：执行【管理会计】→【标准成本】→【产品标准成本】→【标准成本维护】，选择成本中心“片剂车间”和产品“咽炎片”，如图6—61、图6—62所示。

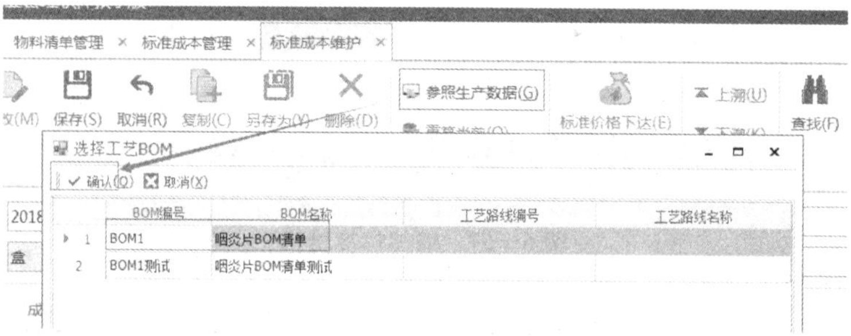

图6—61　片剂车间标准成本维护(一)

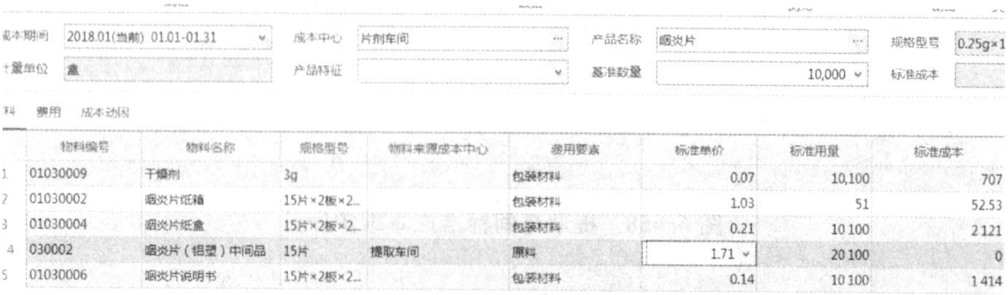

图6—62　片剂车间标准成本维护(二)

第五步：标准成本计算。执行【管理会计】→【标准成本】→【产品标准成本】→【标准成本计算】，点击“计算”，如图 6—63 所示。

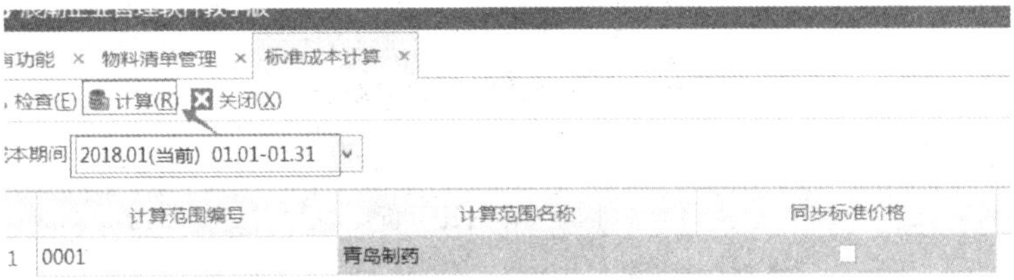

图 6—63　标准成本计算

第六步：查看标准成本计算单。执行【管理会计】→【标准成本】→【产品标准成本】→【标准成本计算单】，以“提取车间”为例，选择成本中心“提取车间”，点击“查看详细信息”，如图 6—64、图 6—65 所示。

图 6—64　查看提取车间标准成本计算单(一)

图 6—65　查看提取车间标准成本计算单(二)

第七步：标准实际对比分析。执行【管理会计】→【产品成本核算】→【成本分析】→【标准实际对比分析】。

以产品“咽炎片(铝塑)中间品”为例，如图 6—66、图 6—67、图 6—68 所示。

第八步：标准成本执行分析报表。执行【管理会计】→【标准成本】→【查询分析】→【标准成本执行分析】，如图 6—69 所示。

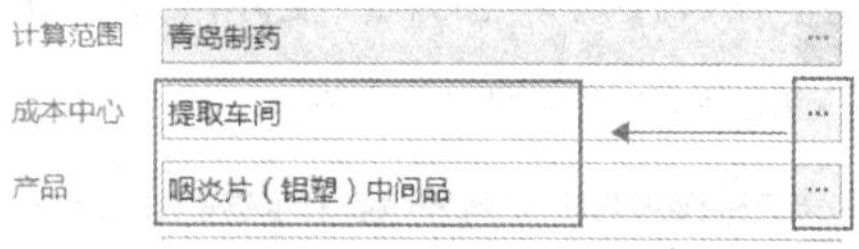

图 6－66　标准实际对比分析(一)

标准实际对比分析

查询期间: 201801 ---- 201801　　成本中心: 提取车间　　产品: 咽炎片（铝塑）中间品　　批号范围:　　产量: 20100　　计量单位: 板

成本项目编号	成本项目	费用要素编号	费用要素	物料编号	物料名称	计量单位	实际					
							总成本		单位成本		总成本	
							数量	金额	数量	金额	数量	金额
合计	合计		成本项目				81 030.00	56 555.98	4.03	2.81	650.00	3 500
0001	主要材料	0001	原料				540.00	41 025.64	0.03	2.04	540.00	3282
0001	主要材料	0001	原料	01010002	玄参饮片	千克	240.00	20 512.82	0.01	1.02	240.00	1641
0001	主要材料	0001	原料	01010001	板蓝根饮片	千克	300.00	20 512.82	0.01	1.02	300.00	1641
0002	辅助材料	0002	辅助材料				70.00	1 025.64		0.05	70.00	82
0002	辅助材料	0002	辅助材料	01020001	蔗糖	千克	30.00	512.82		0.03	30.00	41
0002	辅助材料	0002	辅助材料	01020003	预胶化淀粉	千克	40.00	512.82		0.03	40.00	41
0003	直接人工	0016	直接人工-工资				20 100.00	12 800.00	1.00	0.64		
0003	直接人工	0016	直接人工-工资				20 100.00	12 800.00	1.00	0.64		
0006	包装材料	0006	包装材料				20.00	854.70		0.04	40.00	136
0006	包装材料	0006	包装材料	01030007	pvc硬片	千克	20.00	854.70		0.04	40.00	136
0007	制造费用	0018	制造维修费				20 100.00	200.00	1.00	0.01		

图 6－67　标准实际对比分析(二)

标准实际对比分析

期间: 201801 ---- 201801　　成本中心: 提取车间　　产品: 咽炎片（铝塑）中间品　　批号范围:　　产量: 20100　　计量单位: 板

实际				标准				差异			
总成本		单位成本		总成本		单位成本		总成本		单位成本	
数量	金额	数量	金额	数量	金额	数量	金额	数量	金额	数量	金额
81 030.00	56 555.98	4.03	2.81	650.00	35 009.60	0.03	1.74	80 380.00	21 546.38	4.00	1.
540.00	41 025.64	0.03	2.04	540.00	32 821.20	0.03	1.63		8 204.44		0.
240.00	20 512.82	0.01	1.02	240.00	16 411.20	0.01	0.82		4 101.62		0.2
300.00	20 512.82	0.01	1.02	300.00	16 410.00	0.01	0.82		4 102.82		0.2
70.00	1 025.64		0.05	70.00	820.80		0.04		204.84		0.
30.00	512.82		0.03	30.00	410.40		0.02		102.42		0.
40.00	512.82		0.03	40.00	410.40		0.02		102.42		0.
20 100.00	12 800.00	1.00	0.64					20 100.00	12 800.00	1.00	0.6
20 100.00	12 800.00	1.00	0.64					20 100.00	12 800.00	1.00	0.6
20.00	854.70		0.04	40.00	1 367.60		0.07	20.00	512.90		0.
20.00	854.70		0.04	40.00	1 367.60		0.07	20.00	512.90		0.
20 100.00	200.00	1.00	0.01					20 100.00	200.00	1.00	0.

图 6－68　标准实际对比分析(三)

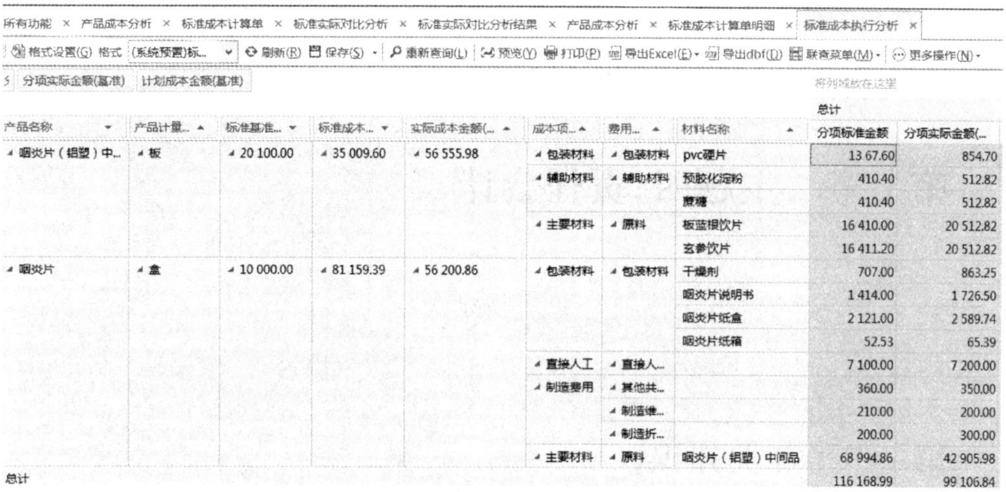

产品名称	产品计量...	标准基准...	标准成本...	实际成本金额(...	成本项...	费用...	材料名称	分项标准金额	分项实际金额(...
咽炎片（铝塑）中...	板	20 100.00	35 009.60	56 555.98	包装材料	包装材料	pvc硬片	13 67.60	854.70
					辅助材料	辅助材料	预胶化淀粉	410.40	512.82
							蔗糖	410.40	512.82
					主要材料	原料	板蓝根饮片	16 410.00	20 512.82
							玄参饮片	16 411.20	20 512.82
咽炎片	盒	10 000.00	81 159.39	56 200.86	包装材料	包装材料	干燥剂	707.00	863.25
							咽炎片说明书	1 414.00	1 726.50
							咽炎片纸盒	2 121.00	2 589.74
							咽炎片纸箱	52.53	65.39
					直接人工	直接人...		7 100.00	7 200.00
					制造费用	其他共...		360.00	350.00
						制造维...		210.00	200.00
						制造折...		200.00	300.00
					主要材料	原料	咽炎片（铝塑）中间品	68 994.86	42 905.98
总计								116 168.99	99 106.84

图 6—69 标准成本执行分析

第七章　主题四：责任会计

第一节　相关知识

责任会计是为了有效评价企业内部各责任中心的业绩而产生的。

责任中心是指分权管理型企业内部具有一定经济权力，需要承担相应经济责任，并能够严格控制经济责任指标的部门。

责任会计以企业内部各责任中心的生产经营活动为对象，以保证企业目标的顺利实施并不断提高总体效益为目的，以设计多样化、个性化的激励措施为手段，通过授权经营建立各类责任中心，实行目标管理，编制和实施责任预算，进行责任考评并将考评结果与其报酬紧密结合。

一、收入中心的考核

（一）收入中心的目标

收入中心的首要目标是对销售收入负责，因此，其控制目标包括：(1)控制企业销售目标的实现；(2)控制销售收入的资金回收；(3)控制坏账的发生。

（二）收入中心的考核指标

收入中心的考核标准包括销售收入目标完成百分比、销售回款率、销售回款平均天数、坏账发生率等。其计算公式为：

$$\text{销售收入完成百分比}=\frac{\text{实际实现销售收入}}{\text{目标销售收入}}\times 100\%$$

$$\text{销售回款率}=\frac{\text{实际收到的现金}}{\text{平均应收账款}}\times 100\%$$

$$\text{销售款平均回收天数}=\frac{\sum(\text{销售收入}\times\text{回收天数})}{\text{全部销售收入}}$$

$$\text{坏账发生率}=\frac{\text{某年的坏账发生数}}{\text{某年的全部销售收入}}\times 100\%$$

其中，最主要的指标是销售收入完成百分比。此外，销售中心还应提供销售数量、产品结构等数据供上级考核评价。

二、成本中心的考核

责任成本和产品成本是不同的成本概念。产品成本是以产品为成本计算对象，归集产品生产耗费，归集的原则是"谁受益，谁承担"；责任成本是以责任中心为对象，归集生产或经营管理耗费，归集的原则是"谁负责，谁承担"。

（一）成本中心的控制要求

成本中心的控制要求主要包括以下几点：

(1)成本中心的责任划分必须明确；

(2)成本中心的责任成本必须是可控成本；

(3)为各成本中心编制成本预算；

(4)建立责任成本核算体系。

（二）成本中心的考核指标

对成本中心控制和降低成本的考核，主要是将一定期间成本中心实际发生的责任成本与其责任成本预算进行对比。考核目标成本完成情况可以通过目标成本节约额和目标成本节约率来衡量。其计算公式为：

$$\text{目标成本节约额}=\text{目标(或预算)成本}-\text{实际成本}$$

$$\text{目标成本节约率}=\frac{\text{目标成本节约额}}{\text{目标成本}}\times 100\%$$

三、利润中心的考核

（一）业绩的利润衡量指标

利润中心对收入和成本（费用）的差额，即利润负责。利润中心的业绩评价和考核主要是通过一定期间实现的利润同责任预算所确定的预期利润进行对比，并对差异的原因和责任进行分析。

通常情况下，采用贡献毛益作为利润中心业绩的评价考核指标。其计算公式为：

$$\text{贡献毛益}=\text{销售收入总额}-\text{变动成本总额}$$

上式所计算的贡献毛益不仅包括不可控固定成本，也包括可控固定成本。为了正确地对利润中心进行评价和考核，需要将各部门的固定成本进一步分为可控成本和不可控成本，将不可控成本剔除，即必须以贡献毛益为依据。这样就引申出两个指标：可控贡献毛益和部门贡献毛益。

1. 可控贡献毛益

可控贡献毛益也称为部门经理可控边际，其计算公式为：

可控贡献毛益＝销售收入总额－变动成本总额－短期可控固定成本总额

＝贡献毛益－短期可控固定成本总额

2. 部门贡献毛益

部门贡献毛益又称为部门毛利，其计算公式为：

部门贡献毛益＝可控贡献毛益－长期可控固定成本总额

3. 税前部门利润

税前部门利润是把所有在公司层次上发生的与生产能力有关的成本都分配到各部门。这样做的目的是提醒部门管理人员注意这些共同成本，因为只有当各个产生收入的部门都产生了足够的贡献毛益来弥补这些成本时，整个公司才有可能获利。所以，把这些成本分配到各部门来明确它们对公司的贡献是有一定道理的。其计算公式为：

税前部门利润＝部门贡献毛益－分摊的公司费用

（二）生产率指标

1. 原料产出率

原料产出率是最终产品中原材料与投入原材料的比率。因此，这个指标属于一种实物形态，而不是财务指标，但若分子分母用金额来表示，就转化为财务指标。其计算公式为：

$$\text{原料产出率}=\frac{\text{最终产品中原材料}}{\text{投入原材料}}\times 100\%$$

2. 劳动产出率

其计算公式为：

$$\text{劳动产出率}=\frac{\text{产品的人工成本定额}}{\text{实际人工成本}}\times 100\%$$

3. 设备产出率

其计算公式为：

$$\text{设备产出率}=\frac{\text{产品的机器工时成本定额}}{\text{实际机器工时成本}}\times 100\%$$

四、投资中心的考核

（一）投资报酬率（ROI）

尽管在20世纪以前，企业已经开始采用净收益来衡量企业的业绩，但一直到20世纪早期，投资报酬率这个指标才由杜邦公司创建并开始使用。投资报酬率是投资中心所获得的利润和投资额之间的比率。其计算公式为：

$$投资报酬率=\frac{利润}{投资额}\times 100\%$$

投资报酬率的计算还经常被分解为两部分:一部分被称为投资周转率,另一部分被称为利润率。其计算公式为:

投资报酬率=投资周转率×利润率

其中,

$$投资周转率=\frac{销售收入}{投资额}\times 100\%$$

$$利润率=\frac{净利润}{销售收入}\times 100\%$$

(二)剩余收益(residual income)

剩余收益是投资中心获得的收益减去其资产按规定的最低投资报酬率或资金成本计算的投资报酬后的余额。其计算公式为:

剩余收益=收益-规定的最低投资报酬率×投资额

(三)经济附加值(EVA)

经济附加值(economic value added)是由美国思滕斯特(Stern Stewart)公司在1991年引入价值评估领域的。它基于这样一种理论:按公认会计准则编制的会计报表中没有包含资本成本这一关键信息。其简略的计算公式为:

经济附加值=税后净营业利润-加权平均资本成本×投入资本

经济附加值的另一种表现形式是:

经济附加值=资本效率×资本

五、系统概述

知识经济竞争时代,随着竞争的加剧和企业业务的发展,企业集团对于内部管理的要求越来越高。适应竞争全球化、资源市场化、管理信息化的新趋势,促进企业转型和管理升级,是管理会计的使命和责任。

浪潮GS利润中心会计管理系统主要从企业内部管理的视角处理经济活动,按照管理会计核算要素进行利润中心的内部核算,形成利润中心分析报告。可以帮助集团企业实现各类组织模式下的内部责任中心核算与考核,同时其核算体系与业务体系保持紧密集成,全面、高效、精确地实现集团多种模式管理机制下对内部组织以及企业管理的要求。

六、功能介绍

(一)凭证

1. 凭证管理

管理会计凭证的作用类似于总账凭证的作用,是汇总利润中心账表的明细,通过凭证管理,可以手工录入利润中心数据。

2. 凭证审核

凭证审核是对已录入凭证的确认过程审核完成后即记账,更新余额表数据。

3. 凭证记账

利润中心凭证记账界面,可进行凭证记账及取消记账的处理。

4. 凭证查询

查询管控范围内所有利润中心凭证。

5. 凭证初始

管理会计凭证的作用类似于总账的凭证作用,是汇总利润中心账表的明细。凭证初始是系统的初始化工作,录入启用日期之前的期初数据。

6. 凭证制单

利润中心凭证手工填制界面。

7. 凭证导入

批量凭证导入处理界面。

(二)统计指标

1. 统计数据录入

录入统计指标的具体数据。

2. 统计数据审核

对录入的统计指标进行审核,一般由财务部门统一确认,也可以由各利润中心审核确认。

(三)分摊处理

1. 分摊执行

对某个期间的核算要素进行数据归集,按照分摊规则,形成分摊凭证,完成数据分摊。

2. 分摊步骤

定义分摊的规则,用于定义什么核算要素数据按照什么依据分摊给谁。

3. 分摊过程

企业分摊可以根据需要分为不同的过程,例如按收入和支出,可分为收入分摊和费用分摊；按生产过程，可分为直接生产和辅助生产。每个分摊过程又可包含多个步骤。

（四）内部转移

1. 内部转移管理

提供批量操作内部转移记录的管理列表功能。

2. 内部转移合同

编制内部转移交易双方的结算依据，由一方填写两方分别确认，实现在发起方利润中心实现一次制单，在多个对方利润中心确认之后直接生成对方利润中心的凭证。

（五）转移定价

1. 转移价格表

该功能用于维护内部转移价格。

2. 转移价格类型

内部转移价格的分类，可用于价格分类统计的依据、各类定价方法的区分及设定实际使用时的价格控制规则等。

（六）期末处理

1. 结转损益规则

定义结转损益凭证规则，把需要结转的核算要素结平。

2. 结转损益执行

按结转损益规则执行，生成损益凭证。

3. 期间管理

对各利润中心的期间进行打开、关闭以及封账的处理。

4. 初始下年

对利润中心进行年度初始操作。

5. 年结

结束本年度业务，开始下一个年度的业务。

（七）账表

1. 要素余额表

按照管控范围、核算账簿、利润中心组、核算要素、期间等条件，对核算要素余额进行查询分析。

2. 要素明细账

按照管控范围、核算账簿、利润中心组、核算要素、期间等条件，对核算要素余额及明细发生进行查询分析。

3. 序时账

按照管控范围、核算账簿、利润中心组、利润中心、日期范围等条件，以会计分录的形式序时展现每一笔经济业务信息。

4. 辅助余额表

按照管控范围、核算账簿、利润中心组、核算要素、辅助项目、期间等条件，对辅助核算余额进行查询分析。

5. 辅助明细账

按照管控范围、核算账簿、利润中心组、核算要素、辅助项目、期间等条件，对辅助核算明细发生及余额进行查询分析。

（八）集成

1. 核算要素映射

实现总账科目与责任会计中核算要素间的对应关系，以支持总账凭证生成利润中心会计凭证时，科目转换为核算要素。

2. 利润中心映射

设置利润中心与总账中各维度的映射关系，以及设置每个利润中心与总账中这些维度组合值的对应。

3. 折算模板管理

用来定义凭证生成的基本规则，包括取数源（余额表、凭证分录）、生成凭证后是否直接审核记账，以及使用哪些映射规则，如要素与科目的映射、日历间的映射等。

4. 外账凭证折算

用于把总账凭证转换为利润中心凭证。通常，一张总账凭证会折算成多张利润中心凭证。折算过程中，进行总账科目对应利润中心核算要素，部门对应利润中心的映射。

5. 凭证折算查询

按照凭证模板，查询各个利润中心内生成的凭证的记录。

（九）会计平台

1. 集团映射定义

集团映射定义主要为会计凭证中所需要的科目、辅助项目或专项项目设置与源业务数据对应的映射关系。集团映射是所有单位都可以使用的映射。

2. 公司映射定义

公司映射主要为会计凭证中所需要的科目、辅助项目或专项项目设置与源业务数据对应的映射关系。公司映射展示集团总账基础映射和公司下定义的映射，公司定义的映射只是私有单位信息的映射关系，公司映射可以在未匹配策略中追加集团下定义的公有映射。

3. 集团凭证模板定义

通过凭证模板，建立业务数据与凭证之间的对应关系，确定凭证表头、分录、辅助各项目的取数来源，以及分组、排序等业务规则。集团凭证模板定义公有模板。

4. 公司凭证模板定义

通过凭证模板，建立业务数据与凭证之间的对应关系，确定凭证表头、分录、辅助各项目的取数来源，以及分组、排序等业务规则。公司凭证模板定义本单位私有模板。

（十）基础数据

1. 账簿启用

对利润中心进行账簿启用，使利润中心和账簿关联。

2. 管控范围

管控范围是设置利润中心会计核算的边界范围，可以包括一个或者多个利润中心，企业集团通常把业务相关的有关业务单元所对应的利润中心划在一个管控范围内，管控范围具有统一的会计日历、币种、要素体系等信息。

3. 核算账簿

定义多账簿，以便于成本中心、利润中心进行多账簿核算。

4. 利润中心组

对利润中心进行分组管理，通常情况下按利润中心职能分，如产业单位、销售区域、销售行业等。

5. 利润中心

利润中心是利润中心会计的主要组织，是对利润负责的责任中心，可以根据产品（产品线、部门），地理因素（区域、办公室或生产地点）或功能（生产、销售）设置，利润中心可以分为实际利润中心和虚拟利润中心。

6. 核算要素体系

对核算要素进行体系定义，类似会计科目体系。例如，管理会计要素体系下可分为收入、成本、费用等要素类型。

7. 核算要素表

对核算要素组合的定义。例如，一个管理会计要素体系包含：成本类核算要素，即生产成本、制造费用、劳务成本、工程结算等；费用类核算要素，即销售费用、财务费用、管理费用、赔付费用等；收入类核算要素，即主营业务收入、利息收入、租赁收入、其他营业收入、营业外收入等。

8. 核算要素

按照内部管理要求进行的核算信息定义，是满足内部核算的“会计科目”。

9. 核算要素引入

根据条件从“总账”中引入相关的会计科目。

10. 统计指标定义

统计指标是用来反映业务量信息的指标，是进行收入分摊、费用分摊的依据。按照业务内容可定义不同的统计指标，如职工人数、面积、机器数量等。

11. 凭证类型定义

定义凭证的分类。

12. 核算项目类别

对凭证表头及核算要素进行多维度核算的设置，类似于总账的专项类别。

13. 数据来源设置

设置辅助核算类别或全局段的数据来源结构。

14. 系统参数设置

设置利润中心会计系统相关的参数。

15. 余额初始

提供按照利润中心进行核算要素余额录入的功能。

16. 内部转移单类型

定义内部转移结算单类型和配置内部转移单规则。

17. 内部转移单类型分配

定义转移结算单和各利润中心的凭证接口及是否自动生成凭证。

第二节 场景一：利润中心设立

一、任务描述

为了激发经营实体的主动性和内在潜力，提高公司整体经济效益，上云集团公司实施事业部制改革，通过下放销售、研发、生产、采购、财务、质检等生产管理权，由集团公司统管，实现了事业部及其他经营实体的独立工厂化管理。各事业部经理秉承总经理之命，指挥各自部门的利润中心，负责执行各自部门的年度盈利目标及财务的经营。如果不能达到所订盈利目标，应自请让贤或另调他职。

青岛制药公司下，分别设立 OTC 事业部、处方药事业部和管理事业部利润中心。

OTC 事业部负责 OTC 产品线的研发、生产、销售和经营。

处方药事业部负责处方药产品线的研发、生产、销售和经营。

管理事业部支援各事业部的经营，其下设人事、财务、质量、企划、维修等部门，协助 OTC 和处方药事业部提高其经营效能。

二、任务实施

第一步:利润中心组织建立。

执行【管理会计】→【利润中心】→【基础数据】→【利润中心】,如图 7—1 所示。

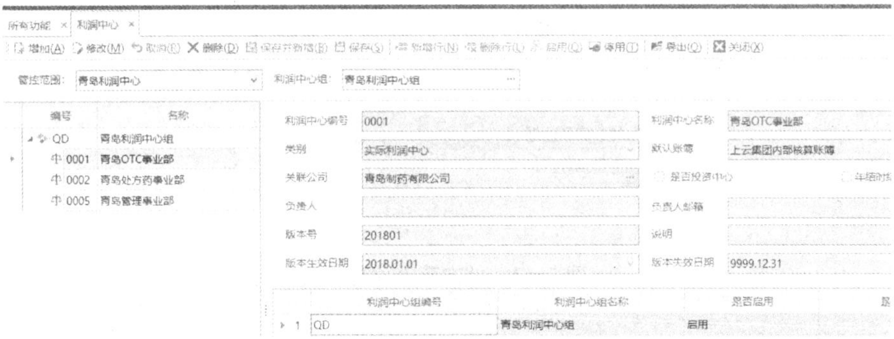

图 7—1　利润中心

第二步:利润中心,由下属的各部门设立。

执行【管理会计】→【利润中心】→【集成】→【利润中心映射】。OTC 事业部对应,如图 7—2所示。

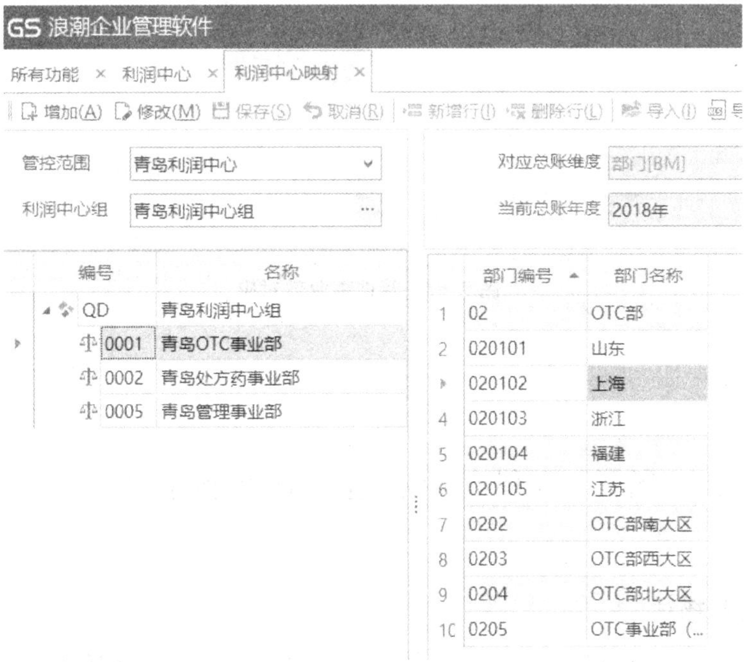

图 7—2　OTC 事业部对应

处方药事业部对应,如图 7—3 所示。

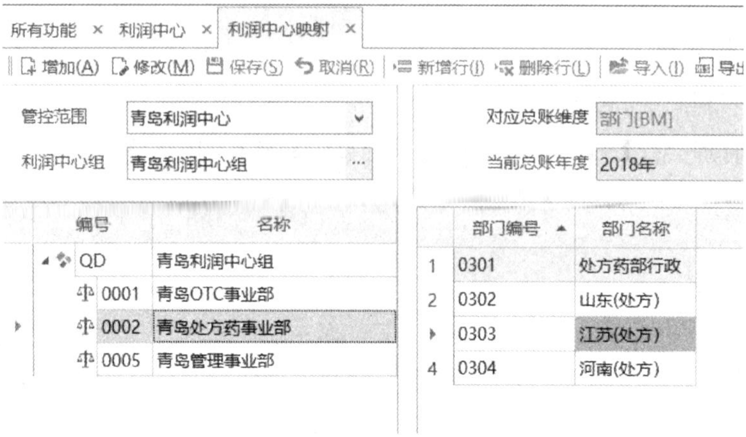

图 7—3 处方药事业部对应

管理事业部对应,如图 7—4 所示。

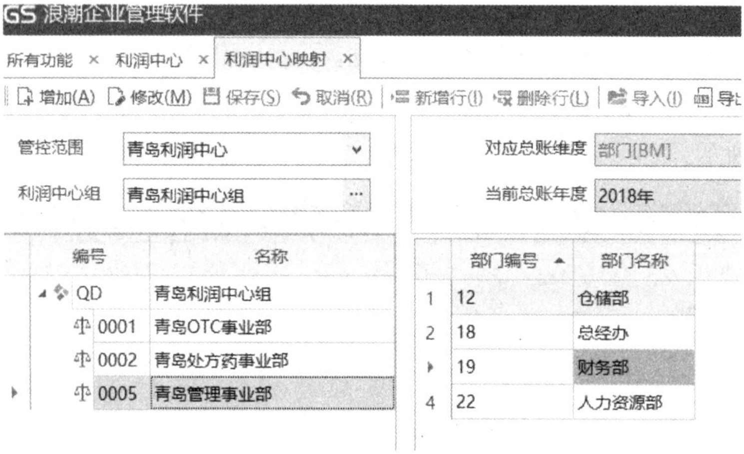

图 7—4 管理事业部对应

第三节 场景二:利润中心运营制度制定

一、任务描述

每个事业部均建立独立的利润中心,按照财务核算和内部责任考核要求,建立一个统一的核算账簿,每个利润中心均可进行独立的财务核算处理,实现内部核算和外部核算的同时应用,可出具对应的财务报表,满足事业部财务管理和内部责任考核的要求。

各事业部财务不独立,但历月及会计年度终了,由管理事业部每月 10 日以前列报各事业部的资产负债表及损益表,供各事业部负责人及总经理决策之需,同时列报各所属中心的成本费用,供作事业部负责人管理的依据。

成立之初,依据事业部对资产的实际需要或存量分配资产,按资产与负债配比分配负债。

二、任务实施

第一步:按照青岛制药厂考核需要,设立利润中心账簿和核算体系、要素。

执行【管理会计】→【利润中心】→【基础数据】→【核算要素】,如图 7—5 所示。

图 7—5　核算要素

第二步:根据利润中心考核需要,建立利润中心资产负债表、利润表和综合考评表。

执行【财务会计】→【财务报表】→【打开报表】,如图 7—6 所示。

定义公式,如图 7—7、图 7—8 所示。

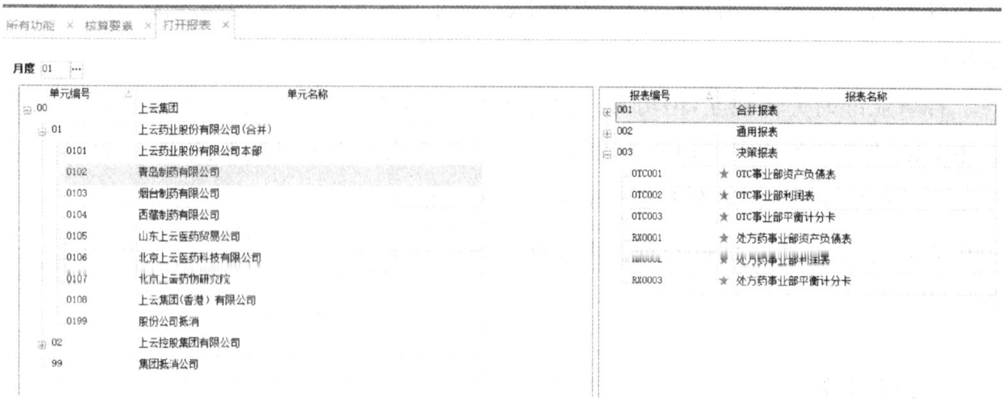

图 7—6　打开报表

图 7—7　资产负债表定义公式

第三步：依据利润中心制度，初始化 OTC 事业部期初资产、负债，试算平衡。

执行【管理会计】→【利润中心】→【基础数据】→【余额初始】，如图 7—9 所示。

执行【财务会计】→【财务报表】→【打开报表】，核对资产负债表年初数据，如图 7—10所示。

所有功能 × 核算要素 × 打开报表 × 月报-OTC事业部利润表：2018年第01期间 ×

OTC事业部-利润表

事业部名称：OTC利润中心　MACRO(!CWZG!)　编制期间：MACRO(!MM!)　单位：元

项目	行次	本月金额	本年累计金额	项目	行次	本月金额	本年累计金额
一、营业收入	1	[公式]	[公式]	加：营业外收入	30	[公式]	[公式]
1、主营业务收入	2	[公式]	[公式]	1、非流动资产处置利得	31	[公式]	[公式]
其中：商品销售	3	[公式]	[公式]	2、政府补助	32	[公式]	[公式]
劳务	4	[公式]	[公式]	3、盘盈利得	33	[公式]	[公式]
其他收入	5	[公式]	[公式]	4、债务重组利得	34		
2、其他业务收入	6	[公式]	[公式]	5、罚款利得	35	[公式]	[公式]
二、营业总成本	7	[公式]	[公式]	6、其他	36	[公式]	[公式]
其中：营业成本	8	[公式]	[公式]	减：营业外支出	37	[公式]	[公式]
其中：主营业务成本	9	[公式]	[公式]	1、非流动资产处置损失	38	[公式]	[公式]
其中：商品销售	10	[公式]	[公式]	2、盘亏损失	39	[公式]	[公式]
劳务	11	[公式]	[公式]	3、赔偿金、违约金及罚款支出	40	[公式]	[公式]
其他成本	12	[公式]	[公式]	4、债务重组损失	41	[公式]	[公式]
其他业务成本	13	[公式]	[公式]	5、其他	42	[公式]	[公式]
税金及附加	14	[公式]	[公式]	四、利润总额（亏损总额以“－”号填列）	43	[公式]	[公式]
1、城建税	15	[公式]	[公式]	减：所得税费用	44	[公式]	[公式]
2、教育费附加及地方教育费附加	16	[公式]	[公式]	五、净利润（净亏损以“－”号填列）	45	[公式]	[公式]

OTC002 1.0 OTC事业部利润表 青岛制药有限公司 通用公式状态-所有公式

图 7—8　利润表定义公式

所有功能 × 核算要素 × 余额初始 ×

利润中心 青岛OTC事业部　核算账簿 上云集团内部核算账　年度 2018　期间 01　借方合计 1,751,637,603　贷方合计 1,751,071,410　查询(F)

	要素编号	要素名称	成本中心	对方…	辅助核算	币种	方向	期初余额
1	1002001	外部				人民币	借	58,789,701.8
2	1002001	外部				人民币	借	781,160.0
3	1002002	内部				人民币	借	38,505,100.4
4	1002002	内部				人民币	借	100,000.0
5	1003	应收票据				人民币	借	7,563,845.2
6	1003	应收票据				人民币	借	32,733,649.2
7	1004	应收账款				人民币	借	771,413,671.8
8	1005	预付账款				人民币	借	21,607,833.4
9	1007	其他应收款				人民币	借	1,141,327.7
10	1008001	坏账准备-应收帐款				人民币	贷	173,423,142.7
11	1009	原材料				人民币	借	-150.0
12	1009	原材料				人民币	借	40,578,055.7
13	1011	库存商品				人民币	借	403,467,769.5
14	1011	库存商品				人民币	借	-600.0
15	1012	固定资产				人民币	借	313,646,918.7
16	1013	累计折旧				人民币	贷	

图 7—9　余额初始

OTC事业部-资产负债表

事业部名称：OTC利润中心　　财务主管　　期间：01月　　单位：元

项目	行次	期末余额	年初余额	项目	行次	期末余额	年初余额
流动资产：	1			流动负债：	27		
货币资金	2	98 175 962.28	38 501 500.48	短期借款	28	1 000 000.00	
应收票据	3	40 297 494.44	32 733 649.20	应付票据	29		
应收账款原值	4	771 413 671.83	771 413 671.83	应付账款	30	271 444 073.83	271 444 073.83
减：坏账准备	5	173 423 142.75	173 423 142.75	预收款项	31	498 369 869.07	498 369 869.07
应收账款净值	6	597 990 529.08	597 990 529.08	应付职工薪酬	32		
预付款项	7	21 607 833.43	21 607 833.43	其中：应付工资	33		
其他应收款	8	1 141 327.78	1 141 327.78	应付福利费	34		
存货	9	444 046 075.36	491 313 634.06	应交税费	35	8 109 627.49	
其中：原材料	10	40 578 905.77	40 578 055.77	其中：应交增值税	36		
库存商品（产成品）	11	403 467 169.59	450 735 578.29	其他应付款	37	906 334.99	906 334.99
其他流动资产	12			其他流动负债	38		
流动资产合计	13	1 203 259 222.37	1 183 288 474.03	流动负债合计	39	779 829 905.38	770 720 277.89
非流动资产：	14			非流动负债：	40		
固定资产原价	15	313 646 918.76	313 646 918.76	长期借款	41		
减：累计折旧	16	203 314 126.80	203 314 126.80	长期应付款	42		

图 7—10　打开资产负债表

第四节　场景三：外账和内部账簿折算

一、任务描述

青岛制药外部核算账簿与内部核算账簿在收入确认口径、确认时间节点、确认依据等方面不存在差异，利润中心系统主要满足内部核算管理的需要，可以将若干部门设置成会计主体，支持按法人主体建立会计主体的同时也支持将一个法人实体下的独立核算部门作为会计主体，并按内部责任制单位核算规则建立一个统一的核算账簿，每个利润中心均可进行独立的财务核算处理，实现内部核算和外部核算的同时应用，并可出具对应的财务报表。

青岛制药厂 1 月份所有外部凭证审核记账，完成月末结转凭证记账，并出具对外三大报表，利润中心会计对外账凭证，按照内部折算，生成利润中心记账凭证，对折算凭证审核、记账，折算收入、成本和费用。

二、任务实施

第一步：外账到内账折算规则定义、折算凭证模板定义。

执行【管理会计】→【利润中心】→【集成】→【核算要素映射】，如图 7—11 所示。

图 7—11 核算要素映射

执行【管理会计】→【利润中心】→【集成】→【折算模板管理】，如图 7—12 所示。

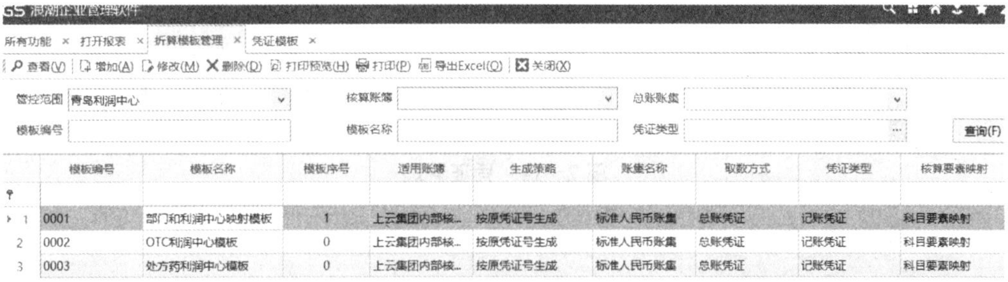

图 7—12 折算模板管理

第二步：识别外账凭证对应的内账折算模板，生成利润中心凭证。

执行【管理会计】→【利润中心】→【集成】→【外账凭证折算】，从外部账读取凭证，按照 OTC 折算规则，对外账中涉及 OTC 事业部的收入、成本、费用、采购、应付职工薪酬进行折算，生成内账凭证，如图 7—13 所示。

折算后查看内账凭证，内账凭证审核、记账，如图 7—14 所示。

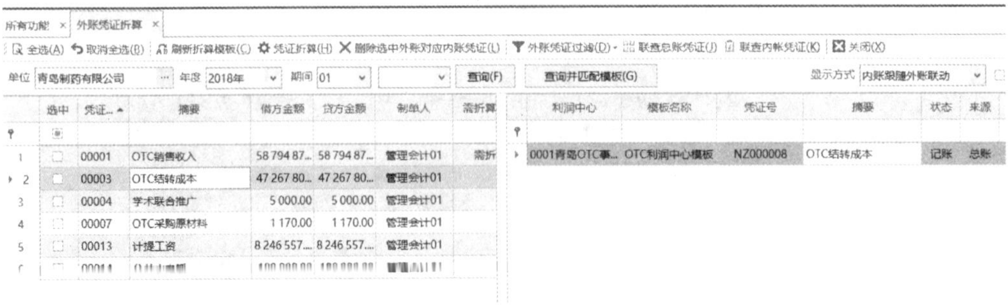

图 7—13　外账凭证折算

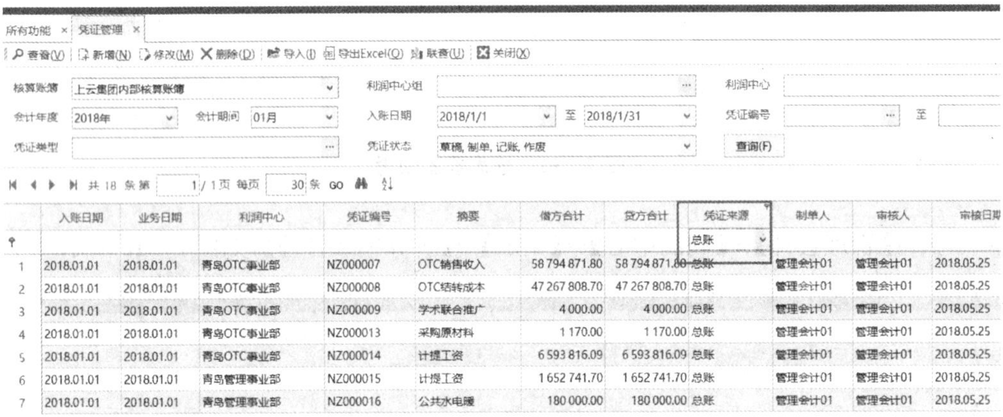

图 7—14　凭证管理

第五节　场景四：内部市场化

一、任务描述

青岛制药厂利润中心间的内部结算：在青岛制药厂利润中心之间由于采取了内部市场机制，各利润中心之间的内部产品/服务的提供，需要进行内部结算而不用进行外部结算，需利润中心会计提供内部结算的处理。

利润中心相互间物质的调拨、人力的支援，均视为内部交易，以内部往来凭证行之。入账的金额，按内部转拨计价计算。内部转拨计价：内部计价的结果，能帮助管理部门决定材料的自制或外购，各部门产品的销售或再加工，有效地提高了各种资源的生产力。其衡量绩效的结果，能令各部门主管人员觉得公平合理。青岛制药厂采取全部成本加成法,事业部之间物品或劳务,按照成本价加5%的行政和管理成本,再授予各利润中心。

2018年1月18日,OTC事业部与处方药事业部签订商品购买和劳务服务合同。事业部之间结算:增加支持部门的银行—内部和收入,减少被支持部门的银行—内部和增加费用,OTC提供处方药学术推广劳务3 600元。

利润中心会计,根据事业部之间的结算清单生产利润中心凭证。

二、任务实施

第一步:OTC事业部对处方药事业部内部定价。

执行【管理会计】→【利润中心】→【内部转移】→【转移价格表】,如图7—15所示。

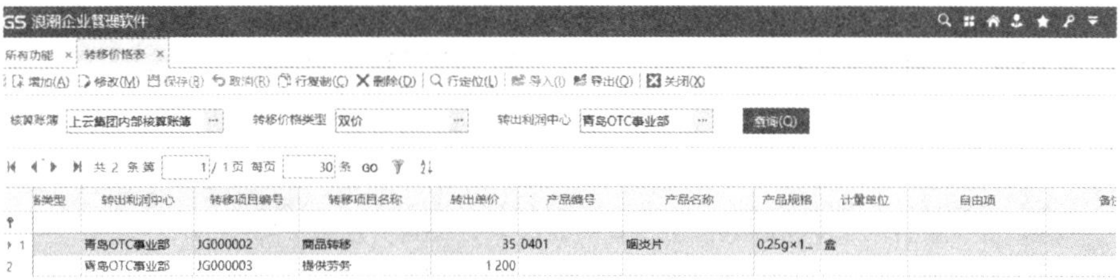

图7—15　转移价格表

第二步:OTC事业部与处方药事业部签订内部转移合同。

执行【管理会计】→【利润中心】→【内部转移】→【内部转移合同】,如图7—16所示。

图7—16　内部转移合同

第三步:利润中心会计,根据事业部之间的结算清单生产利润中心凭证。

1. OTC事业部执行【管理会计】→【利润中心】→【内部转移】→【内部转移合同】,如图7—17所示。

2. 处方药事业部执行【管理会计】→【利润中心】→【内部转移】→【内部转移合同】,如图7—18所示。

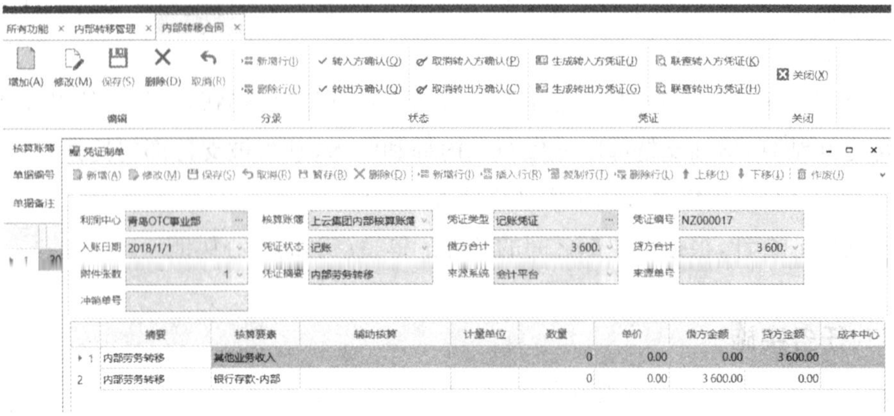

图 7—17 OTC 事业部执行内部转移合同

图 7—18 处方药事业部执行内部转移合同

第六节 场景五:支撑部门分摊

一、任务描述

管理事业部支援各事业部的经营,其下设人事、财务、质量、企划等部门,协助OTC事业部和处方药事业部提高其经营效能。费用预算分别由事业部按投资额(或服务)多寡的比例,按月定额分摊之。OTC事业部办公面积为8 000平方米,处方药事业部为2 000平方米。

青岛制药厂人力资源部1月份应付人员工资为1 652 000.70元、仓储部人员工资为741.00元;财务部及支撑部门共发生水电费180 000元。月末,利润中心会计将以上管理费用分摊到OTC事业部和处方药事业部。

二、任务实施

第一步:OTC事业部、处方药事业部折算动因确定。

执行【管理会计】→【利润中心】→【统计指标】→【统计数据录入】,如图7—19所示。

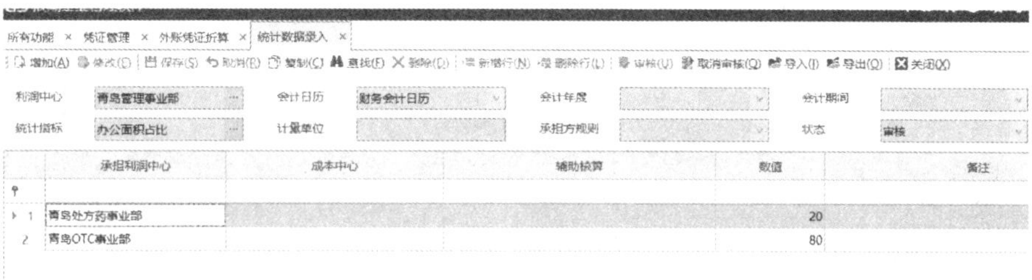

图7—19　统计数据录入

第二步:折算人力资源部和仓储部管理费用。

执行【管理会计】→【利润中心】→【集成】→【外账凭证折算】,如图7—20所示。

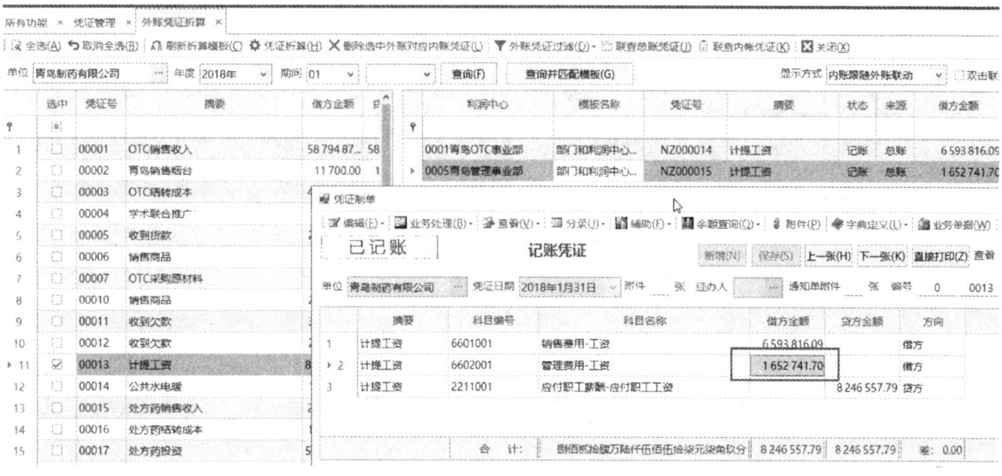

图7—20　外账凭证折算(一)

第三步:折算财务部及支撑部门水电费。

执行【管理会计】→【利润中心】→【集成】→【外账凭证折算】,如图7—21所示。

第四步:月末执行分摊、生成分摊凭证,计入各利润中心费用,如图7—22所示。

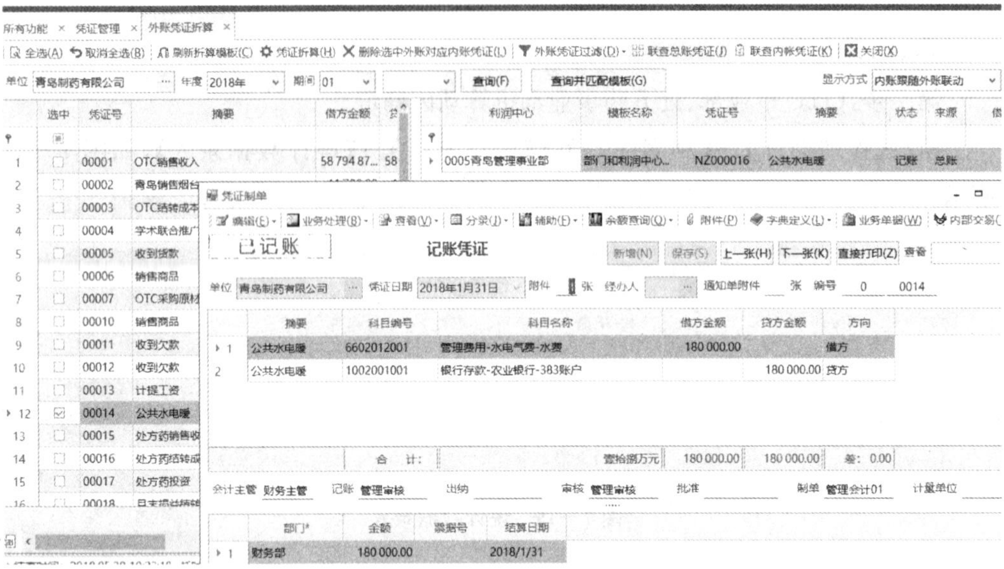

图 7—21　外账凭证折算(二)

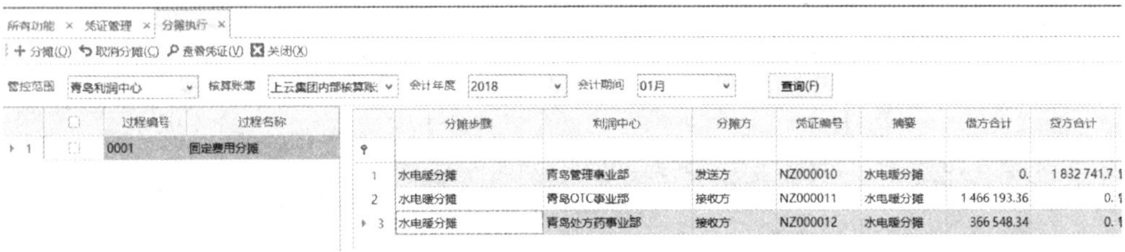

图 7—22　分摊执行

第七节　场景六:利润中心之分析报表

一、任务描述

OTC 事业部利润中心当月的资料,限于结账前三日前送达会计部,会计部计算各事业部盈亏,按季计算总盈亏及奖金总额,呈总经理核定后,再分配给各利润中心。

月末内部核算账簿与外部核算账簿同时进行结账处理,在账簿数据的基础上生成各内部利润中心独立的财务报表,包括资产负债表、利润表等。

二、任务实施

第一步:资产负债表计算、查看;与外账、内账对比分析;OTC 事业部总资产为 12

亿元，是青岛制药主要事业部。分析以上场景中的数字在报表中的体现，如图 7—23 所示。

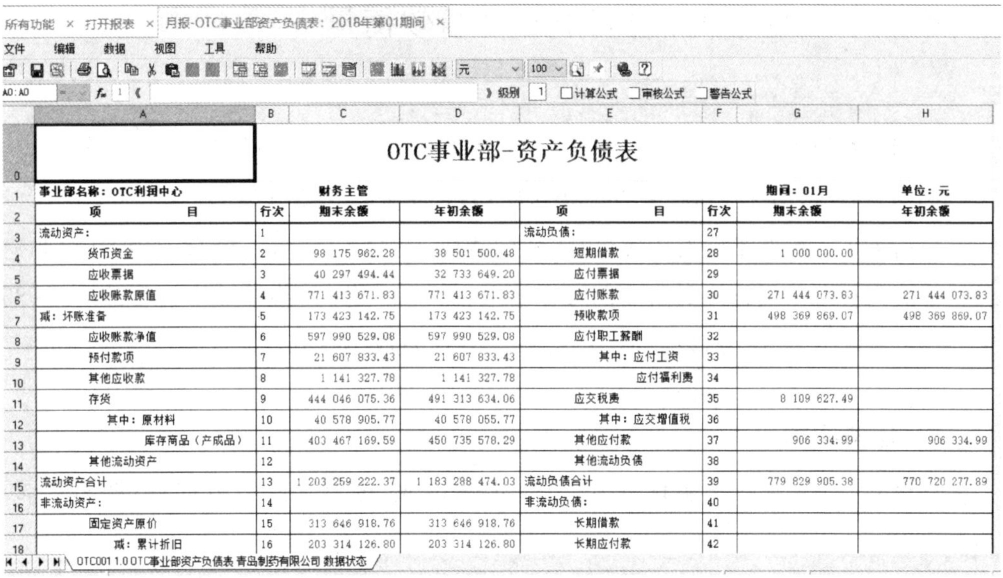

OTC事业部-资产负债表

事业部名称：OTC利润中心　　财务主管　　期间：01月　　单位：元

项目	行次	期末余额	年初余额	项目	行次	期末余额	年初余额
流动资产：	1			流动负债：	27		
货币资金	2	98 175 962.28	38 501 500.48	短期借款	28	1 000 000.00	
应收票据	3	40 297 494.44	32 733 649.20	应付票据	29		
应收账款原值	4	771 413 671.83	771 413 671.83	应付账款	30	271 444 073.83	271 444 073.83
减：坏账准备	5	173 423 142.75	173 423 142.75	预收款项	31	498 369 869.07	498 369 869.07
应收账款净值	6	597 990 529.08	597 990 529.08	应付职工薪酬	32		
预付款项	7	21 607 833.43	21 607 833.43	其中：应付工资	33		
其他应收款	8	1 141 327.78	1 141 327.78	应付福利费	34		
存货	9	444 046 075.36	491 313 634.06	应交税费	35	8 109 627.49	
其中：原材料	10	40 578 905.77	40 578 055.77	其中：应交增值税	36		
库存商品（产成品）	11	403 467 169.59	450 735 578.29	其他应付款	37	906 334.99	906 334.99
其他流动资产	12			其他流动负债	38		
流动资产合计	13	1 203 259 222.37	1 183 288 474.03	流动负债合计	39	779 829 905.38	770 720 277.89
非流动资产：	14			非流动负债：	40		
固定资产原价	15	313 646 918.76	313 646 918.76	长期借款	41		
减：累计折旧	16	203 314 126.80	203 314 126.80	长期应付款	42		

图 7—23　查看、分析资产负债表

第二步：利润表计算、查看；与外账、内账对比分析；分析 OTC 事业部给公司带来的收入、毛利、营业利润、费用占比等，如图 7—24 所示。

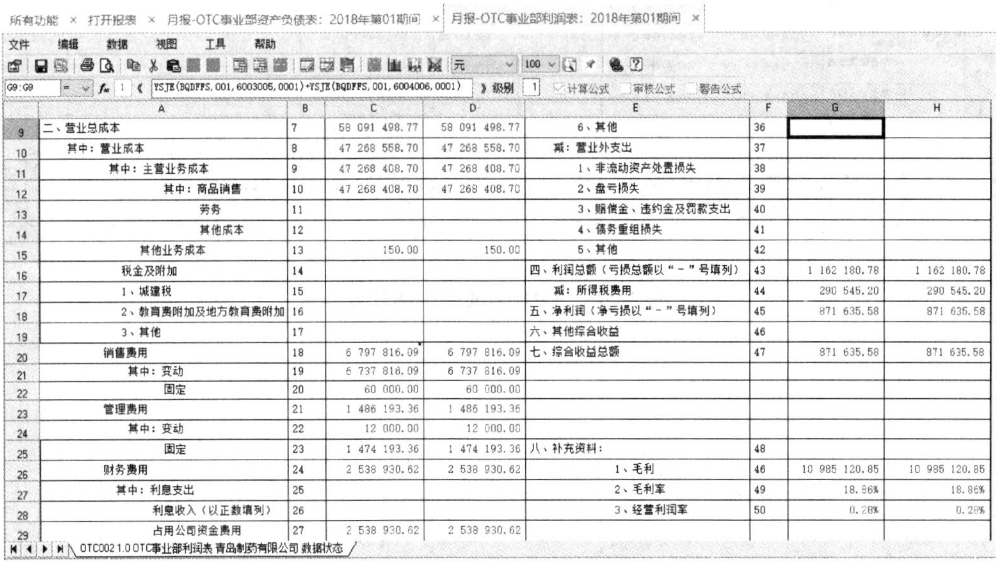

二、营业总成本	7	58 091 498.77	58 091 498.77	6、其他	36		
其中：营业成本	8	47 268 558.70	47 268 558.70	减：营业外支出	37		
其中：主营业务成本	9	47 268 408.70	47 268 408.70	1、非流动资产处置损失	38		
其中：商品销售	10	47 268 408.70	47 268 408.70	2、盘亏损失	39		
劳务	11			3、赔偿金、违约金及罚款支出	40		
其他成本	12			4、债务重组损失	41		
其他业务成本	13	150.00	150.00	5、其他	42		
税金及附加	14			四、利润总额（亏损总额以“-”号填列）	43	1 162 180.78	1 162 180.78
1、城建税	15			减：所得税费用	44	290 545.20	290 545.20
2、教育费附加及地方教育费附加	16			五、净利润（净亏损以“-”号填列）	45	871 635.58	871 635.58
3、其他	17			六、其他综合收益	46		
销售费用	18	6 797 816.09	6 797 816.09	七、综合收益总额	47	871 635.58	871 635.58
其中：变动	19	6 737 816.09	6 737 816.09				
固定	20	60 000.00	60 000.00				
管理费用	21	1 486 193.36	1 486 193.36				
其中：变动	22	12 000.00	12 000.00				
固定	23	1 474 193.36	1 474 193.36	八、补充资料：	48		
财务费用	24	2 538 930.62	2 538 930.62	1、毛利	46	10 985 120.85	10 985 120.85
其中：利息支出	25			2、毛利率	49	18.86%	18.86%
利息收入（以正数填列）	26			3、经营利润率	50	0.28%	0.28%
占用公司资金费用	27	2 538 930.62	2 538 930.62				

图 7—24　查看、分析利润表

第八节　场景七：利润中心之绩效衡量

一、任务描述

2018年1月31日，利润中心会计计算OTC事业部平衡计分卡。

分析OTC事业部收入达成、边际利润达成、人均产能达成、资金占用，并对非财务指标进行打分。最终出具事业部考评结果，低于75分，年终绩效不再发放；75～85分，发放80%；85～95分，发放90%；95～100分，发放100%。

二、任务实施

计算OTC事业部平衡计分卡，分析指标达成，进行实际打分评价，如图7—25所示。

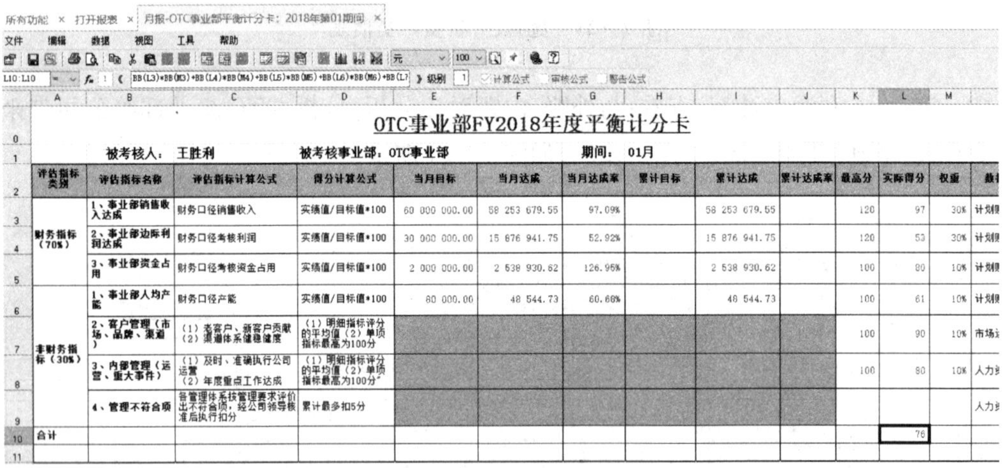

OTC事业部FY2018年度平衡计分卡

被考核人：王胜利　　被考核事业部：OTC事业部　　期间：01月

评估指标类别	评估指标名称	评估指标计算公式	得分计算公式	当月目标	当月达成	当月达成率	累计目标	累计达成	累计达成率	最高分	实际得分	权重	数
财务指标（70%）	1、事业部销售收入达成	财务口径销售收入	实绩值/目标值*100	60 000 000.00	58 253 679.55	97.09%		58 253 679.55		120	97	30%	计划
	2、事业部边际利润达成	财务口径考核利润	实绩值/目标值*100	30 000 000.00	15 876 941.75	52.92%		15 876 941.75		120	53	30%	计划
	3、事业部资金占用	财务口径考核资金占用	实绩值/目标值*100	2 000 000.00	2 538 930.62	126.95%		2 538 930.62		100	80	10%	计划
非财务指标（30%）	1、事业部人均产能	财务口径产能	实绩值/目标值*100	80 000.00	48 544.73	60.68%		48 544.73		100	61	10%	计划
	2、客户管理（市场、品牌、渠道）	（1）老客户、新客户贡献（2）渠道体系健稳健度	（1）明细指标评分的平均值（2）单项指标最高为100分							100	90	10%	市场
	3、内部管理（运营、重大事件）	（1）及时、准确执行公司运营（2）年度重点工作达成	（1）明细指标评分的平均值（2）单项指标最高为100分							100	80	10%	人力
	4、管理不符合项	各管理体系按管理要求评价出不符合项，经公司领导核准后执行扣分	累计最多扣5分										人力
合计											76		

图7—25　OTC事业部平衡计分卡

第八章　主题五：集团财务

第一节　相关知识

一、集团财务管理

财务管理功能是企业集团总部最传统的功能之一，一般包括确定集团整体财务战略、指导下属企业的财务管理活动、统一规范集团会计与财务制度、考核监督下属企业财务管理绩效等。

（一）集团财务管理功能

集团财务管理功能主要包括：

1. 确定集团财务战略

集团财务战略是指将集团内各个独立经营的子公司，通过统一的融资、筹资、营运、分配等战略目标整合在一起，以此来确立集团作为一个整体的财务战略目标，引领各子公司的财务行为。

2. 统一规范财务管理与会计核算制度

集团作为一个统一的会计主体，建立全集团适用的财务管理制度和会计核算制度是基本条件，也是有效规范集团内部关联交易的重要保障。规范制度不仅包括制度的制定、发布，还包括处理流程的一致性。

3. 财务绩效评价

作为总部对下属企业的考核内容之一，财务绩效评价有其业务特点和独立性，也是总部管控职能的重要环节。财务绩效评价应当结合上述集团总部管理功能的有效性来实施，例如财务战略是否贯彻落实、财务管理与会计核算制度是否规范等。

（二）集团财务管理模式及要求

集团总部为了实现集团整体目标，需要对子公司的财务活动和财务关系进行制度安排和行为控制，在集团内部建立相适应的财务管理模式。一般而言，企业集团的财务管理体制有三种模式：集权型财务管理模式、分权型财务管理模式、集权和分权结合型财务管理模式。

集团公司在宏观政策和形势指导下，应建立健全各项财务管理制度，督促成员子公司各行其职、各保其效，并建立确保资本保值、增值的一系列约束机制。

1. 对各类资产进行监督管理，控制资金流向

技术项目由集团总部统一规划，各子公司具体组织实施，实行"项目负责制"或"项目承包制"，讲求投资报酬率；集团成员子公司日常合理的、规定限额以内的资产损失，经过健全的审批手续，可由其自行处理；对超出限额的资产损失，必须由成员子公司提出处理意见，报集团总部审批后统一处理；成员子公司对外投资的各类财产，必须在进行可行性研究的前提下，报集团总部批准；成员子公司不得对外提供经济担保。

2. 集团总部要根据新会计准则规定，制定本集团的管理办法

各成员子公司根据集团公司规定制定实施细则，报集团总部备案。其执行情况由集团总部每半年组织一次检查，实行定期检查与日常指导相结合的管理办法。

3. 建立财务报告制度，设计财务指标考核体系

集团应建立一套内部核算评价体系及一系列内部报表及考核指标。要求各成员子公司都要按月、季、年向集团总部报送财务会计报表，并保证其真实性、合法性和完整性，年报要在集团公司指定的统一会计师事务所进行年审；子公司要随报表编写财务报告说明，尤其是对一些期后事项、或有负债、或有损失等，都要向集团总部说明清楚；定期评价子公司整体经营情况，检验预算执行情况并找出存在的问题及其原因，从而改善措施，以保证生产经营目标的顺利进行。

集团财务管理应以先进的计算机技术为手段，采用先进的财务管理软件，达到统一计算机平台、统一财务制度、统一信息及业务编码、统一管理、统一监督"的业财一体化要求，实现财务系统与销售、供应、生产等系统的信息集成和数据共享。

通过企业内部局域网或互联网，使集团公司可随时汇集各子公司财务信息，全面控制各家子公司的经营情况，及时发现存在的问题，减少子公司的经营风险和制止子公司的资产流失，实现高效信息化管理，保障财务会计信息传递的效率和质量，提高管理决策的水平。

二、合并报表的编制

合并报表是指用于综合反映以产权关系为纽带构成的企业集团的整体财务状况、经营成果和资金流转情况的会计报表，是反映企业集团内部抵消往来账项后的合并财务状况以及企业经营成果的报表。

合并财务报表由集团母公司编制，会计主体是包含母子公司的集团企业，为满足

股东和管理上的需要,将整个集团公司视为单一的经济实体,反映集团整体财务状况。合并财务报表的基本组成部分包括合并资产负债表、合并利润表、合并现金流量表、合并所有者权益变动表和附注。合并财务报表是“实质重于形式”这一会计指南在财务报表准则中的具体应用。

编制合并会计报表,首先就必须确定其合并范围。合并会计报表的合并范围是指纳入合并会计报表的子公司的范围,主要明确哪些子公司应当包括在合并会计报表编报范围之内,哪些子公司应当排除在合并会计报表编报范围之外。可根据我国《企业会计准则第 33 号——合并财务报表》的规定确定合并会计报表的范围。

(一)合并财务报表编制方法

如果一家企业要想得到另一家企业的有表决权的股份,可以通过两种途径实现:其中一种是用现金、票据、债券、其他资产等或优先股去收购对方的股份;另一种是用持有的普通股票去交换对方持有的相应普通股,从而实现双方股权的合并。因此,公司可分别采用购买法和权益结合法来编制合并报表。

1. 购买法

购买法是企业合并业务会计处理方法之一。购买法把购买企业获取被并企业净资产的行为视为资产交易行为,即将企业合并视为购买企业以一定的价款购进被并企业的机器设备、存货等资产项目,同时承担该企业的所有负债的行为,从而按合并时的公允价值计量被并企业的净资产,将投资成本(购买价格)超过净资产公允价值的差额确认为商誉的会计方法。

购买法的主要特点有:

(1)既然是买卖交易,购买方就应该按照历史成本原则以实际取得的成本入账,取得的成本也要按合并日的公允价值,分配给所取得的资产和负债。

(2)如果合并成本超过取得的净资产的公允价值,则超过部分应列为商誉,当在控股合并方式下,商誉不在母公司的个别财务报表上体现,只在合并资产负债表上体现,商誉代表的是合并中取得的由于不符合确认条件而未予确认的资产以及被购买方有关资产产生的协同效应或合并盈利能力。

(3)购买企业的利润包括当年本身实现的利润以及被并企业合并后所实现的利润。

(4)直接相关费用与权益结合法一样,直接计入当期损益。

2. 权益结合法

权益结合法处理合并业务时是与购买法基于不同的假设,即视企业合并为参与合并的双方,通过股权交换形成的所有者权益的联合,而非资产的交易,而且合并后,股东在新企业中的股权相对不变,任何一方都不能认定为购买方。换言之,它是由两个或两个以上经营主体对一个联合后的企业或集团公司开展经营活动的资产贡献，即经济资源的联合。

在权益结合法中，原所有者权益继续存在，以前会计基础保持不变。参与合并的各企业的资产和负债继续按其原来的账面价值记录，合并后企业的利润包括合并日之前本年度已实现的利润，以前年度累积的留存利润也应予以合并。

权益结合法会计处理的基本原理如下：

(1)参与合并的各企业资产、负债按照其原来的账面价值入账，且不产生新的资产和负债，由于这种行为不是一种购买行为，也就不存在购买价格，没有产生新的计价基础，因此参与合并企业的净资产不宜以合并时的公允价值入账，而应以原来的账面价值入账，权益结合法下也要确定被并企业净资产公允价值的主要目的不是确定商誉，而是确定交换股票的数量。

(2)应当在合并日按照取得被合并方所有者权益账面价值的份额作为长期股权投资的初始投资成本。

(3)长期股权投资初始投资成本与支付的现金、转让的非现金资产以及所承担债务账面价值之间的差额，不作为资产处置损益，不影响当期利润表，应当调整所有权权益项目；资本公积(资本溢价或股本溢价)不足冲减的，调整留存收益。

(4)直接相关费用计入当期损益。

(5)不管企业合并发生在会计年度的哪一个时点，参与合并企业的整个损益和该年度的留存收益都应包括在合并后的企业中。

(二)合并财务报表编制原则

合并会计报表编制除了要符合一般会计报表的编制原则外，还应当遵循以下原则和要求：

1. 一体性原则

一体性原则是指合并会计报表将纳入合并范围的各成员企业视为一个会计主体，并以此为基础来处理有关内部会计事务，合并会计报表的编制主要通过抵消分录和抵消内部会计事项的影响来完成。

2. 个别会计报表原则

个别会计报表原则是指合并会计报表必须纳入合并范围内各成员企业的个别会计报表，运用相关方法进行编制。

3. 重要性原则

由于合并会计报表涉及的法人主体较多、合并范围较广，因此重要性原则的运用较之个别会计报表更为必要，主要可从如下两方面理解：一方面，对于重要的经济业务，应当单独反映，以便为决策者提供相关的重要信息；另一方面，对于不影响大局的一般性事项，可以进行适当取舍。

（三）合并财务报表编制程序

1. 统一会计政策和会计期间

财会人员在编制合并财务报表之前，一方面应使所有子公司采用的会计政策和会计期间一样，另一方面也要使母公司和子公司采用的会计政策和会计期间一样。具体做法为：母公司采用的会计政策与子公司不统一的，应当使子公司根据母公司的会计政策进行适当的调整，保证一致；调整有难度的，子公司可以根据相关准则，以母公司的会计政策为依据，自行编制财务报表；母公司采用的会计期间与子公司不统一的，应当使子公司根据母公司的会计期间进行适当的调整，保持一致；调整有难度的，子公司可以根据相关准则，以母公司的会计期间为依据，自行编制财务报表。

2. 编制合并工作底稿

合并工作底稿的作用是为合并财务报表的编制提供基础。在合并工作底稿中，对母公司和子公司的个别财务报表各项目的金额进行汇总和抵消处理，最终计算得出合并财务报表各项目的合并金额。

3. 编制调整分录和抵消分录

在合并工作底稿中，编制调整分录和抵消分录是编制合并财务报表关键的一步。也就是说，抵消集团企业因内部交易对合并财务报表一部分项目造成的影响。在合并工作底稿中编制的调整分录和抵消分录，借记或贷记的均为财务报表项目（即资产负债表项目、利润表项目、现金流量表项目和所有者权益变动表项目），而不是具体的会计科目。例如，在涉及调整或抵消固定资产折旧、固定资产减值准备等均通过资产负债表中的“固定资产”项目，而不是“累计折旧”“固定资产减值准备”等科目来进行调整和抵消。

4. 计算合并财务报表各项目的合并金额

在母公司和子公司个别财务报表各项目加总金额的基础上，分别计算出合并财务报表中各资产项目、负债项目、所有者权益项目、收入项目和费用项目等的合并金额。

5. 填列合并财务报表

根据合并工作底稿中计算出的资产、负债、所有者权益、收入、费用类以及现金流量表中各项目的合并金额，填列生成正式的合并财务报表。

三、系统概述

在深化企业改革的进程中，企业集团已成为我国国民经济中最为主要的经济主体。纵观国内企业集团的财务管理状况，目前都或多或少地存在以下问题——财务信息失真、集团监管乏力、“信息孤岛”现象严重、标准化程度差、财务信息披露迟缓等，因此借助信息技术构建集团统一的财务核算管理平台，实现集团财务的集中管理，提升管理效能，成为集团企业进行信息化建设的首要目标。

浪潮 GS 集团财务管理面向大中型集团企业，协助企业在集团范围内搭建统一集中的财务管理系统平台，支撑所属单位的会计核算与财务管理工作。该产品能够帮助集团各下属企业进行日常的财务核算、财务管理，对外提供财务会计信息，更有效地支持集团的财务监控，进而支持集团经营业务的协同增效；通过实施可控制的标准化与规范化会计流程，满足集团和子公司对外、对内的会计信息需求，及时形成符合投资人与内部管理者需求的合并财务报告；规范会计核算，忠实记录业务活动、资产状态和经营成果，为业绩考核提供数据支持。浪潮 GS 财务会计产品包括总账、辅助核算、应收应付、固定资产、存货核算、往来管理、出纳和支票管理等模块，如图 8—1 所示。

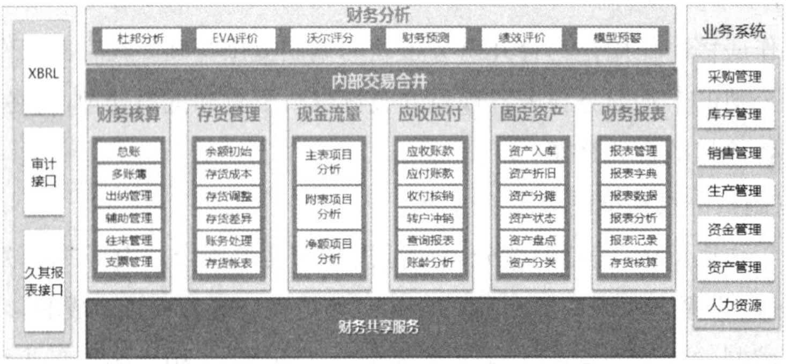

图 8—1 浪潮的集团财务管理框架

四、功能介绍

(一)总账

1. 凭证

(1)制单。制单就是编制凭证，是由会计人员按照会计准则、根据原始单据，将发生的业务通过会计凭证记录下来的过程。支持共享中心和法人一套账等不同业务模式；支持军工保密、审计日志。

(2)批准。一般单位会计业务都有其规范性，因而在日常填制记账凭证的过程中，经常会有许多记账凭证完全相同或大部分分录相同。

在批准中，中间区域为需要进行批准处理的所有凭证信息，通过凭证过滤中的选项过滤需要批准的凭证，凭证分录显示所勾选分录的分录信息，勾选多张凭证时，显示最后一张凭证的信息。

(3)审核。该功能实现对没有复核的凭证进行复核确认或对已经复核通过的凭证取消复核。本功能既可以单张复核记账凭证，又可以成批复核凭证。凭证复核是凭证记账的基础，未经复核的凭证不能进行记账。

(4)凭证查询。本功能实现对一定日期范围内各种状态凭证的查询。

(5)凭证打印。本功能实现将记账凭证、凭证分录列表或原始凭证通过打印机以纸介质的形式打印输出。

(6)记账。该功能主要完成对复核通过的记账凭证进行记账或对记账通过的凭证取消记账。制单就是编制凭证，是由会计人员按照会计准则，根据原始单据，将发生的业务通过会计凭证记录下来的过程。

(7)引入。引入就是将其他系统中的信息引入浪潮 GS 管理软件系统当中。该功能是本系统与其他软件系统的接口，通过定义对应关系，将其他系统产生的数据转入本系统中，这样可以最大限度地利用凭证资源。

(8)转出。该功能可以将指定日期、指定范围及其他条件的凭证按照所选定的格式保存在系统外的指定路径下。

(9)凭证汇总表。本功能实现对指定会计期间的指定范围、指定类型或全部凭证进行汇总，并将汇总结果进行显示和打印。

(10)对方科目汇总表。本功能实现查询指定期间内，与指定会计科目发生业务的科目，并将汇总结果进行显示和打印。

(11)出纳签字。由于对企业当中现金流入与支出的严格管理，企业往往需要进行对相关凭证的出纳签字工作。出纳人员可通过出纳签字功能对制单员填制的带有现金银行科目的凭证进行检查核对。审核和出纳签字的先后顺序，可通过系统设置中的参数进行控制。

出纳签字支持共享中心和法人一套账等不同业务模式；支持军工保密、审计日志。

(12)凭证号整理。当凭证编号出现空号的时候，需要进行凭证号整理，将相应的空号补齐。凭证号整理支持共享中心和法人一套账等不同业务模式；支持军工保密、审计日志。

(13)共享中心审核。本功能支持核算组织对该职责下有权限的所有单位的凭证单据进行批量审核。

(14)共享中心记账。本功能支持核算组织对该职责下有权限的所有单位的凭证单据进行批量记账。

2. 账表

(1)科目余额表。此功能完成选定科目的年初余额、期初余额、本期发生、本年累计、期末余额等账务数据的查询及打印，用于静态显示所选定账户的财务数据信息。

(2)总账。通过总账，主要可以查询任意期间的余额、本期或本年累计发生数，也可查询未记账凭证，即虚拟记账查询。

可以从总账余额直接联查到明细账，从明细账联查到每一张凭证。

(3)三栏式明细账。三栏式明细账查询是日常账务查询中使用最频繁的功能，能进行各级会计明细科目的明细账查询、显示和预览打印。主要可以查询各级科目的期初余额、各月借贷方发生额合计和期末余额，也可以查询已记账凭证数据和未记账凭证数据。

(4)多栏式明细账。查询任意一级明细科目的发生情况，查询的方式与三栏账不同，是以多栏账的格式，把指定科目的下级作为分析栏目形成多栏账。多栏账的查询可以分为借方多栏账、贷方多栏账以及借贷多栏账。

(5)序时账。序时账是以会计分录的形式序时记录每一笔经济业务信息。

(6)原始凭证汇总。此功能实现汇总自定义的原始凭证中的数据查询。

(7)科目日均余额表。科目日均余额表是对科目余额表功能的进一步细化，可以查询某一科目在某个阶段内的每日余额情况。

(8)原始凭证台账。本功能实现对一定日期范围内各种状态的原始凭证的查询。

(9)账务状态查询。本功能实现查询指定期间内，凭证状态信息汇总和账表状态汇总。

(10)科目(辅助)余额查询。此功能完成选定科目及其核算的各个辅助的年初余额、期初余额、本期发生、本年累计、期末余额等账务数据的查询及打印，用于静态显示所选定账户的财务数据信息。

通过科目(辅助)余额查询，主要可以查询：

①查询相关账务信息，由余额表联查明细账，再联查到凭证。

②如果选定的科目行是科目辅助项信息，可以根据其辅助项作为条件过滤联查明细账。

③查询任意一级科目的余额，可以是本年任意会计期间的发生情况，包括数量和外币。

④包含未记账凭证，即实现虚拟查询。

3. 正式账页

正式账页用于账务所涉及的各类标准账页的打印。与各具体账页查询不同，正式账页是需要正式保存的账页，而在具体账表中显示的账页一般作为临时查询使用。如果是第一次打印正式账页，首先需要完成正式账页格式的定义。

账务账页提供的账页格式包括：总账，日记账(现金、银行存款、其他日记账)，三栏账(科目、部门、项目、任意、单位、个人、产品三栏账)，多栏账(科目、部门分析科目、科目分析部门、项目分析科目、科目分析项目、产品分析科目、科目分析产品多栏账)。

4. 出纳

(1)现金日记账。本功能用于查询、打印输出现金日记账。在使用本功能之前，必须预先在科目设置功能中将科目的现金属性设置为“现金”，并设置为日记账。

(2)银行日记账。本功能实现银行存款日记账的查询。在使用本功能以前，必须预先在科目设置功能中定义银行存款，科目的现金属性设置为“银行存款”，并设置为日本功能实现银行存款日记账的查询。在使用本功能以前，必须预先在科目设置功能中定义银行存款，科目的现金属性设置为“银行存款”，并设置为日记账。

(3)资金日报表。本功能用于查询现金日记账科目和银行存款日记账科目某日的发生额及余额，提供资金每日进出及余额情况。

(4)结算号录入。该功能实现银行存款日记账结算号的输入。由于在凭证制作时涉及银行存款科目的记账凭证，结算号并不要求必须输入，这样对于没有输入结算号的银行存款日记账，系统无法进行银行对账，该项功能提供了对该信息的输入。

(5)支票管理。在手工记账时，银行出纳员通常建立支票领用登记簿，用于登记支票领用情况。为便于出纳员对支票的管理，系统设置该功能用于详细登记支票领用日期、部门、领用人、用途等信息。

(6)银行科目设置。设置银行科目对应的辅助项目。通常将每个银行账户定义一个科目，当银行账户很多时，银行科目下的明细科目也会过多。为简化科目，便于汇总银行账目，可设置几个主要银行科目(例如工行、建行等)，把具体账户作为辅助项目，然后按照科目、辅助项目和币种对账。若银行账户不多，可不必设置辅助项目。

(7)银行对账初始。为了保证银行对账的正确性，在使用银行对账功能进行对账之前，必须先将日记账、银行对账单未达账项录入到系统中。通常许多用户在使用账务处理系统时，并不使用银行对账模块，也就是说，在使用银行对账功能之前已经有账务数据产生，因此用户应在此录入最近一次对账时企业方与银行方的调整前余额，以及启用日期之前的单位日记账和银行对账单的未达项，等所有未达账录入正确后启用对账功能。

本功能只需在开始使用银行存款对账功能之前执行一次，但之后也可以再次进行初始化。

(8)录入对账单。本功能用于平时录入银行对账单。即通过录入界面，由用户根据银行送来的纸面对账单录入。

(9)银行对账。该功能是采用自动对账与手工对账相结合的方式核对银行存款日记账与银行对账单。自动对账是计算机根据对账依据自动进行核对、勾销的过程，对账依据由用户根据需要选择，方向一致、金额相同(或方向相反、金额互为相反数)是必选条件，其他可选条件为结算单据号相同、结算方式相同、日期在多少天之内等。对于已核对相符的银行业务，系统将自动在银行存款日记账和银行对账单双方写上相同的对账序号，并视为已达账项。对于对账序号为0的银行存款日记账和银行对账单，系统则视其为未达账项。

(10)查询相对符记录。本功能用于查询银行对账后的核对相符的分录。

(11)生成余额调整表。本功能用于生成余额调整表。

(12)调整表历史查询。本功能是用于在查询余额调整表时保存的查询结果。

(13)撤销读入日记账。该功能适用于银行账户已经进行对账初始启用，并且已经进行单位账读入操作的普通单位。

(14)对账单导入。本功能是用于导入银行提供的对账单。选择要导入的科目编号，如果有辅助或外币核算，选择好对应的项目。如果导入的文件中的内容与实际要导入的内容不一致，要做一下转换，这时通过项目原值——转入值对应进行规则转换。

(15)查询全部相对符记录。本功能用于查询银行对账后的核对相符的分录。支持共享中心模式，通过单位帮助进行单位切换，允许选择普通单位及法人实体单位，不考虑对账封存情况，只按照时间维度进行查询。

5. 期末处理

(1)规则凭证定义。根据企业的实际转账需求，定义可以自动转账的凭证，包括凭证类型、摘要、分录及金额公式，其中关键部分是分录及金额公式。也可以定义多张自动转账凭证。

(2)结转凭证定义。主要完成对应结转的凭证的定义，对于月末结转凭证，有规律且简单，通过规则凭证定义功能虽然也能完成，但操作显得过于复杂，因此提供该功能完成那些简单的科目对科目结转的凭证的定义。如收入、费用结转本年利润等。

(3)调汇凭证定义。对于使用外币业务核算的企业，在每个会计期末都需要进行汇兑损益的处理。由于各企业在进行调汇时所涉及的账户不同，所以首先需要进行调汇凭证的定义。通过调汇凭证定义功能定义好需要处理的调汇凭证，自动生成相应的调汇凭证。

(4)规则凭证生成。在每个会计期末，需要填制结转凭证，而部分结转凭证是可以自动计算生成的，在自动生成这类凭证时，应考虑凭证生成的条件是否成熟。

(5)结转凭证生成。根据定义的结转凭证自动生成相关凭证。登录的用户只能定义和生成本公司的结转凭证。

(6)调汇凭证生成。如果你已经通过调汇凭证定义功能定义好需要处理的调汇凭证，则在此自动生成相应的调汇凭证即可。

(7)平衡检查。在每个会计期末，需要对账务资料进行平衡检查，包括：总账与明细账、总账与部门账、总账与专项账、总账与个人账、总账与应收应付账、总账与产品账之间的相互平衡检查。

这一功能由系统自动执行，并返回检查结果。

（8）月末结转。当一个会计核算周期结束时，需要对本月的账务资料进行月末结转处理，即所说的封账。财务软件提供的月末结转功能就是完成封账需求，所以它是每月账务处理的最后一步操作，也是必须进行的一步操作。

（9）年末结转。主要完成本公司账务辅助余额结转至下年。在本年的业务数据结转至下年之前，要先运行初始下年功能。

（10）会计期间维护。会计期间分为未来的、打开的、关闭的和永久关闭的四种状态。只有打开的会计期间可以进行日常业务，即输入凭证和记账。

（11）实时余额同步。实时余额同步是将初始及记账的科目余额、辅助余额，以后制单时将在此数据基础上进行实时记账；此操作的前提是系统用户设置“凭证实时记账”选项；此操作可以多次进行，每次操作都会使用余额表数据覆盖实时余额表数据。

6. 支票管理

（1）支票类型定义。在支票定义之前先要对支票类型进行定义，支票类型与支票种类并不相同，支票类型是为了方便管理支票而设置的，表示对支票所属的一种大致分类。

（2）支票定义。在支票类型定义完成后，可以在选择支票类型下进行支票定义。由于支票的银行账号和科目等会有所不同，因此需要对支票的信息进行定义。

（3）购入支票管理。当购入支票后需要对支票的启用与否进行管理。

（4）支票开票。支票开票是依据凭证单据生成支票的功能。可以根据凭证的凭证期间、科目、结算方式或者状态过滤出符合条件的凭证。然后生成凭证对应的支票，生成的支票可以进行预览和打印。

（5）支票核销。先领用空白支票，然后根据凭证开具支票的业务。

（6）支票查询。用于查询购入的已启用的支票，可以输入过滤条件查询需要的支票信息。

（7）支票管理。在手工记账时，银行出纳员通常建立支票领用登记簿，用于登记支票领用情况。为便于出纳员对支票的管理，系统设置该功能用于详细登记支票领用日期、部门、领用人、用途等信息。

（8）支票签章。对已开票的支票进行签章操作。

7. 多账簿

（1）账簿科目映射。账簿科目映射用于定义主副账簿间科目的对应关系，当数据在主副账簿间进行共享时，提供进行科目转换操作的依据。此映射关系只定义有差异的情况，对于没有转换要求的科目不需要定义映射关系。

本功能定义副账簿与主账簿科目的对应关系，以副账簿为对应标准，对应关系有以下三种：

①汇总定义把多个主账簿科目对应到一个副账簿科目，形成汇总关系。

②分拆定义把一个主账簿科目对应到多个副账簿科目，并设定各副账簿科目的分拆比例。

③对应定义是主账簿和副账簿科目一对一的对应关系。

a. 其中汇总定义和对应定义在副账→主账中定义，分拆定义在主账→副账中定义。

b. 一对一的科目，若科目编号相同，可以不定义，系统默认对应关系。只定义汇总、拆分及特殊的一对一映射即可。若不定义对应关系，则系统默认为所有科目一对一对应。

（2）科目映射引用。引用其他副账单位已经定义的账簿科目映射，方便日常操作。

（3）账簿数据共享。不同账簿中的处理对应的是同一种业务，因此，需要在主账中完成业务的录入，共享到副账，然后根据核算规则的差异，在共享时或者共享后进行调整。

账簿数据共享可从以下三个方面完成：

①在主账中通过“账簿数据共享”完成。此功能通过账簿数据共享完成对一定条件范围内凭证的共享。

②在主账凭证录入完成后，共享给副账。此功能通过制单界面直接完成对当前凭证的共享。

③在业务生成凭证时，根据核算规则，同时生成到多个单位，该部分是通过凭证接口来实现的。

（4）共享日志查询。查询主副账簿间数据共享的记录。

（5）基础数据同步。主账簿基础数据同步给副账簿。

8. 基础数据

（1）集团科目定义。集团层面的科目定义是指全集团构架下所有单位都可以直接使用的公共科目。一般而言，总账科目都是由集团系统管理员统一定义的公共科目。不允许在普通公司定义的私有科目下级增加公共科目。

（2）集团科目核算关系定义。定义科目的核算关系，包括产品、专项、部门、往来单位、个人等核算。此处确定的核算关系，是按照账集予以确定的公共核算关系，组织构架下所有使用该账集的单位都将继承使用。

（3）科目体系映射。科目体系映射用于设置全集团所定义的各个科目体系的科目之间的对应关系。在整个集团中的不同单位可能采用不同的科目体系，当合并公司的科目体系与下级单位的科目体系不一致时,需要通过设定的映射关系,将普通公司的科目映射至上级合并公司的科目中。要求在合并公司的明细科目上定义映射关系,下级公司的科目应被上级公司的科目所涵盖。

(4)集团年度映射。系统的大部分字典数据都是按年度存放,例如科目、币种、结算方式、组织关系、专项核算、产品等,每个年度只存放一年的字典数据。不同年度,这些字典允许进行变化,例如结构可以不同。为了能够连续地反映企业的经营数据,需要在两个年度之间建立对应关系,包括科目、产品、项目。

(5)集团核算组合限制。为了减少组合关系、减少系统使用的复杂度,需要定义出公司与科目、部门、单位、项目、个人之间的核算关系以及限制方式。这样在凭证输入时便能根据核算关系确定输入的内容,根据限制方式检查输入是否正确,集团核算组合限制只显示集团定义的数据。

(6)公司科目定义。普通公司层面的科目定义是指除了集团系统管理员定义的公共科目外,权限范围下当前普通公司另外还需要使用的私有科目。若普通公司需要添加其私有科目,必须由集团系统管理员在科目定义时设置参数,以允许普通公司增加下级科目。

(7)公司核算关系定义。普通公司层面的科目核算关系定义包括对本单位增加的私有科目的核算关系定义以及对继承使用科目的特殊核算关系定义。因此,此处的核算关系是在继承账集核算关系的基础之上,对于某一单位特有的核算关系的定义。

(8)公司年度映射定义。系统的大部分字典数据都是按年度存放的,例如科目、币种、结算方式、组织关系、专项核算、产品、往来单位等,它们在同一年度内都只存在一份这样的数据,而在不同年度,它们可以有很大的不同,例如结构可以不同、同一含义编号可以不同。由于不同年度之间,这些项目可以发生很大的改变,因此需要我们在两个年度之间建立对应关系。

(9)公司核算关系组合限制。为了减少组合关系,减少系统使用的复杂度,需要定义出公司同科目、部门、单位、项目、个人之间的核算关系,以及限制方式。这样在凭证输入时便能根据核算关系确定输入的内容,根据限制方式检查输入是否正确。

(10)余额初始。即系统账户体系设立后进行的电子账户的初始状态设立,它实质上是电子账户建账工作。

(11)凭证类型定义。根据单位会计核算的需要,选择和编辑适合本单位核算需要的会计凭证类型、格式。

(12)系统设置。在系统设置界面中,左侧显示参数类别,右侧显示具体参数名称和参数值,通过是否选择复选框设置参数值。

(13)常用摘要定义。在日常填制记账凭证的过程中,因为业务的重复性发生,经常会有一些摘要完全相同或大部分相同，如果将这些常用摘要存储起来，在填制会计凭证时可随时调用，将会大大提高业务处理效率。存储的常用摘要可以在制单过程中输入摘要时直接输入摘要代码或点击鼠标右键获得帮助窗口。

(14)原始凭证定义。在制作记账凭证时，有一些记账凭证的会计分录是由多笔原始凭证构成的，这些原始凭证的数据可能以纸介质的形式存在，或者存在本软件系统的其他子系统中，或者可由其他软件系统转入。在进行记账凭证的查询中，有些单位不仅需要查看记账凭证的信息，有时还需要了解原始凭证的明细信息。

(15)凭证模板定义。一般单位会计业务都有其规范性，因而在日常填制记账凭证的过程中，经常会有许多记账凭证完全相同或大部分分录相同，如果将这些常用凭证存储起来，在填制会计凭证时可随时调用，将会大大提高业务处理效率。确切地说，凭证模板提供的是标准会计凭证样板，模板凭证被调用后，仍可修改，使其符合当时会计业务需要。

(16)批准权限定义。为了加强对大额会计业务的管理，规定不同的用户具有一定的会计业务额度范围，在制作凭证时如果超出了该范围，则需要上一级的用户来批准。在这里定义出相关的用户及其上级用户和额度范围。

(17)公司币种分配。普通公司分配所需的币种：外币、本位币。

(18)集团输出格式定义。定义凭证打印时凭证的样式，根据实际需要设计凭证格式。

(19)公司输出格式定义。定义凭证打印时凭证的样式，根据实际需要设计凭证格式。

(20)核算组织维度定义。定义核算组织维度划分，细化核算组织维度，每个核算组织维度中定义该维度包含的核算账套范围。可用于总账、辅助、往来查询时，按核算组织维度归集、汇总数据。

(二)往来

1. 个人

(1)设置个人所属部门。由于个人往来户较多，直接下设各个明细个人户，在录入凭证时容易造成串户，在查询时不能分部门查询，因此软件提供了按部门设置往来个人。

部门或内部单位的建立，是直接引用部门核算中的部门目录，若部门核算中的所设部门缺少个人往来中需要的部门，可以在组织菜单中的公司部门定义中完成。详细操作参见辅助模块部门核算。

(2)建个人往来账。在公司部门定义中录入了个人往来涉及的部门，本步骤将录入每一个部门所属的个人账户。

(3)个人往来日常数据录入。涉及“个人往来”业务的处理是通过录入记账凭证来完成的。

(4)个人余额表。查询某个或所有部门“个人往来账户”的发生情况。

如查询“市场部”每一个职工“个人往来账户”的发生情况。

(5)个人三栏账。查询某人在指定的个人往来科目中的发生情况。

2. 单位

(1)往来单位地区设置。地区类别是对往来单位按地区的一种分类，并且是分级的，在余额查询时可以根据地区进行查询。在编码帮助时，也可以根据地区进行帮助。

(2)单位类别设置。单位类别是对往来单位的一种分类，并且是分级的，在余额查询时可以根据单位类别进行查询。在编码帮助时，也可以根据单位类别进行帮助。

(3)往来单位定义。本系统中提供了两个可以定义往来单位的功能，一个是基础数据下的往来单位定义，另一个是普通用户登录下的往来单位定义。

(4)往来单位科目设置。将需要进行单位往来核算的科目设置为单位往来科目，如应收账款、应付账款、预收账款、预付账款等科目。

(5)往来单位科目余额初始。在录入“应收账款”“应付账款”等往来科目的初始余额时，也需要录入各个往来单位的初始余额。软件在录入“应收账款”等科目的余额时，首先录入各个明细往来单位的余额，自动汇总到“应收账款”科目上。

(6)往来单位业务录入。单位往来业务也是通过凭证录入。若往来科目仅仅进行了“单位往来”核算，其业务数据必须通过“制单”功能录入。

(7)单位余额表。单位余额表可以查询进行单位往来核算的科目与往来单位的各种余额发生情况。主要包括：

①查询某个往来科目在各个往来单位中的发生情况。如查询各个往来单位“应收账款”的发生情况。

②按单位类别、地区查询某个科目在各个往来单位的发生情况。如查询各个代理商“应收账款”的发生情况(按单位类别)，譬如查询山东的代理商“应收账款”的发生情况(按单位类别和地区)。

(8)单位三栏账。以三栏账的格式查询各个往来单位的账页，即某个单位的某个科目的账页，如红光厂的应收账款账页，与应收账款直接下设往来单位形成的三栏式账页相同。

(9)账龄分析。可以选择按往来单位、单位类别、地区、责任人分析往来账的账龄。可以自定义账龄分析条件，可以选择不同账龄分析条件进行分析。

(10)无发生往来单位查询。查询一定年度内没有发生额的往来单位，便于用户对往来单位进行调整。

3. 核销

(1)核销依据定义。在进行往来核销时,可能需要根据往来单位、部门、个人、产品、专项进行核销。

(2)往来单据初始。往来单据初始就是将历史年月没有核销的业务录入。

不管你是否已经开始进行日常业务处理,你都可以随时进行往来业务数据初始,进行往来账的核销。

初始时应注意,单位余额的时间必须是某个月的月初余额。例如,从建账开始就使用往来账核销,若建账时间是 2007 年 1 月,那么应输入 1 月份之前的往来单据作为初始单据;若在 5 月份开始使用往来账核销,那么应输入 5 月份之前的往来单据。

(3)往来核销启用。当往来单据初始完毕后,还需要进行往来单据的启用,保证录入单据的金额总和与往来单位的指定月份的月初余额相等。

(4)往来核销查询。查询已核销的凭证分录。

(5)余额构成分析。本功能通过自定义查询报表格式功能,可以完成各种任意余额表的查询。

可以根据本企业实际需要,把常用的分析条件保存起来,在以后查询时,直接选择定义的格式,而不必每次定义。

从未核销的往来凭证分录中统计余额的构成。

(6)结转上年数据。上一年财务结束后,进入下一年(即本年),把上年未核销完的往来单据转到本年。如果上年和本年的往来科目没有发生变化,请直接选择本年科目,然后转入。如果科目调整了,请选择[跨年度往来科目发生变化]选项,并选择上年和本年对应的往来科目,然后结转。例如,上年应收账款 1131,今年改为 1131001,则选择[上年科目]1131,[本年科目]1131001,然后转入。

(7)往来业务核销。对往来单据进行核销。

(8)往来核销记录封存。对已核销记录进行封存,且封存记录不参与取消核销。

(9)期间坏账比率定义。定义每个核销账户在不同区间的预计坏账比率。

(10)坏账计提。依据不同的分析条件进行分析并进行坏账计算,得到指定期间的预计坏账。

(三)辅助

1. 项目

(1)项目余额表。项目余额表可查询各个项目的发生及余额情况,如查询各个工程的情况。

(2)项目三栏账。本功能查询某个项目在某一个核算科目中的发生情况。

(3)项目收支明细表。查询核算项目的收入、支出情况。如查询某个项目的收入、成本情况。

(4)辅助余额表。本功能综合查询核算项目和科目的发生情况。辅助余额表是公司、科目、部门、产品、项目及单位组成的任意多维表,你可以根据实际业务需求任意设置。

(5)辅助三栏账。该功能根据选择查询条件的不同(条件主要是指选择的科目、部门、项目的不同),形成的查询结果也不同。

(6)项目完工处理。当定义了在建工程专项时,可以使用该功能,实现工程完工的处理。

在辅助模块中定义的项目完工处理,只是针对普通公司自己定义的核算项目。对于系统管理员定义的核算项目,在这里不允许进行完工处理的设置。

2. 产品

(1)产品余额表。某个核算科目在产品中的发生情况,如查询电子类产品的产品销售收入情况。如果科目核算产品又同时核算部门,查询时可以选择部门。

(2)产品收入成本表。查询产品的收支情况。在查询时可以任意选择产品,也可以任意选择科目,如查询全部产品的收入、成本、费用情况;还可以选择某一类别的产品,查询它们收入、成本、费用情况;或者可以选择收入、成本、费用中的某一项或几项,查询某一类或全部产品的情况。如果科目核算产品又同时核算部门,查询时可以选择部门。

(3)产品三栏账。以三栏账的格式查询产品的三栏账页。

(4)产品多栏账。以多栏账的格式查询产品的多栏账页。

3. 部门

(1)部门余额表。查询部门核算的余额表。

(2)部门三栏账。以三栏账的格式查询某个部门的某个科目的账页。

(3)部门多栏账。以多栏账的格式查询某个部门的某个科目的账页。

(4)部门收支明细账。查询部门的收支情况。在查询时可以任意选择科目,如查询各个销售部门的收入、成本、费用情况;也可以选择收入、成本、费用中的某一项或几项,查询某几个部门的情况。

4. 基础数据

(1)专项类别定义。使用系统用户登录设置专项核算的类别,由于不同的企业有不同的专业核算对象,例如施工企业有工程核算,研究单位有课题核算,有些单位可能还要设置固定资产核算、费用核算等。有些专项核算可能要核算累计发生,例如工程核算,一项工程可能要跨几年,需要知道工程的累计投入,像这样的核算就需要设置"结转累计"选项。

(2)集团核算项目定义。针对某一项目类别,设置其专项项目,专项项目的长度是定长的,其长度在系统设置中设定。项目是可以分级的。

(3)公司核算项目定义。本功能的核算项目定义是针对当前用户的职责对应了某一具体的公司,创建的项目都是私有项目,并且不能维护其他公司的项目。

(4)产品分类定义。对所有产品的分类,编码支持分级结构。由于产品不分级,产品类别要包括产品所有的大、中、小类。产品分类用于产品的快速定位,以及产品的分类核算,因此产品类别要完整、详细。

(5)集团产品定义。集团层面上的产品定义功能是针对整个集团来讲,所以该功能定义的产品为公有产品。对公有产品,其他公司只能使用,不能维护。但该功能对所有的产品具有维护的权限。

(6)公司产品定义。公司层面上的产品定义功能只能对登录用户所对应的某公司定义的产品有维护的权限,可以增加本公司的产品,只能对本公司定义的产品进行删除、修改,对于非本公司定义的产品只有使用的权限。

(7)集团项目完工处理。当定义了在建工程专项时,可以使用该功能,实现工程完工的处理。允许处理系统管理员定义的公有核算项目。

(8)公司项目完工处理。当定义了在建工程专项时,可以使用该功能,实现工程完工的处理。在辅助模块中定义的项目完工处理,只是针对普通公司自己定义的核算项目。对于系统管理员定义的核算项目,在这里不允许进行完工处理的设置。

(四)固定资产

1. 资产

(1)资产增加。资产增加就是在本系统中增加一张新的资产卡片,完成本月新增资产的录入。区别本月新增资产与初始资产卡片录入的标准是系统启用时间。在系统启用之前已存在的资产必须在初始时录入;在系统启用时或启用后增加的资产,在资产增加功能中完成。

卡片的录入方法与初始时录入方法完全相同。

(2)资产确认。资产确认是处理资产管理接口及资产增加中暂存资产,确认后的资产相当于资产增加。

(3)资产减少。资产减少功能,主要确认业务部门提出的资产减少申请以及财务部门直接处理减少固定资产。在资产减少过程中,往往会涉及资产清理和变卖业务发生,这些可以在资产清理与资产变卖菜单中完成。在此主要输入企业在本月减少的资产以及资产减少的原因。

(4)资产清理。企业在处置固定资产时,需要对资产进行清理,核算企业因出售、报废和毁损等原因转入清理的固定资产净值以及在清理过程中所发生的清理费用。

对此类业务,系统提供了资产清理功能。在资产清理中处理清理过程中发生的清理费用。

(5)资产变卖。企业在处置固定资产时,需要对资产进行清理,核算企业因出售、报废和毁损等原因转入清理的固定资产净值以及在清理过程中所发生的清理费用和变卖收入。对此类业务,系统提供了资产变卖功能。在资产变卖中处理所获得的变卖收入。

(6)资产变更。企业对于固定资产信息变更的处理,包括原值的重置、资产的评估、状态的变更、资产的内部调拨等业务。

(7)减值准备。当前某个固定资产,发现它的价值减少了,应该计算资产的减值准备。减值准备是当月的最后一项业务,需要在计提折旧之后计提,因此计算减值准备时要检查是否已计提折旧。如果没有计提折旧,就不允许计提减值准备。

(8)减值准备审核。对于已计提减值准备的清单进行审核。

(9)大修理记录。固定资产在使用过程中,由于各个资产部分耐用程度不同或者使用条件不同,往往造成固定资产局部损坏,为了保持固定资产的正常运转和使用,充分发挥其使用效能,就必须对其进行必要的修理,以恢复其原有的性能。

(10)资产调拨。资产在各个内部单位之间调拨,调拨时,资产的资产卡片及折旧信息都要转过去。

(11)资产调拨确认。下级单位确认合并公司的调拨资产记录。

(12)卡片打印格式定义。固定资产卡片打印前需设置卡片的打印格式。系统本身预置了部分打印格式,可以直接使用,也可以修改使用。

(13)卡片打印。打印所需的固定资产卡片。

(14)多账簿同步数据。主账簿单位对资产操作后,可使用本功能将主账簿单位的资产数据同步到副账簿单位中。

(15)资产拆分。企业对于一个固定资产卡片信息拆分成多个卡片信息业务操作处理,可以按照数量比例、金额比例拆分。

(16)资产重组。企业对于多个固定资产卡片信息组合成一个卡片信息业务操作处理。

(17)减少确认。减少确认功能,主要确认业务部门提出的或设备接口提供的资产减少申请,进行财务确认完成减少的操作。

(18)变更确认。变更确认功能,主要确认业务部门提出的或设备接口提供的资产变更申请,进行财务确认,完成变更的操作。

2. 月末

(1)工作量输入。如果资产的折旧方法采用工作量法,则每月计提折旧之前必须录入这些资产本月的工作量。

(2)计提折旧。自动计提折旧是固定资产管理系统的主要功能之一。系统根据你录入的卡片资料,每期自动计算折旧一次,计提后的折旧可根据需要再修改。

(3)部门占用量输入。如果某一项资产由两个或者两个以上的部门共同使用,并且各个部门的费用单独核算,则资产计提的折旧费用就需要根据一定的标准分摊到各部门,以正确反映各个部门的费用情况。

(4)折旧分摊。如果某一项资产由两个或者两个以上的部门共同使用,并且各个部门的费用单独核算,则资产计提的折旧费用就需要根据一定的标准分摊到各部门,以正确反映各个部门的费用情况。

(5)生成凭证。生成固定资产折旧分摊的会计凭证。

(6)月结。月末结转就是把本月的数据进行备份存档,并且将财务日期自动置为下一会计期间的日期。

(7)年结。年末结转就是把本年的数据进行备份存档,并且将财务日期自动置为下一年。

(8)取消月结。取消月末结转就是把本月已经进行结转的数据进行清除,并将财务日期自动置为上一会计期间的日期。

(9)月折旧额调整。月折旧额调整即手工调整资产的本月折旧。

(10)平衡检查。平衡检查是检查资产账和科目账是否平衡的功能。

(11)取消年结。取消年末结转就是把本年已经进行结转的数据进行清除,并将财务日期自动置为上一年度最后一个会计期间的日期。

(12)合并计提。合并计提所实现的功能是在合并公司岗下可以对下属所有普通公司进行计提折旧、折旧分摊、月结、年结的操作,并且可以批量多选同时操作。

(13)增提折旧。增提折旧所实现的功能是在当月已计提折旧后,折旧分摊完成前,对部分或全部资产进行额外的折旧计提处理。增提金额最终是记录于当月计提折旧上的,即当月折旧数据包含增提金额。

(五)合并账簿

1. 基础数据

(1)合并范围定义。定义当前抵消公司的合并范围,有哪些组织参与合并,是逐级合并还是平级合并,如果是前者则需要按树形结构建立组织的合并目录。由集团系统管理员统一设置,或当前抵消公司设置。

(2)交易类型定义。定义内部交易的交易类型,通常按交易类型来划分抵消分录。常用的交易类型有:内部往来、内部购销、内部现金流量。

(3)交易项目定义。定义交易类型中包含的交易项目,交易项目也可以看作抵消项目,一个交易类型中至少包含两个交易项目,一个是主交易方,一个是次交易方。主次方向只是相对的,没有哪个项目必须是主交易方之说。

(4)业务类型定义。如果内部交易需要从总账的制单中进行实时内部交易归集,则需要设置此业务类型。此业务类型是对制单中涉及内部交易的业务类型进行分类定义,并与内部交易建立联系。

集团公司定义业务类型及包含的分录,以及自定义项对应。抵消公司可以进入此功能,但仅可以设置此业务类型在当前抵消公司形成抵消凭证时使用的模板。普通公司可以进入此功能,但仅可以设置此业务类型在生成本公司凭证时使用的凭证模板。

(5)合并参数定义。定义内部交易合并时用到的参数,如投资比率、毛利率等。

(6)单位参数定义。定义各个单位的合并参数的取值。抵消公司可以定义各个单位的合并参数取值;普通公司也可以定义本单位的合并参数的取值,但只限于允许各单位定义的合并参数。

(7)交易来源定义。定义内部交易读取的交易来源。由集团、普通公司和抵消公司定义。

(8)公共自定义项。定义内部交易所有交易类型用到的公共自定义项。

(9)往来单位与核算组织对应。实现外部往来单位与合并范围内普通公司间对应关系的设置,支持往来单位与核算组织 N∶1 对应。

2. 交易查询

(1)内部交易查询。普通公司可以查询本单位所有的内部交易,抵消公司可以查询合并范围内任一单位的内部交易。

(2)交易对符查询。普通公司可以通过此功能查询本单位与其他单位对符的内部交易,抵消公司可以通过此功能查询合并范围内的单位相互对符的内部交易。

(3)交易未对符查询。普通公司可以通过此功能查询本单位未对符的内部交易,抵消公司可以通过此功能查询合并范围内的未对符的内部交易。

3. 交易处理

(1)内部交易初始。如果交易类型的初始打上标志,则此类型的内部交易需要进行初始。由普通公司进行操作,抵消公司可以代下级单位初始。

(2)内部交易录入。有时内部交易无法从系统内归集,或者发生单位的内部交易在本系统之外,这时可以通过内部交易录入功能,将此单位的内部交易录入。还有一种情况是,集团要求下级单位先录入内部交易,再由内部交易生成凭证。由普通公司进行操作,抵消公司可以代下级单位录入。

(3)内部交易读入。此功能根据在交易来源定义功能中定义的读入设置,可以读入内部交易。系统预置的来源主要是从报表、辅助原始凭证、辅助余额三种来源中读取。

(4)业务凭证确认。基于总账业务类型,凭证保存时实时生成的内部交易,可以通过该功能来对符交易。本方交易与对方交易确认,确认时可实时生成抵消凭证。也支持参照对方交易生成本方凭证,协同产生本方交易,同步确认。

对所定义的现金流量项目,需要根据其包含的业务内容定义这个项目需要从哪个科目获取相关的借(或贷)方数据,实际上就是定义与这个项目对应的现金及现金等价物在凭证上的对方科目。

(5)内部交易对账。录入的内部交易,读入的内部交易,或者是凭证生成的内部交易,都可以通过内部交易对账功能来对符交易。内部交易对账是一个按批对账的功能,通常由抵消公司来做,普通公司也可以用来核对与其他公司的交易。

(6)交易记录封存。将内部交易记录表中的历史年度数据,封存到另外一张表中,这样做的目的是为了减少内部交易记录表中的数据,从而提高处理内部交易的性能。

(六)合并报表

1. 基础数据

(1)公共设置。定义整个集团内部交易处理的参数。由集团系统管理员统一设置,普通公司的管理员不能对其进行操作。

(2)合并报表方式。定义整个集团内部交易处理的方式。由集团系统管理员统一设置,普通公司的管理员不能对其进行操作。

(3)合并范围定义。定义当前抵消公司的合并范围,都有哪些组织参与合并,并且是逐级合并还是平级合并,如果是前者需要按树形结构建立组织的合并目录。由集团系统管理员统一设置,或当前抵消公司设置。

(4)交易类型定义。定义内部交易的交易类型,通常按交易类型来划分抵消分录。常用的交易类型有:内部往来、内部购销、内部现金流量、上交管理费、内部利息支付等。由集团公司定义交易类型。

(5)交易项目定义。定义内部交易中的交易项目,并不一定是科目,凡是要抵消和调整的项目都可以在这里定义。本功能由集团公司定义。

(6)合并参数定义。定义内部交易合并时用到的参数,如投资比率、毛利率等。由集团公司定义。

(7)单位参数定义。定义各个单位的合并参数的取值。抵消公司可以定义各个单位的合并参数取值;普通公司也可以定义本单位的合并参数的取值,但只限于允许各单位定义的合并参数。

(8)交易来源定义。定义内部交易读取的交易来源。由集团、普通公司和抵消公司定义。

(9)公共自定义项。定义内部交易所有交易类型用到的公共自定义项。由集团公司定义。

(10)合并报表定义。定义合并报表所需的报表数据。由集团公司定义。

(11)抵消项目对符设置。定义抵消项目间的对符关系,该定义是为了自动生成抵消分录时,自动对符抵消分录。由集团公司定义。

(12)抵消模板类别定义。定义抵消模板的类别,系统默认预制一个类别。由集团公司定义。

2. 对账中心

(1)内部交易初始。如果交易类型的初始打上标志,则此类型的内部交易需要进行初始。由普通公司进行操作,抵消公司可以代下级单位初始。

(2)内部交易录入。有时内部交易无法从系统内归集,或者发生单位的内部交易在本系统之外,这时可以通过内部交易录入功能,将此单位的内部交易录入。

还有一种情况是,集团要求下级单位先录入内部交易,再由内部交易生成凭证。

(3)内部交易读入。此功能根据在交易来源定义功能中定义的读入设置,可以读入内部交易。系统预置的来源主要是从报表、辅助原始凭证、辅助余额三种来源中读取。由普通公司人员操作,抵消公司人员也可以操作。

(4)内部交易对账。录入的内部交易,读入的内部交易,或者是凭证生成的内部交易,都可以通过内部交易对账功能来对符交易。内部交易对账是一个按批对账的功能,通常由抵消公司来做,普通公司也可以用来核对与其他公司的交易。

(5)内部交易查询。普通公司查询本单位所有的内部交易,抵消公司可以查询合并范围内任一单位的内部交易。

(6)交易对符查询。普通公司可以通过此功能查询本单位与其他单位对符的内部交易,抵消公司可以通过此功能查询合并范围内的单位相互对符的内部交易。

(7)交易未对符查询。普通公司可以通过此功能查询本单位未对符的内部交易,抵消公司可以通过此功能查询合并范围内未对符的内部交易。

3. 抵消生成

(1)抵消年初数调整。用于首次使用合并报表系统时抵消数据年初数或上月累计数的录入,或者对以前年度过渡来的年初抵消数据的维护。由抵消公司定义。

(2)抵消分录录入。抵消公司可以手工录入抵消分录,或修改已经录入(或形成)的抵消分录。

(3)抵消分录模板。抵消公司可以通过此功能在交易项目定义完成后,定义抵消分录的自动形成方法。

(4)抵消分录生成。抵消公司根据抵消分录形成方法,生成抵消分录。

(5)抵消分录审核。抵消公司检查抵消分录的正确性,提供审核与取消审核功能。

(6)抵消分录汇总。抵消公司将审核通过的抵消分录按交易项目进行汇总,形成至项目余额表中;按交易项目的借贷方向进行汇总,金额登记到项目余额表中。

4. 汇总合并

(1)抵消分录查询。按指定查询条件,查询符合查询条件的抵消分录详细信息,以列表展示,并提供联查抵消凭证的功能,由抵消公司查询。

(2)抵消项目汇总查询。抵消公司查询交易项目的借贷方发生额汇总合计,一般在交易项目汇总后,执行此功能。

(3)抵消项目与报表项目对应。在交易项目定义完成后即可定义汇总报表的坐标与抵消项目的关系。根据这个抵消关系,汇总报表取出对应抵消项目的数据进行抵消,形成合并报表。由抵消公司定义。

(4)合并底稿定义。根据需要合并的报表、抵消分录、交易项目金额汇总形成合并底稿。合并底稿反映了汇总及抵消的详细过程,具有重要的参考作用。由抵消公司定义。

(5)合并底稿查询。根据需要合并的报表、抵消分录、交易项目金额汇总形成合并底稿,进行查询。由抵消公司查询。

(6)汇总报表。根据报表的汇总公式,对公式涉及的报表进行运算操作,形成汇总报表数据。由抵消公司汇总。

(7)合并报表。在形成汇总报表的基础上,进行合并处理时,按照定义的抵消项目和报表项目坐标关系,可能多个抵消项目都对应一个报表项目坐标,在处理时按照报表项目汇总处理。如果抵消关系是借方,则按照“汇总金额+借方金额-贷方金额”计算合并后的数据;如果抵消关系是贷方,则按照“汇总金额+贷方金额-借方金额”计算合并后的数据。由抵消公司定义。

5. 年末处理

(1)抵消年结。年结就是把本年的数据进行备份存档,并将本年最后一个期间的业务数据结转为下年期间。由抵消公司年结。

(2)抵消项目对应设置。定义抵消项目间的对应关系,定义对应关系后,抵消年结时会将对应项目的余额结转到被对应项目上。其中,转出的项目下一年的年初余额及期末余额都是0,转入项目的年初数是各转出项目和自身上年期末数合计。由集团公司定义。

第二节　场景一:搭建集中统一的基础设置标准化平台

一、场景描述

上云集团在 2018 年做出集团财务管控战略部署决议,要求搭建统一、集成、开放、安全的一体化信息平台,实现集团总部与下属企业资源共享与信息互通,杜绝“信息孤岛”现象。在这一平台上,集团从整体出发规划会计科目体系、往来单位体系、集团报表体系、统一编码结构等,根据规划好的体系在系统中应用,下属成员单位继承使用。2018 年年初,集团下发《上云集团 2018 年集团财务管控战略部署》红头文件,要求集团财务部统一负责,带领各分子公司业务骨干完成财务管理信息系统中系统参数及相关基础数据的规范化及统一化工作,10 个工作日内完工并评审通过。集团财务管控部署工作作为本年度各单位的一个考核指标,要求各单位积极配合,保质保量完成相关工作,整合完毕后方可开展 2018 年业务处理。《上云集团 2018 年集团财务管控战略部署》红头文件中部分基础设置管控内容通过如下几个任务进行阐述,需要在财务管理信息系统中予以实现。

二、任务一:会计科目规范化

(一)任务描述

上云集团各单位所有会计科目必须完成统一化及标准化工作,对其中“1002 银行存款”科目,按银行统一增设二级公共科目,不允许各单位增设三级私有科目。原科目设置如表 8—1 所示。

表 8—1　　原科目设置

一级科目	二级科目	三级科目(私有)	私有科目对应单位
1002 银行存款	1002003 建设银行	1002003001 6217481200290317000 山大路支行	青岛制药有限公司
	1002002 中国银行	1002002001 6216123400004447287 高新区支行	烟台制药有限公司

按集团管控要求,需将如上三级私有科目在青岛制药公司和烟台制药公司删除,并将银行存款所有二级科目设置为不允许各单位在下级增加私有科目。

（二）任务实现

按如下用户信息，登录浪潮 GS 管理软件。

登录日期	登录用户	登录密码	对应核算组织
2018.1.31	0002	aaaaaa	青岛制药有限公司

第一步：登录 GS 后，需将核算单位切换为“青岛制药有限公司”。首先在左侧功能列表处，选择【财务会计】→【总账】，然后在右侧核算组织处，点击“上云集团股份有限公司”左边的⊞，将所有核算组织显示出来，使用鼠标双击“青岛制药有限公司”，变为👤，即表示切换成功，如图 8－2 所示。

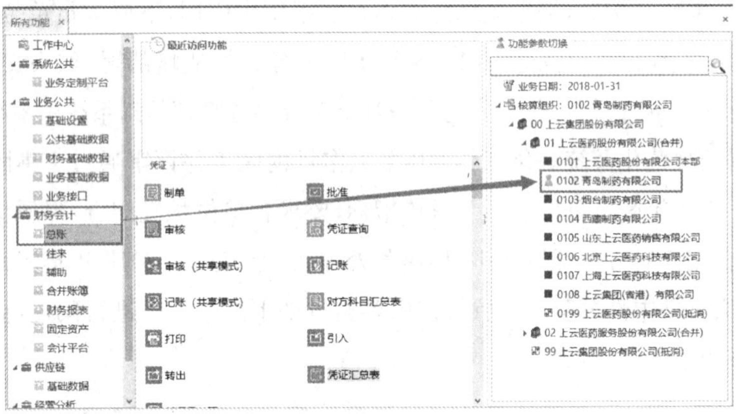

图 8－2　切换核算单位

第二步：执行【财务会计】→【总账】→【基础数据】→【公司科目定义】，打开公司科目定义功能，在左侧科目列表中，选择已经定义的“1002003001－6217481200290317000 山大路支行”私有科目，点击“删除”，即可将青岛制药公司设置的三级私有银行存款科目清空，如图 8－3 所示。

第三步：需将核算单位切换为“烟台制药有限公司”。首先在左侧功能列表处，选择【财务会计】→【总账】，然后在右侧核算组织处，点击“上云集团股份有限公司”左边的⊞，将所有核算组织显示出来，使用鼠标双击“烟台制药有限公司”，变为👤，即表示切换成功。

第四步：执行【财务会计】→【总账】→【基础数据】→【公司科目定义】，打开公司科目定义功能，在左侧科目列表中，选择已经定义的“1002002001－6216123400000447287 高新区支行”私有科目，点击“删除”，即可将烟台制药公司设置的三级私有银行存款科目清空，如图 8－4 所示。

第五步：执行【财务会计】→【总账】→【基础数据】→【集团科目定义】，打开集团科

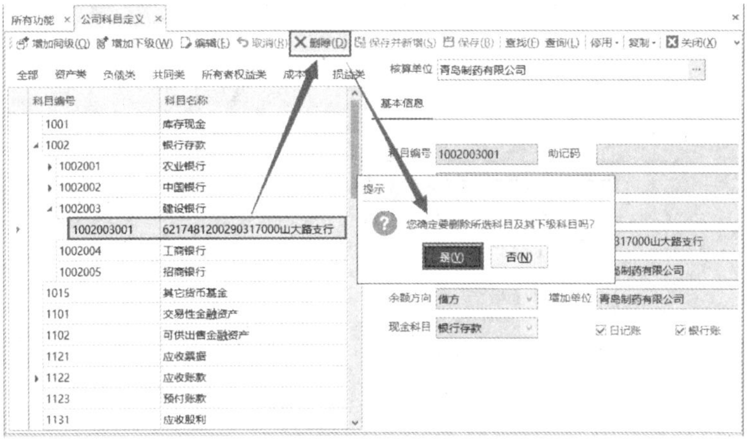

图 8—3　公司科目定义

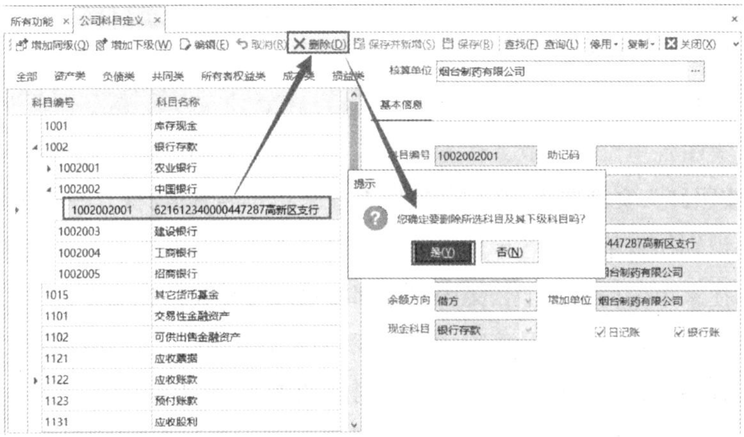

图 8—4　公司科目定义

目定义功能，在左侧科目列表中，依次选择已经定义的“1002001—农业银行”“1002002—中国银行”“1002003—建设银行”“1002004—工商银行”“1002005—招商银行”五个科目，点击“编辑”，取消勾选右侧“允许在下级增加私有科目”参数，点击“保存”，如图 8—5 所示。

通过如上操作，即可对银行存款科目进行集团统一管控，其他科目做同样的操作，便可达到对全部会计科目进行规范化、统一化的目的。

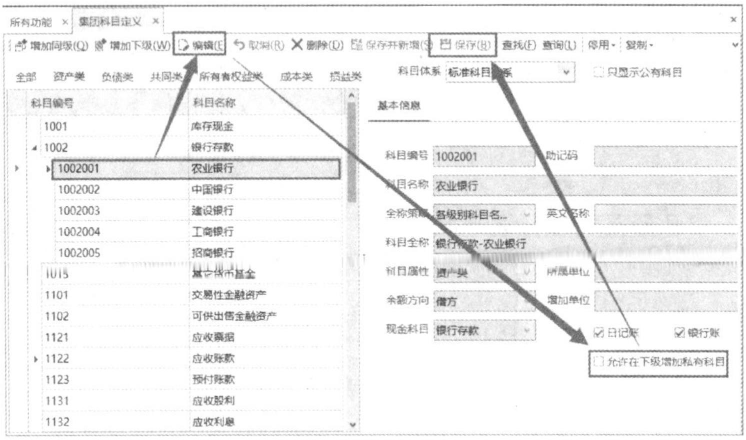

图 8—5 集团科目定义

三、任务二:往来单位信息规范化

(一)任务描述

与上云集团各单位存在业务往来的个人、客户、供应商等信息,由集团系统管理员统一管理,按照红头文件要求,必须规范所有往来单位名称(需保存单位全称),并且根据税号唯一识别往来单位。各单位以前年度已经新增的私有往来单位需停用,不允许各单位增加往来单位信息。上云集团财务部在梳理各单位的往来单位信息时,发现青岛制药公司的一个客户名称是简称,并且是私有的往来单位信息,与集团公共的往来单位信息中存在重复的记录。原往来单位信息如表 8—2 所示。

表 8—2 原往来单位设置

往来单位名称	税号有无	私有/公共	对应单位
广州达尔斯科公司	无	私有	青岛制药有限公司
广州达尔斯科生物科技有限公司	有	公共	所有单位共享

按集团管控要求,需将青岛制药公司的“广州达尔斯科公司”私有往来单位信息进行停用,并将正确的集团公共的“广州达尔斯科生物科技有限公司”进行引用,以便在日常业务处理中进行使用。另外,还需设置往来单位管理相关的参数,以达到集团管控要求。

(二)任务实现

按如下用户信息,登录浪潮 GS 管理软件。

登录日期	登录用户	登录密码
2018.1.31	0002	aaaaaa

第一步:执行【业务公共】→【公共基础数据】→【往来信息】→【公司往来单位定义】,打开公司往来单位定义功能,在公司处选择“青岛制药有限公司”,在显示出来的往来单位信息中,勾选“广州达尔斯科公司”,点击“停用”,即可将该往来单位信息停用,不能再进行任何往来业务处理,如图 8—6 所示。

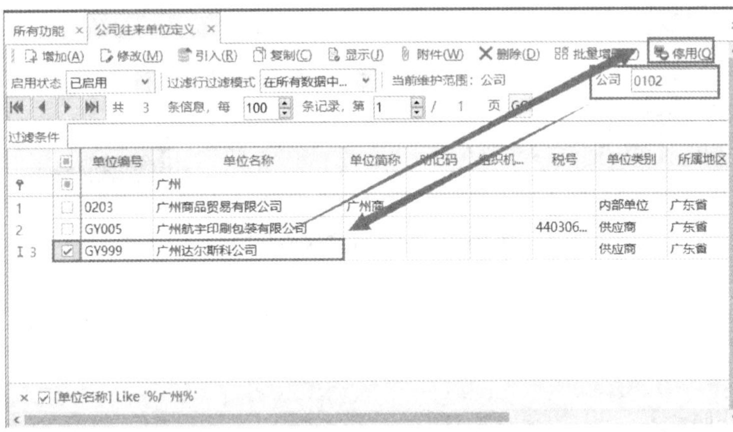

图 8—6 公司往来单位定义(一)

第二步:执行【业务公共】→【公共基础数据】→【往来信息】→【公司往来单位定义】,打开公司往来单位定义功能,在公司处选择“青岛制药有限公司”,点击“引入”,在打开的往来单位信息窗口中,选择“广州达尔斯科生物科技有限公司”,点击“确定”,在打开的界面点击“保存”,即可将集团公共的正确的往来单位信息引入青岛制药有限公司。日后往来业务处理时,则使用该信息进行入账,如图 8—7 所示。

第三步:执行【业务公共】→【基础设置】→【参数设置】→【集团公共设置】,打开集团公共设置功能,在左侧参数类别列表中,选择“其他”,在右侧参数列表中取消勾选“允许普通公司增加往来单位”“普通公司引入的往来单位允许修改基本信息”“已使用往来单位的基本信息允许修改”三个参数,勾选“根据税号唯一识别往来单位”“同级科目名称不允许重复”两个参数,点击“保存”即可,如图 8—8 所示。

通过如上操作,即可对集团内所有往来单位进行集团统一管控,达到不允许往来单位私有化、不允许存在重复记录的往来单位、不允许往来单位信息被随意修改等目标。

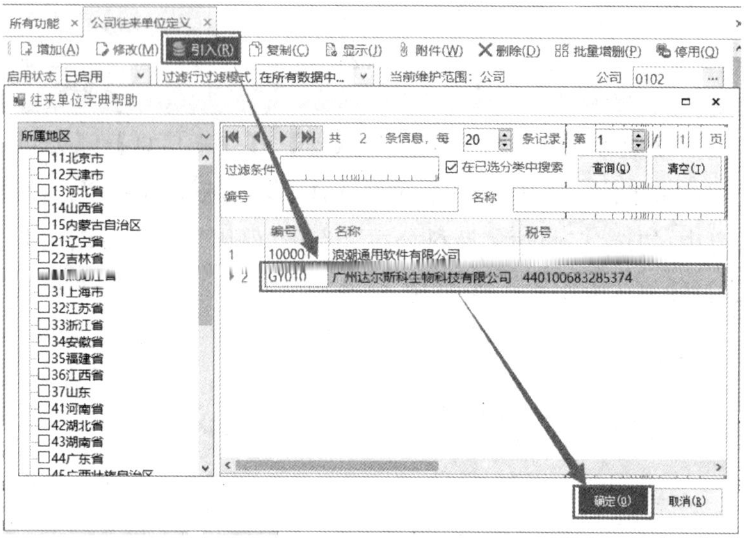

图 8—7 公司往来定义(二)

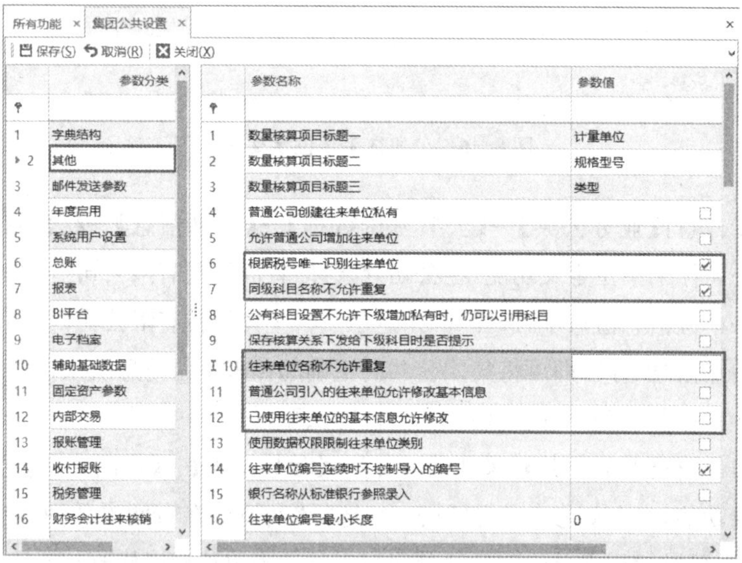

图 8—8 集团公共设置

四、任务三:报表管理规范化

(一)任务描述

上云集团要求各单位对以前年度已经设置的报表私有公式进行清空,由集团系统管理员统一管理格式和公式,不允许各单位随意增删改。在每月 3 日前,各单位必须将本单位上月单体报表勾稽关系审核通过并上报,由集团合并报表会计在 5 日前完成上月报表的合并工作。青岛制药公司在 2018 年前，由于设置了一些私有科目，在报表取数时就定义了一些只适合本单位特色的报表公式，按照集团管控红头文件要求，需要将这些公式进行清空，由集团系统管理员统一管理，其中有两项私有公式信息如表 8—3 所示。

表 8—3　　原公式设置

对应单位	对应报表项目	公式性质	公式表达式
青岛制药有限公司	资产负债表——其他流动资产——年初数	本单位私有	KMJE(，1301，NCJF)＋KMJE(，1321，NCJF)＋KMJE(，1441，NCJF)－KMJE(，1442，NCDF)
青岛制药有限公司	资产负债表——其他流动资产——期末数	本单位所有	KMJE(，1301，JFYE)＋KMJE(，1321，JFYE)＋KMJE(，1441，JFYE)－KMJE(，1442，DFYE)
上云集团股份有限公司	资产负债表——其他流动资产——年初数	全集团公有	KMJE(，1301，NCJF)－KMJE(，1442，NCDF)
上云集团股份有限公司	资产负债表——其他流动资产——期末数	全集团公有	KMJE(，1301，JFYE)－KMJE(，1442，DFYE)

按集团管控要求，需将青岛制药公司的如上私有公式信息进行清空，并定义正确的集团公共报表公式，如表 8—4 所示。

表 8—4　　集团管控正确公式设置

对应单位	对应报表	公式性质	公式表达式
上云集团股份有限公司	资产负债表——其他流动资产——年初数	全集团公有	KMJE(，1901001，NCJF)
上云集团股份有限公司	资产负债表——其他流动资产——期末数	全集团公有	KMJE(，1901001，JFYE)

（二）任务实现

按如下用户信息，登录浪潮 GS 管理软件。

登录日期	登录用户	登录密码
2018.1.31	0002	aaaaaa

第一步：登录 GS 后，需将核算单位切换为“青岛制药有限公司”。首先在左侧功能列表处，选择【财务会计】→【财务报表】，然后在右侧核算组织处，点击“上云集团股份有限公司”左边的⊞，将所有核算组织显示出来，使用鼠标双击“青岛制药有限公司”，变为，即表示切换成功。

第二步：执行【财务会计】→【财务报表】→【报表填制】→【打开报表】，在右侧报表列表中，选择“ZB0001 资产负债表”，点击“确定”，打开资产负债表，如图 8—9 所示。

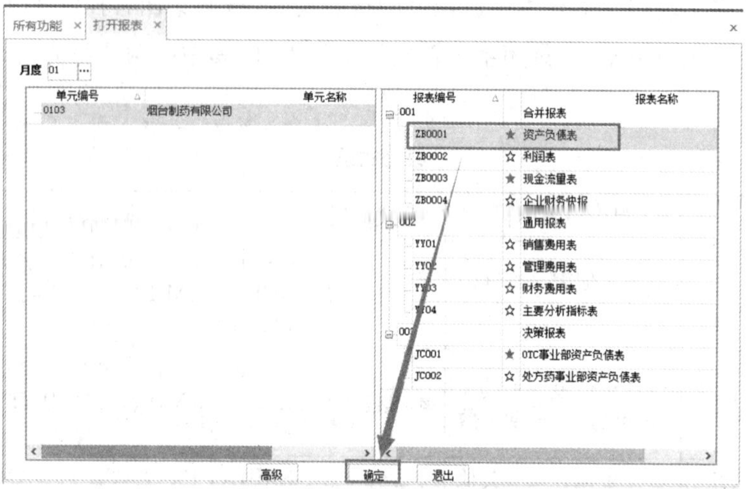

图 8—9 打开报表

第三步：在打开的资产负债表界面，点击“视图”→“单元公式状态”，将报表切换到青岛制药公司定义私有公式的界面，如图 8—10 所示。

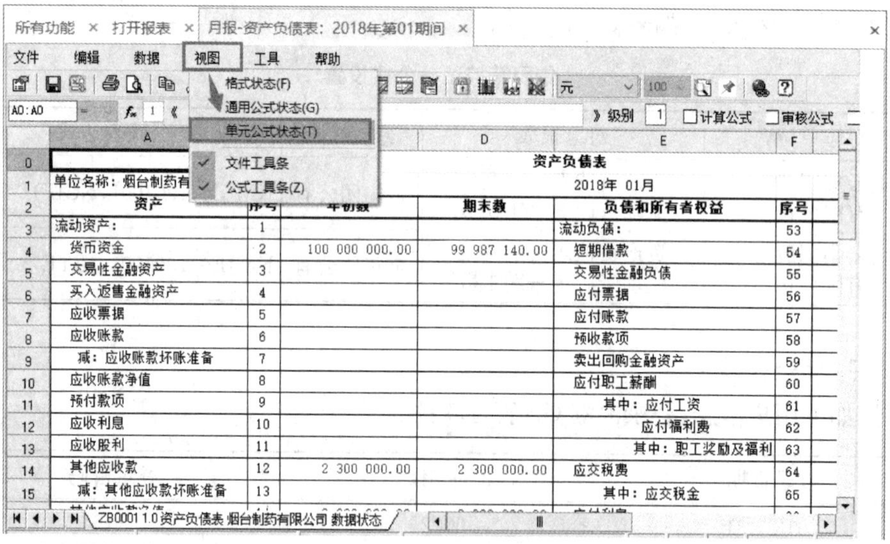

图 8—10 报表切换界面

第四步：选择资产负债表中“其他流动资产——年初数”单元格，鼠标右键点击“清除公式”，点击“是”，并点击“保存”，即可删除原定义的私有公式，如图 8—11 所示。

第五步：选择资产负债表中“其他流动资产——期末数”单元格，鼠标右键点击“清除公式”，点击“是”，并点击“保存”，即可删除原定义的私有公式。

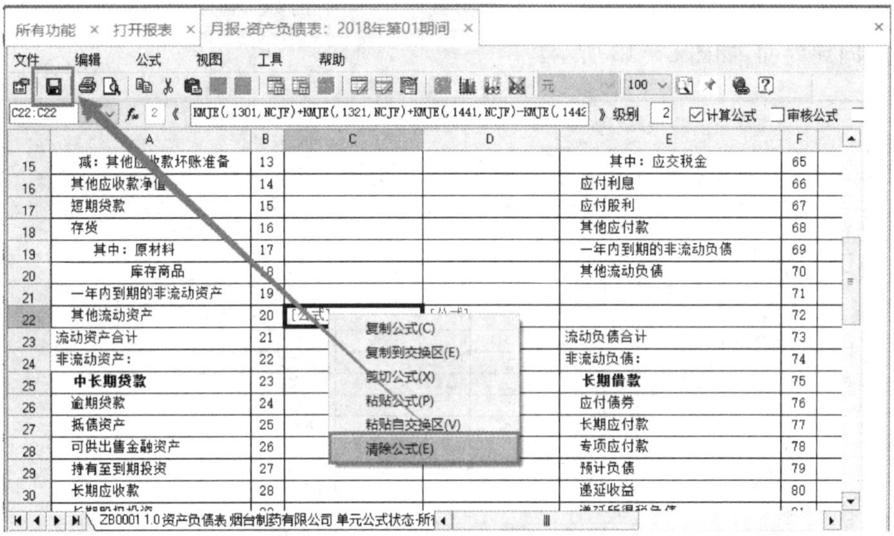

图 8—11　清除公式

第六步：需将核算单位切换为“上云集团股份有限公司”，首先在左侧功能列表处，选择【财务会计】→【财务报表】，然后在右侧核算组织处，双击“上云集团股份有限公司”变为，即表示切换成功。

第七步：执行【财务会计】→【财务报表】→【报表填制】→【打开报表】，在右侧报表列表中，选择“ZB0001 资产负债表”，点击“确定”，打开资产负债表。在打开的资产负债表界面，点击“视图”→“通用公式状态”，将报表切换到上云集团定义集团公有公式的界面，如图 8—12 所示。

图 8—12　报表切换界面

第八步:选择资产负债表中“其他流动资产——年初数”单元格,点击“fx”,打开公式定义向导界面,如图 8－13 所示。

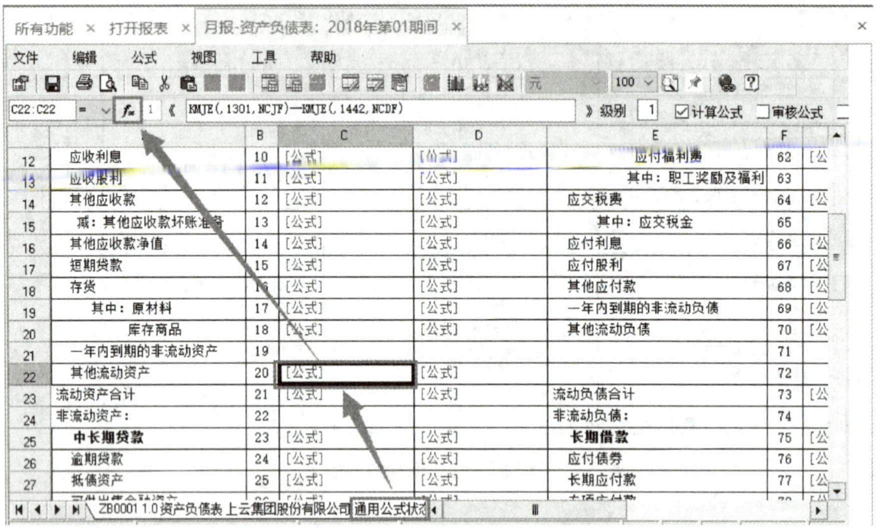

图 8－13　打开公式定义向导界面

第九步:在打开的报表公式向导界面,首先清空原有公式设置,然后依次设置:①系统函数:科目金额;②科目编号:1901001 待处理流动资产损益;③取数对象:年初借方余额。设置完成后,点击“形成公式”,在公式表达式处显示为“KMJE(,1901001,NCJF)”,点击“确定”,即可将资产负债表——其他流动资产——年初数设置上云集团公共的报表公式,如图 8－14 所示。

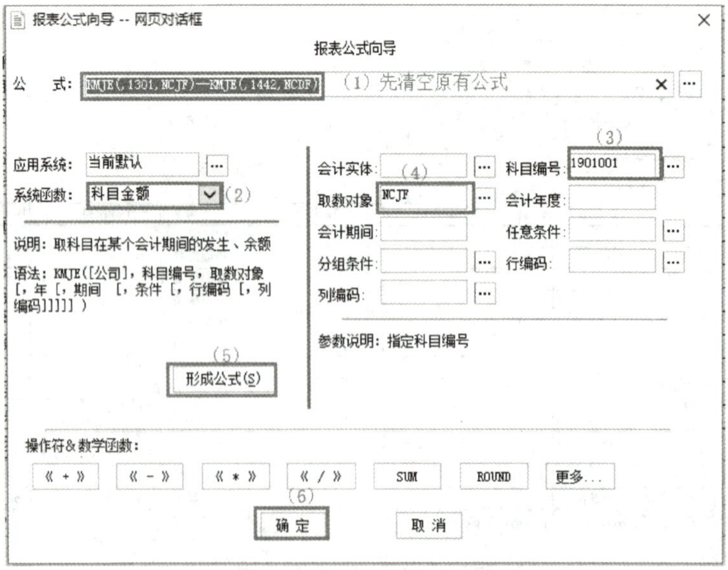

图 8－14　报表公式向导界面

第十步:选择资产负债表中“其他流动资产——期末数”单元格,点击“fx”,打开公式定义向导界面,依次设置:①系统函数:科目金额;②科目编号:1901001 待处理流动资产损益;③取数对象:本期借方余额。设置完成后,点击“形成公式”,在公式表达式处显示为“KMJE(,1901001,JFYE)”,点击“确定”,即可将资产负债表——其他流动资产——期末数设置上云集团公共的报表公式。设置完毕后,点击所有公式界面的“保存”,如图 8—15 所示。

图 8—15　设置公式定义

第十一步:执行【财务会计】→【财务报表】→【报表格式维护】→【报表启封封存】,打开报表启封封存功能,双击“合并报表”类别,首先选择“资产负债表”,进行如下设置:①格式封存:高级保护;②公有公式—计算公式:不许增删改;③公有公式—审核公式:不许增删改;④公有公式—警告公式:不许增删改;⑤单元公式—计算公式:不许增删改;⑥单元公式—审核公式:不许增删改;⑦单元公式—警告公式:不许增删改。设置完成,点击“保存”,如图 8—16 所示。同样操作,将利润表和现金流量表设置完毕。该步操作,可将这三大主表格式和公式由系统管理员进行统一封存,不允许各单位随意修改,保障了报表格式的集中管控效果。

第十二步:执行【业务公共】→【基础设置】→【参数设置】→【集团公共设置】,打开集团公共设置功能,在左侧参数类别列表中,选择“报表”,在右侧参数列表中勾选“报表打印格式集中控制”“报表只允许创建单位修改”“报表审核通过才能锁定”三个参数,点击“保存”即可,如图 8—17 所示。

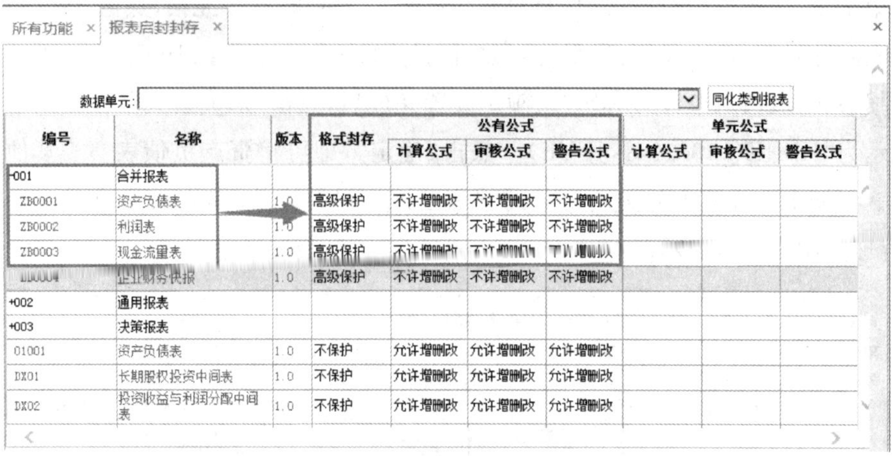

图 8—16　报表启封封存

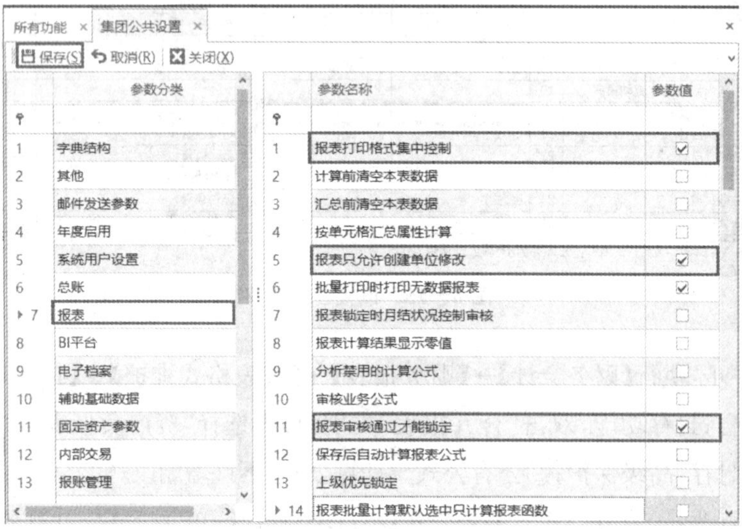

图 8—17　集团公共设置

通过如上操作，即可对集团内财务报表进行精细化的集团统一管控，达到不允许随意修改报表格式及公式等管理目标。

五、任务四：固定资产管理规范化

(一)任务描述

上云集团要求各单位按以下几项原则管理固定资产卡片，达到对资产的高度集团管控要求：

(1)使用集团统一的资产类别，并按固定资产类别统一折旧年限及残值率，各单位据此计提折旧并分摊。上云集团 2018 年以前设置的固定资产类别中,只有“其他设备”类别的资产未设定标准的使用年限及残值率,所有类别资产均允许各单位灵活修改折旧年限及残值率,未进行集团统一管控。

(2)对于批量入账的相同资产卡片,要求按一物一卡进行卡片管理。

(3)在月末要求检查固定资产卡片的凭证生成情况,以及与总账的数据平衡关系。

(4)资产账与总账紧密衔接,不允许在总账直接手工增加相关资产凭证,不允许在总账凭证已经生成的情况下修改原始卡片数据。

(5)2018 年 1 月 20 日,青岛制药公司财务部按采购需求购入 5 台联想笔记本电脑,规格型号等完全一致,单价6 000元每台,增值税税率为 16%,款项暂未支付。青岛制药公司需在财务管理信息系统中按一物一卡管理方式录入 5 张资产卡片,并生成如下资产购入凭证,如表 8—5 所示。

表 8—5 **资产购入凭证**

凭证日期	摘　要	方向	科目编号	科目名称	金　额	
					借方	贷方
2018.1.20	联想笔记本购入	借	1601	固定资产	30 000	
			2221001001003	固定资产进项税	4 800	
		贷	2202001	应付账款——应付账款		34 800

(二)任务实现

按如下用户信息,登录浪潮 GS 管理软件。

登录日期	登录用户	登录密码	对应核算组织
2018.1.31	0002	aaaaaa	青岛制药有限公司

第一步:登录 GS 后,需将核算单位切换为“青岛制药有限公司”。首先在左侧功能列表处,选择【财务会计】→【固定资产】,然后在右侧核算组织处,点击“上云集团股份有限公司”左边的⊞,将所有核算组织显示出来,使用鼠标双击“青岛制药有限公司”,变为,即表示切换成功,如图 8—18 所示。

第二步:执行【财务会计】→【固定资产】→【基础数据】→【资产类别定义】,打开资产类别定义功能,在左侧资产类别列表中,依次选择“房屋建筑物”“机器设备”“运输设备”“办公设备”“其他设备”,分别勾选“折旧年限是否公共”“残值率是否公共”两个参数,点击“保存”,使所有资产类别的折旧年限和残值率为集团统一公共的值,不允许各单位修改,如图 8—19 所示。

第三步:执行【业务公共】→【基础设置】→【参数设置】→【集团公共设置】,打开集

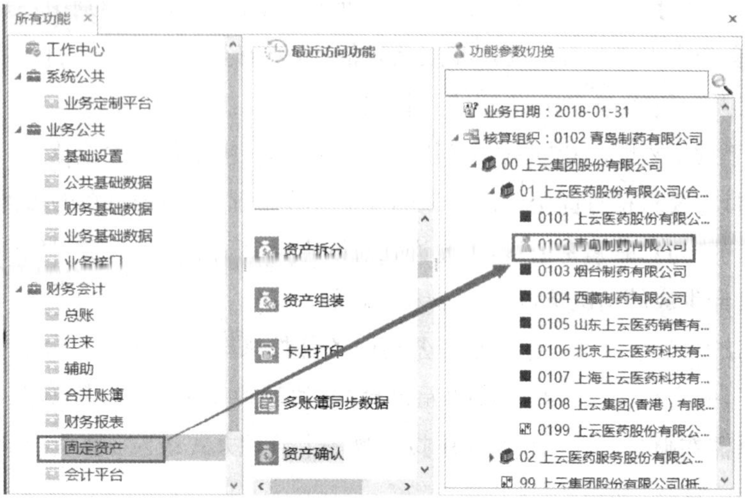

图 8—18　切换核算单位

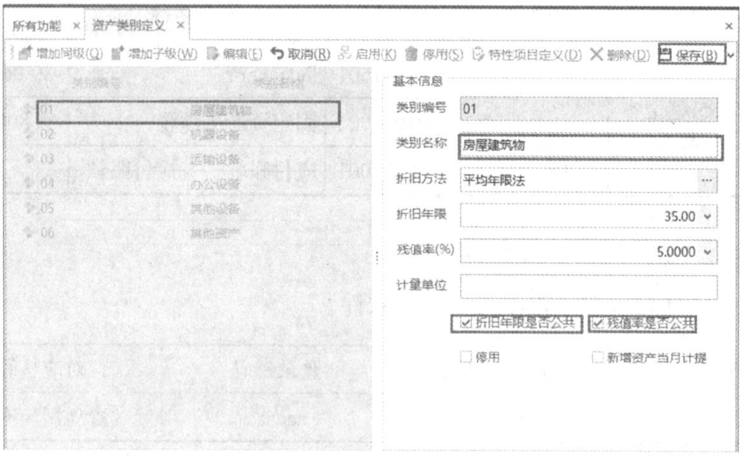

图 8—19　资产类别定义

团公共设置功能，在左侧参数类别列表中，选择“固定资产参数”，在右侧参数列表中勾选“是否一物一卡”“月结进行平衡检查”“生成凭证后不允许修改资产”三个参数，点击“保存”即可，如图 8—20 所示。

第四步：执行【财务会计】→【总账】→【基础数据】→【集团科目核算关系】，打开集团科目核算关系定义功能，在左侧科目列表选择“1601 固定资产”科目，对右侧“业务限制”设置为“业务科目”，点击“保存”。同理，依次将“1602 累计折旧”“1603 固定资产减值准备”两个科目设置为“业务科目”，则可将固定资产记账凭证涉及的关键科目进行管控，不允许手工制单录入，只能通过资产卡片生成凭证，如图 8—21 所示。

通过如上操作，即可实现对各单位固定资产按一物一卡管理、保障资产账与总账

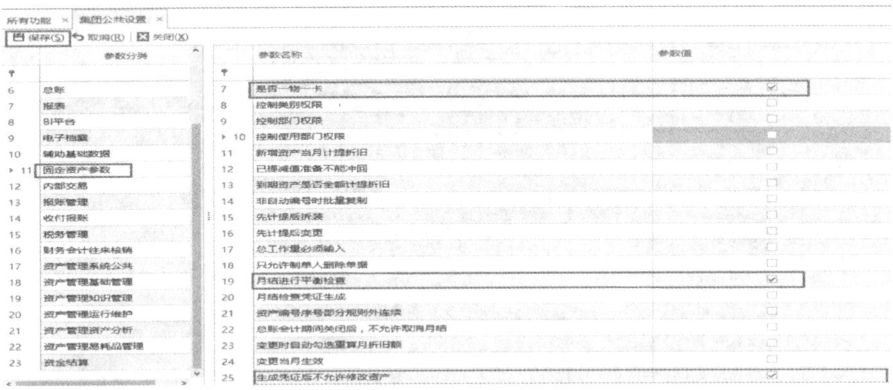

图 8—20　集团公共设置

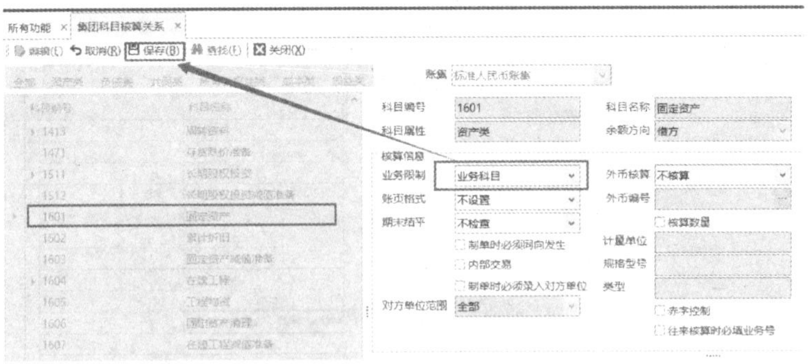

图 8—21　集团科目核算关系

数据紧密衔接及数据一体化等目标。

第五步：执行【财务会计】→【固定资产】→【业务处理】→【资产增加】，打开资产增加功能，点击“增加”，在打开的资产卡片信息录入界面，输入以下内容：①资产名称：联想笔记本；②资产类别：办公设备；③资产状态：在用；④资产来源：购建；⑤资产用途：管理用固定资产；⑥入账日期：2018－01－20；⑦所属部门：财务部；⑧资产数量：1；⑨资产原值：6 000。内容输入完毕，点击“保存多份”，在弹出来的窗口中输入份数为5，点击“确定”，则按一物一卡保存为 5 张资产卡片，如图 8－22 所示。

第六步：展示集团管控效果 1(不允许在总账直接手工增加相关资产凭证：若不通过联想笔记本的 5 张资产卡片生成凭证，直接手工增加总账凭证，会有怎样的管控效果！)，执行【财务会计】→【总账】→【凭证】→【制单】，打开制单功能，准备录入资产购入凭证借方科目 1601，在“科目编号”右侧帮助按钮中选择“1601 固定资产”科目，直接提示“科目设置为业务科目，不能用来手工制单！”，如图 8－23 所示。

第七步：展示集团管控效果 2(不允许在总账凭证已经生成的情况下修改原始卡

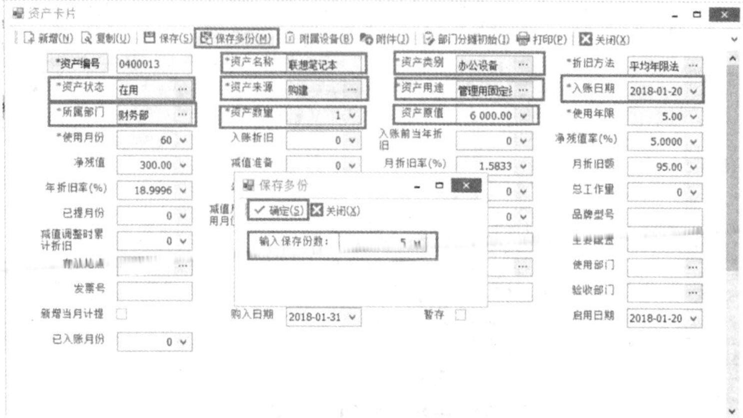

图 8－22　资产增加

图 8－23　展示集团管控效果 1

片数据：总账凭证已生成的情况下，修改资产卡片时，会有怎样的管控效果！），执行【财务会计】→【固定资产】→【业务处理】→【资产增加】，打开资产增加功能，选择编号 0300007 资产卡片，点击“编辑”，直接提示“编号为 0300007 的资产已生成凭证，不允许修改！”，如图 8－24 所示。

图 8－24　展示集团管控效果 2

第八步:展示集团管控效果 3(在月末要求检查固定资产账与总账的数据平衡关系:若资产账与总账数据不平衡,会有怎样的管控效果!),执行【财务会计】→【固定资产】→【期末处理】→【月结】,打开月结功能,点击“月结”,提示“固定资产与总账科目余额平衡检查不通过,无法进行月结!”,如图 8－25 所示。

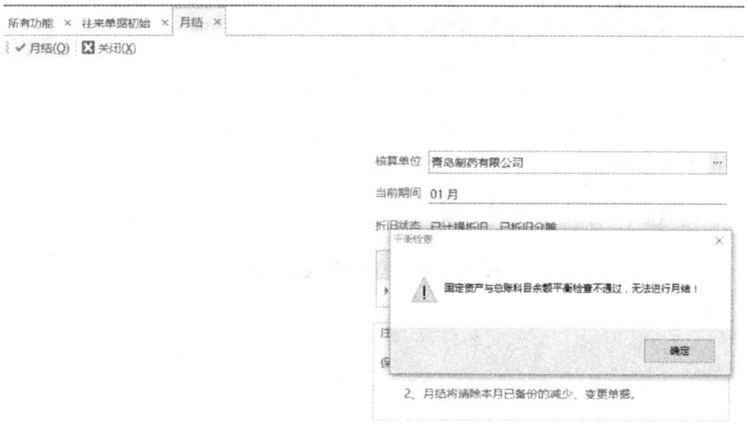

图 8－25　展示集团管控效果 3

第九步:对购入的 5 台联想笔记本电脑正常业务处理,生成记账凭证。执行【财务会计】→【会计平台】→【单据生成】→【单据生成】,打开单据生成功能,在左侧数据源名称列表中,选择“财务会计→固定资产→固定资产增加—列表型—包含调入资产→固定资产增加”模板,在右侧点击“查询”,勾选“合并生成”,选择 5 张联想笔记本资产卡片,点击“生成凭证”,在弹出的凭证保存界面,点击“保存”,即可将本月新购入的固定资产通过资产卡片自动生成凭证,保存到总账管理,进一步保障资产账与总账数据平衡,如图 8－26、图 8－27 所示。

图 8－26　单据生成(一)

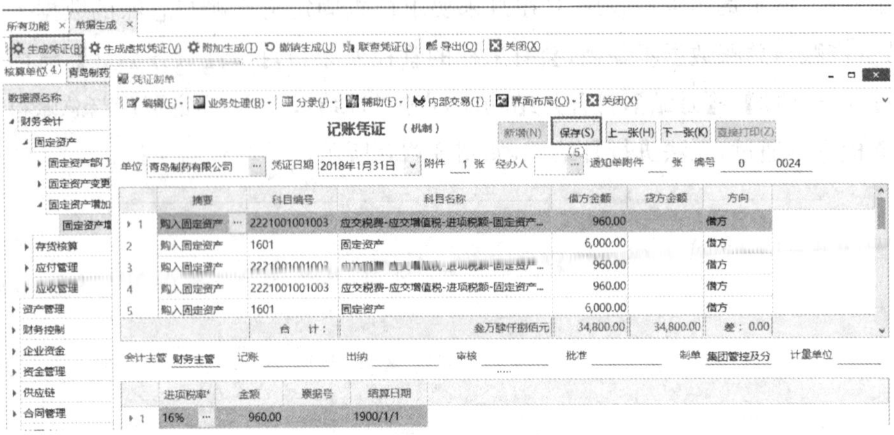

图 8—27 单据生成(二)

第三节 场景二:搭建集中统一的账龄分析平台

一、场景描述

上云集团在 2018 年前对应收款项管理较为松散,各单位仅通过 Excel 统计重点客户的欠款情况,数据存在不及时、不准确的情况,无法做到实时掌握欠款账龄、及时催缴回款。因此,在 2018 年《上云集团 2018 年集团财务管控战略部署》红头文件中,明确要求各单位必须通过财务管理信息系统完成应收款项账龄分析自动处理,并根据不同的账龄区间设置不同的坏账比率,便于预估坏账金额,进行相关账务处理。

二、任务一:账龄分析基础数据规划

(一)任务描述

上云集团各单位在 2018 年 1 月 1 日启用财务管理信息系统内的账龄分析功能,需要对 1122 应收账款所有科目进行账龄分析,以青岛制药公司“1122001 应收账款——产品销售”科目为例,要求以客户为维度进行账龄分析,示例启用分析的客户以及 2018 年 1 月 1 日时点按业务日期拆分的余额如表 8—6 所示。

表 8－6 **相关数据**

核销维度设置		往来单据初始				
核销科目	核销维度	往来单位	业务日期	摘要	记账方向	金额
1122001 产品销售	单位	山东省陵康医药有限公司	2017/7/3	销售业务	借	235 190.30
		上海达利医药科技有限公司	2016/5/20	销售业务	借	505 965

(二)任务实现

按如下用户信息,登录浪潮 GS 管理软件。

登录日期	登录用户	登录密码	对应核算组织
2018.1.31	0002	aaaaaa	青岛制药有限公司

第一步:登录 GS 后,需将核算单位切换为“青岛制药有限公司”,首先在左侧功能列表处,选择【财务会计】→【往来】,然后在右侧核算组织处,点击“上云集团股份有限公司”左边的⊞,将所有核算组织显示出来,使用鼠标双击“青岛制药有限公司”,变为 ,即表示切换成功,如图 8－28 所示。

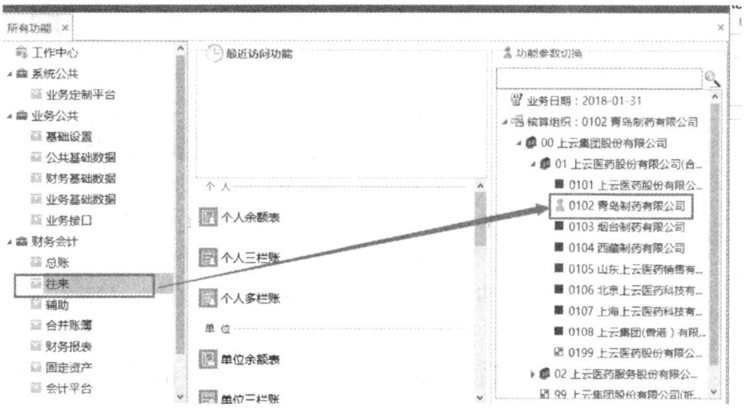

图 8－28 切换核算单位

第二步:执行【财务会计】→【往来】→【核销】→【核销依据定义】,打开核销依据定义功能,点击“导入核销科目”,选择“1122001 产品销售”科目,点击“确定”,即可将该科目设置为待账龄分析的科目,如图 8－29 所示。

第三步:执行【财务会计】→【往来】→【核销】→【往来单据初始】,打开往来单据初始功能,选择“1122001 产品销售”科目,点击“确定”,点击“新增”,按任务描述中表格录入“山东省陵康医药有限公司”和“上海达利医药科技有限公司”两个客户分别在

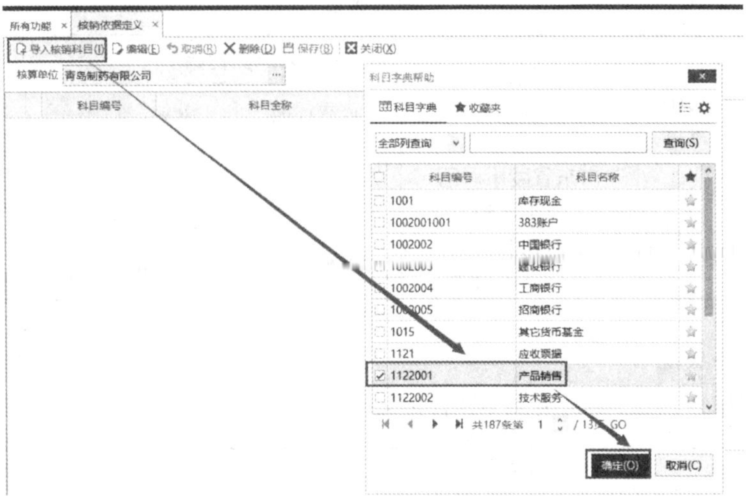

图 8—29 核销依据定义

2017/7/3、2016/5/20 的借方余额，点击“保存”，即可将这两个客户的余额拆分成按业务日期显示的数据记录，便于后续进行准确的账龄分析，如图 8—30 所示。

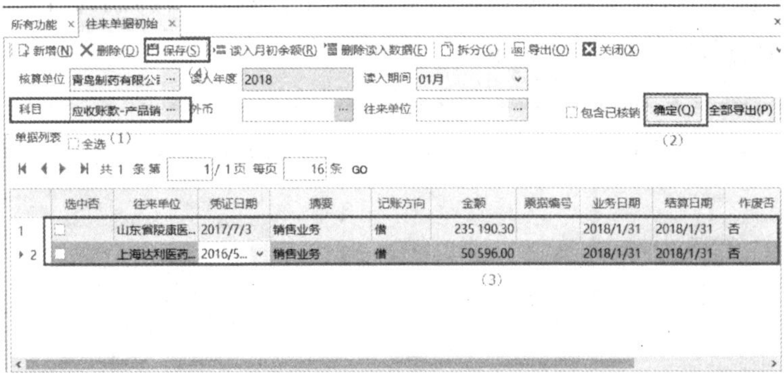

图 8—30 往来单据初始

第四步：执行【财务会计】→【往来】→【核销】→【往来核销启用】，打开往来单据初始功能，选择“1122001 产品销售”科目，点击“确定”，在单位列表中勾选“山东省陵康医药有限公司”和“上海达利医药科技有限公司”，点击“启用”，即可对这两个客户从 2018 年 1 月 1 日开始进行账龄分析，如图 8—31 所示。

通过如上操作，即可完成对应收款项账龄分析基础数据的规划。

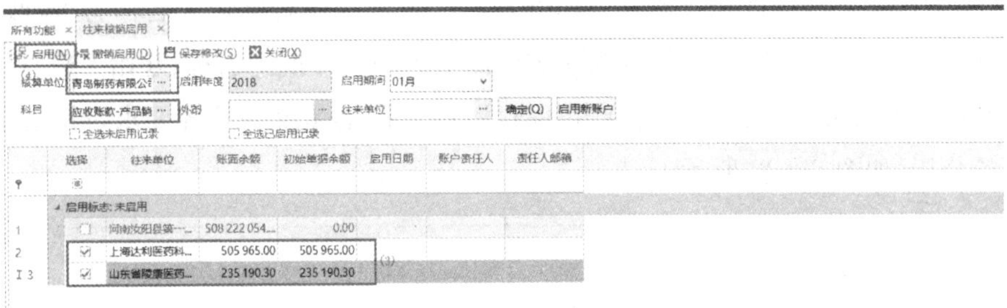

图 8—31　往来核销启用

三、任务二:账龄分析

(一)任务描述

青岛制药公司按集团要求设置如下区间并进行账龄分析,如表 8—7 所示。

表 8—7　　相关设置要求

分析名称	期间名称	起始天数	终止天数
应收账款账龄分析	1 年以内	0	365
	1~2 年	366	730
	2~3 年	731	1 095
	3 年以上	1 096	99 999

在 2018 年 1 月 31 日,查询账龄分析结果如表 8—8 所示。

表 8—8　　账龄分析结果

单位名称	欠款金额	1 年以内		1~2 年	
		金额	百分比	金额	百分比
山东省陵康医药有限公司	215 190.30	215 190.30	100.00		
上海达利医药科技有限公司	601 965.11	396 000.11	65.78	205 965	34.22
合　计	817 155.41				

(二)任务实现

按如下用户信息,登录浪潮 GS 管理软件。

登录日期	登录用户	登录密码	对应核算组织
2018.1.31	0002	aaaaaa	青岛制药有限公司

第一步:执行【财务会计】→【往来】→【核销】→【账龄分析】,确定右侧核算组织是

"青岛制药有限公司"，打开账龄分析功能，点击"新增"，在右侧输入名称为"应收账款账龄分析"，点击"新增行"，按任务描述表中四个区间设置期间名称、起始天数、终止天数和预计坏账百分比，设置完成，点击"保存"，即可按集团统一管控要求，进行区间段的账龄分析，如图8－32所示。

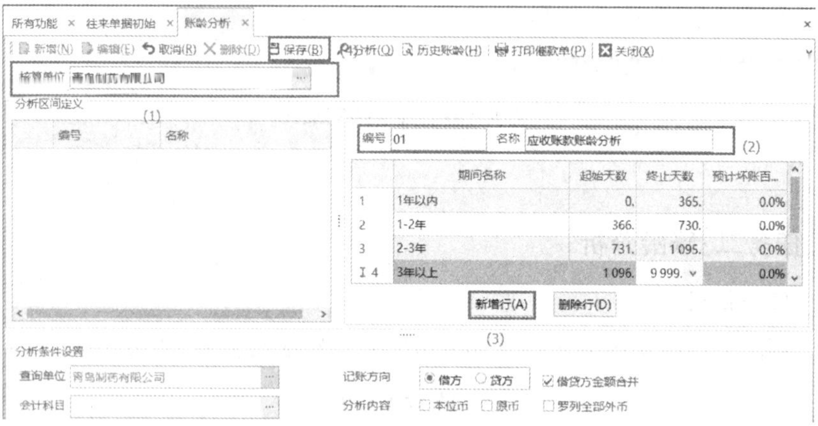

图8－32 账龄分析

第二步：执行【财务会计】→【往来】→【核销】→【往来业务核销】，打开往来业务核销功能，选择"1122001产品销售"科目，点击"确定"，点击"转入往来账"，在弹出的窗口中设置凭证日期为"2018/1/1－2018/1/31"，点击"确定"，则可将客户在1月份发生的应收账款往来凭证读取出来，如图8－33、图8－34所示。

图8－33 往来业务核销(一)

第三步：在往来业务核销界面，点击"自动核销"，则可将"山东省陵康医药有限公司"和"上海达利医药科技有限公司"两个客户应收款项的借、贷记录予以核销，为账龄分析做准备，已核销的记录保存至"已完成核销"状态下，如图8－35所示。

第四步：执行【财务会计】→【往来】→【核销】→【账龄分析】，打开账龄分析功能，点击已经定义的"应收账款账龄分析"，在"分析条件设置"处设置：①会计科目：1122001

图 8－34　往来业务核销(二)

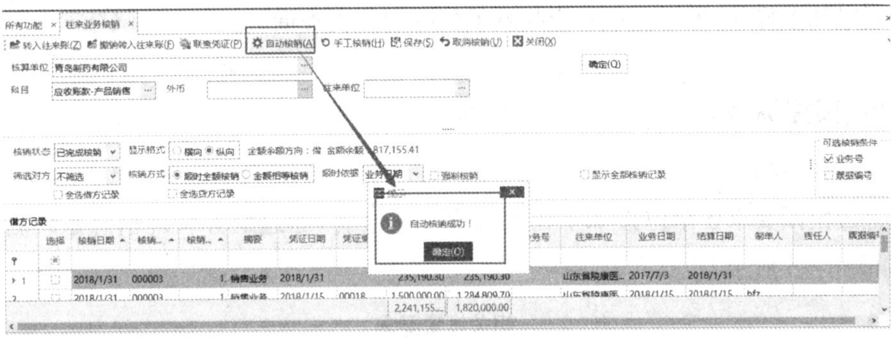

图 8－35　自动核销

产品销售；②分析对象：往来单位；③分析方式：按日期分析。设置完成，点击“分析”，则可按业务日期实时分析两个客户的账龄分析数据，如图 8－36、图 8－37 所示。

图 8－36　账龄分析(一)

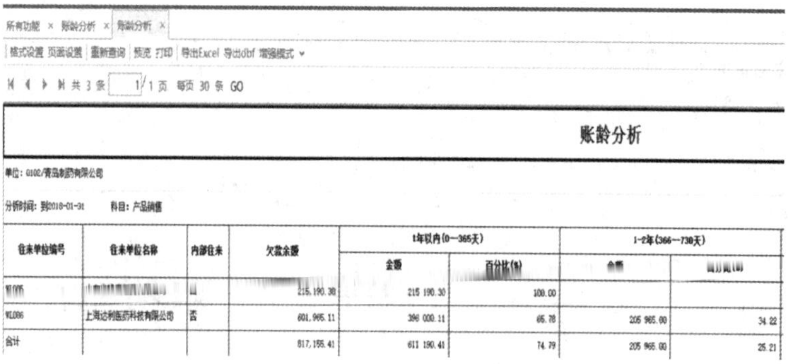

图 8—37　账龄分析(二)

通过如上操作，即可完成对应收款项的账龄分析查询。

四、预提坏账

(一)任务描述

上云集团要求各单位按如下比率预提坏账准备，通过财务管理信息系统自动处理，如表 8—9 所示。

表 8—9　　相关设置要求

分析名称	期间名称	预计坏账百分比
应收账款账龄分析	1 年以内	0.5
	1～2 年	20
	2～3 年	60
	3 年以上	100

(二)任务实现

按如下用户信息，登录浪潮 GS 管理软件。

登录日期	登录用户	登录密码	对应核算组织
2018.1.31	0002	aaaaaa	青岛制药有限公司

第一步：执行【财务会计】→【往来】→【核销】→【期间坏账比率定义】，确定右侧核算组织是“青岛制药有限公司”，打开期间坏账比率定义功能，选择“应收账款账龄分析”期间类别、“1122001 产品销售”科目，点击“确定”，在下方往来单位列表中，按任务描述中坏账百分比，分别设置“山东省陵康医药有限公司”和“上海达利医药科技有限公司”两个客户的坏账比率，点击“保存”，则可按不同客户设置预计坏账比率，实现

坏账计提分析,如图 8—38 所示。

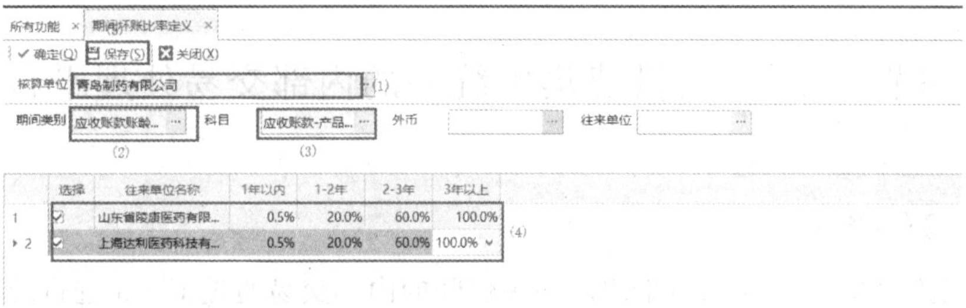

图 8—38 期间坏账比率定义

第二步:执行【财务会计】→【往来】→【核销】→【坏账计提】,打开坏账计提功能,在“分析条件设置”处设置:①期间类别:应收账款账龄分析;②会计科目:1122001 产品销售;③分析对象:往来单位;④分析依据:业务日期。设置完成,点击“分析”,则可按业务日期实时分析两个客户的坏账计提数据,如图 8—39、图 8—40 所示。

图 8—39 坏账计提(一)

图 8—40 坏账计提(二)

通过如上操作,即可完成对应收款项的坏账计提查询。

第四节 场景三:搭建集中统一的内部交易处理平台

一、场景描述

上云集团在2018年前对集团内各单位间的内部交易通过Excel进行统计,抵消金额由交易双方进行人为确认,数据存在不及时、不准确的情况,无法做到及时抵消。因此,在2018年《上云集团2018年集团财务管控战略部署》红头文件中,明确要求各单位必须通过财务管理信息系统完成内部交易实时自动处理,包括内部往来、内部购销、内部现金流量三类业务。由于股权抵消业务较为复杂,暂不使用内部交易平台实现。

二、任务一:内部交易实时确认

(一)任务描述

上云集团青岛制药公司与烟台制药公司在1月份因咨询业务分别发生了一笔应收挂账和收款业务,在当月交易双方均需入账,入账时交易双方需要确认为内部交易业务,具体凭证分录如下,如表8—10、表8—11所示。

表8—10　　青岛制药有限公司相关业务

凭证日期	摘要	方向	科目编号	科目名称	金额	
					借方	贷方
2018.1.19	提供咨询业务	借	1002003	应收账款——咨询服务——烟台制药	116 000.00	
		贷	6001001	主营业务收入——产品销售收入——烟台制药		100 000.00
			2221001003	应交税费——应交增值税——销项税额		16 000.00
2018.1.25	咨询业务收款	借	1002001	银行存款——工商银行——烟台制药(现金流量:销售商品、提供劳务收到的现金)	50 000.00	
		贷	1122003	应收账款——咨询服务——烟台制药		50 000.00

表 8－11　　　　　　　　　　　烟台制药有限公司相关业务

凭证日期	摘要	方向	科目编号	科目名称	金额	
					借方	贷方
2018.1.20	接受咨询业务	借	5404	开发成本——青岛制药	100 000.00	
			2221001001	应交税费——应交增值税——进项税额	16 000.00	
		贷	2202001	应付账款——应付账款——青岛制药		116 000.00
2018.1.25	咨询业务付款	借	2202001	应付账款——应付账款——青岛制药	50 000.00	
		贷	1002001	银行存款——工商银行——青岛制药（现金流量：采购商品、接受劳务支付的现金）		50 000.00

（二）任务实现

按如下用户信息，登录浪潮 GS 管理软件。

登录日期	登录用户	登录密码	对应核算组织
2018.1.31	0002	aaaaaa	青岛制药有限公司/烟台制药有限公司

第一步：登录 GS 后，需将核算单位切换为“青岛制药有限公司”。首先在左侧功能列表处，选择【财务会计】→【总账】，然后在右侧核算组织处，点击“上云集团股份有限公司”左边的⊞，将所有核算组织显示出来，使用鼠标双击“青岛制药有限公司”，变为，即表示切换成功，如图 8－41 所示。

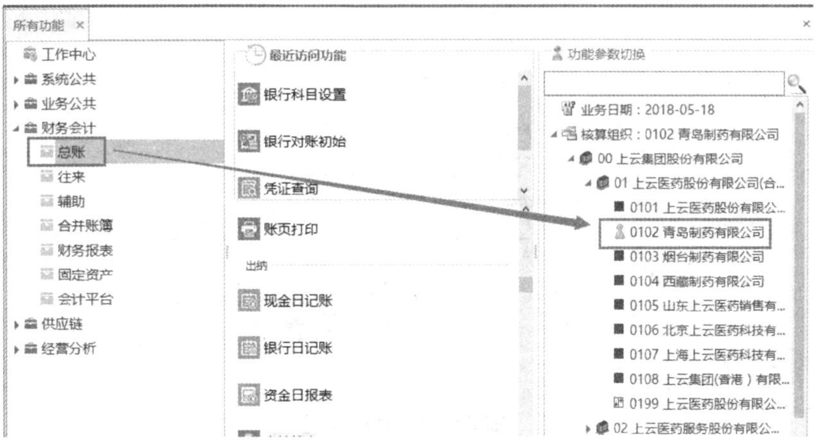

图 8－41　切换核算单位

第二步：执行【财务会计】→【总账】→【凭证】→【制单】，打开制单功能，按任务描述中青岛制药公司“提供咨询业务”应收挂账凭证录入，修改“凭证日期”，录入科目和辅助信息后，点击“保存”，提示“本凭证被匹配为业务类型：销售商品，请您确认是否为内部交易！”，点击“是”，即可实时将该笔内部交易业务保存为内部交易记录，便于后续进行抵消处理，如图 8—42 所示。

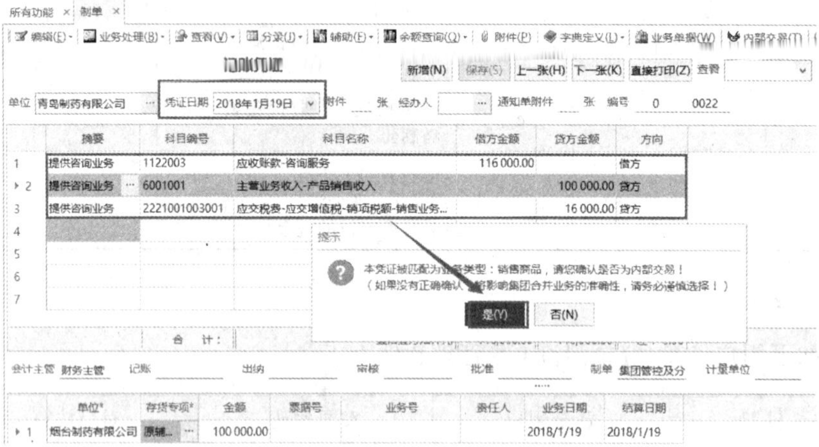

图 8—42　制单(一)

第三步：上一步，将“提供咨询业务”应收挂账凭证保存为内部交易凭证后，点击制单界面“新增”，按任务描述中青岛制药公司“咨询业务收款”凭证录入，修改“凭证日期”，录入科目和辅助信息后，点击“保存”，提示“本凭证被匹配为业务类型：销售商品，请您确认是否为内部交易！”，点击“是”，即可实时将该笔内部交易业务保存为内部交易记录，便于后续进行抵消处理，如图 8—43 所示。

图 8—43　制单(二)

第四步：需将核算单位切换为“烟台制药有限公司”，首先在左侧功能列表处，选择【财务会计】→【总账】，然后在右侧核算组织处，点击“上云集团股份有限公司”左边的，将所有核算组织显示出来，使用鼠标双击“烟台制药有限公司”，变为，即表示切换成功，如图 8—44 所示。

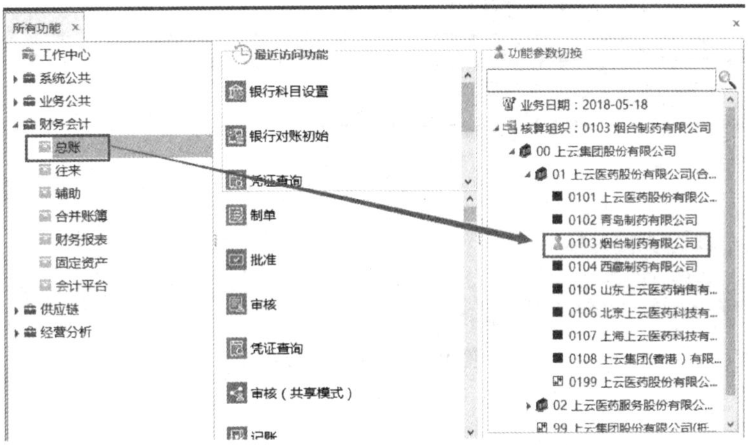

图 8—44 切换核算单位

第五步：执行【财务会计】→【总账】→【凭证】→【制单】，打开制单功能，按任务描述中烟台制药公司“接受咨询业务”“咨询业务付款”两个凭证分录录入，修改对应“凭证日期”，录入科目和辅助信息后，点击“保存”，提示“本凭证被匹配为业务类型：采购业务，请您确认是否为内部交易！”，点击“是”，即可实时将该笔内部交易业务保存为内部交易记录，便于后续进行抵消处理，如图 8—45、图 8—46 所示。

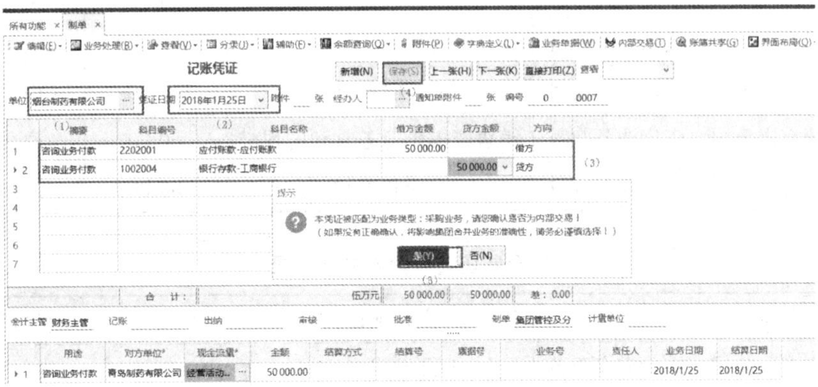

图 8—45 制单（一）

通过如上操作，在青岛制药公司和烟台制药公司日常业务处理时，则可实时将相关内部交易业务保存为内部交易凭证，为后续抵消业务处理提供数据来源。

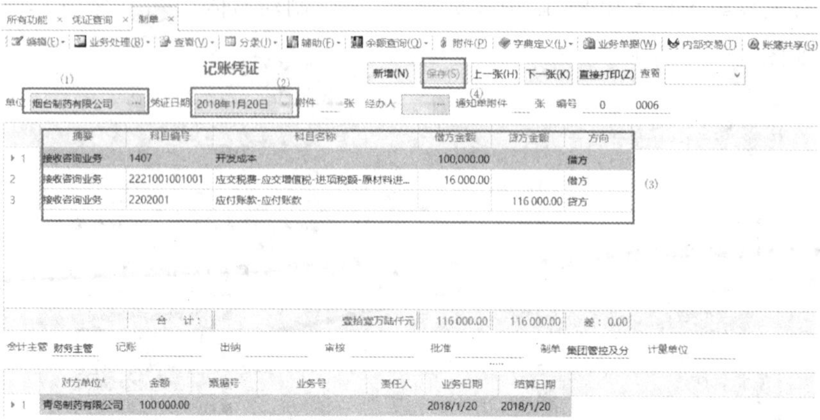

图 8－46　制单(二)

三、任务二：内部交易对账

(一)任务描述

青岛制药公司或烟台制药公司需要对实时发生的内部交易记录进行对账处理，只有对账金额无误的记录，才可以进行抵消。对于发生的咨询业务产生的内部交易记录如表 8－12、表 8－13 所示，均需进行对账。

表 8－12　　青岛制药公司内部交易记录

对方单位	摘要	交易项目	金额	交易类型
烟台制药有限公司	提供咨询业务	主营业务收入	100 000	内部购销
烟台制药有限公司	提供咨询业务	应收账款	116 000	内部往来
烟台制药有限公司	咨询业务收款	销售或提供劳务收到的现金	50 000	现金流量
烟台制药有限公司	咨询业务收款	应收账款	50 000	内部往来

表 8－13　　烟台制药公司内部交易记录

对方单位	摘要	交易项目	金额	交易类型
青岛制药有限公司	接受咨询业务	开发成本	100 000	内部购销
青岛制药有限公司	接受咨询业务	应付账款	116 000	内部往来
青岛制药有限公司	咨询业务付款	支付采购或劳务的现金	50 000	现金流量
青岛制药有限公司	咨询业务付款	应付账款	50 000	内部往来

(二)任务实现

按如下用户信息，登录浪潮 GS 管理软件。

登录日期	登录用户	登录密码	对应核算组织
2018.1.31	0002	aaaaaa	青岛制药有限公司

第一步:登录GS后,将核算单位切换为“青岛制药有限公司”或“烟台制药有限公司”均可。首先在左侧功能列表处,选择【财务会计】→【合并账簿】,然后在右侧核算组织处,点击“上云集团股份有限公司”左边的⊞,将所有核算组织显示出来,使用鼠标双击“青岛/烟台制药有限公司”,变为👤,即表示切换成功,如图8—47所示。

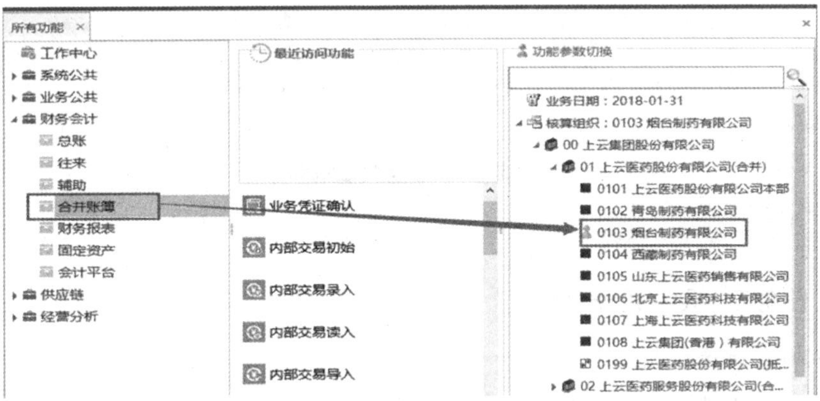

图8—47 切换核算单位

第二步:执行【财务会计】→【合并账簿】→【交易处理】→【业务凭证确认】,打开业务凭证确认功能,点击“确认”,在打开的未对账的内部交易记录界面,按任务描述中青岛制药公司和烟台制药公司内部交易记录,核对无误后,首先在上方选择摘要为“提供咨询业务”的两条内部交易记录,然后在下方选择摘要为“接收咨询业务”的两条内部交易记录,点击“确认”。然后,采用相同操作方法,将剩余记录依次选择金额相同记录,点击“确认”,将所有的内部交易记录确认完毕,即可将1月份青岛制药公司与烟台制药公司发生的内部交易业务完成对账工作,如图8—48所示。

通过如上操作,可对上云集团内部单位间的内部往来、内部购销、内部现金流量实现实时对账。

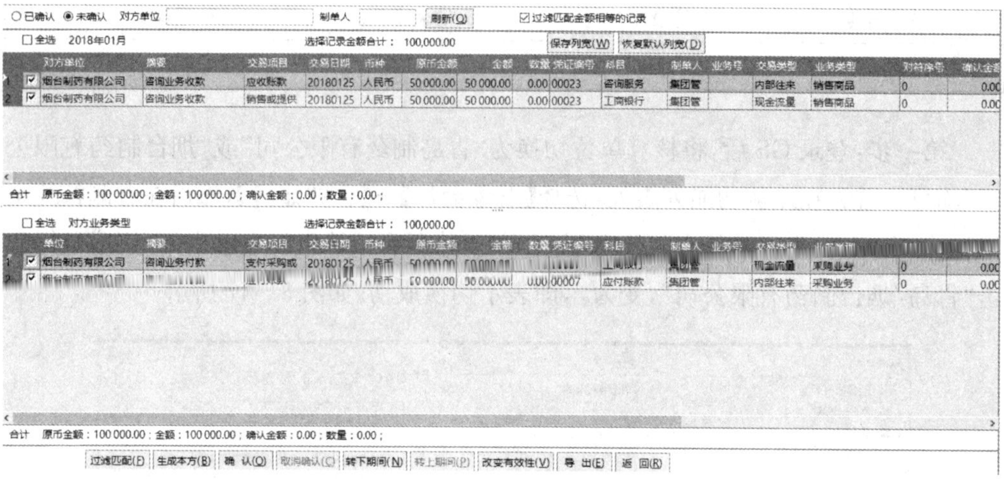

图 8—48 业务凭证确认

四、任务三：抵消凭证生成

（一）任务描述

1 月份青岛制药公司与烟台制药公司发生的已对账的内部交易业务，需要生成对应的抵消凭证，为出具抵消调整表数据做准备，抵消凭证如表 8—14 所示。

表 8—14　　相关抵消凭证

凭证日期	摘要	方向	科目编号	科目名称	金额	
					借方	贷方
2018.1.31	内部交易抵消	借	1122003	应收账款——咨询服务——烟台制药	−116 000.00	
		贷	2202001	应付账款——应付账款——青岛制药		−116 000.00
		借	6401003	主营业务成本——咨询服务成本——青岛制药	−100 000.00	
		贷	6001001	主营业务收入——产品销售收入——烟台制药		−100 000.00
		借	1002001	银行存款——农业银行——烟台制药(现金流量：销售商品、提供劳务收到的现金)	−50 000.00	
		贷	1002001	银行存款——农业银行——青岛制药(现金流量：采购商品、接受劳务支付的现金)		−50 000.00
		借	2202001	应付账款——应付账款——青岛制药	−50 000.00	
		贷	1122003	应收账款——咨询服务——烟台制药		−50 000.00
合计					−316 000.00	−316 000.00

(二)任务实现

按如下用户信息,登录浪潮 GS 管理软件。

登录日期	登录用户	登录密码	对应核算组织
2018.1.31	0002	aaaaaa	上云医药股份公司抵消

第一步:登录 GS 后,将核算单位切换为“上云医药股份公司抵消”,首先在左侧功能列表处,选择【财务会计】→【合并账簿】,然后在右侧核算组织处,点击“上云集团股份有限公司”左边的⊞,将所有核算组织显示出来,使用鼠标双击“上云医药股份公司抵消”,变为⊞,即表示切换成功,如图 8—49 所示。

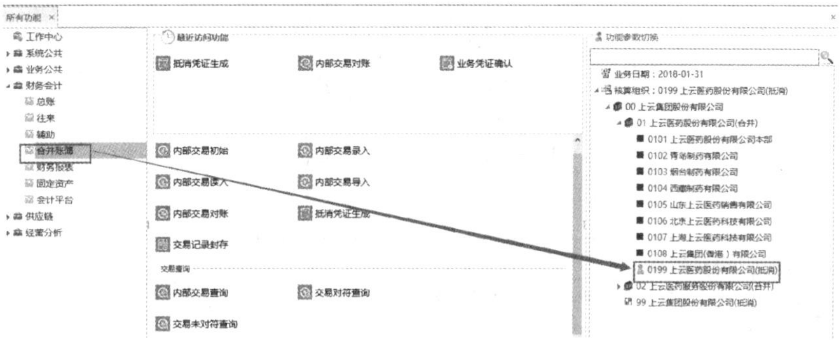

图 8—49 切换核算单位

第二步:执行【财务会计】→【合并账簿】→【交易处理】→【抵消凭证生成】,打开抵消凭证生成功能,勾选“按业务类型”,业务类型选择“销售商品”交易类型,点击“确定”,如图 8—50 所示。

第三步:在打开的界面,在上方勾选所有记录,勾选“汇总生成”,点击“生成凭证”,如图 8—51 所示。

第四步:在打开的生成凭证界面,与任务描述中抵消凭证分录核对科目与金额无误后,点击“保存”即可。

通过如上操作,可将 1 月份青岛制药公司与烟台制药公司发生的内部往来、内部购销、内部现金流量业务进行抵消凭证生成。

图 8—50　抵消凭证生成(一)

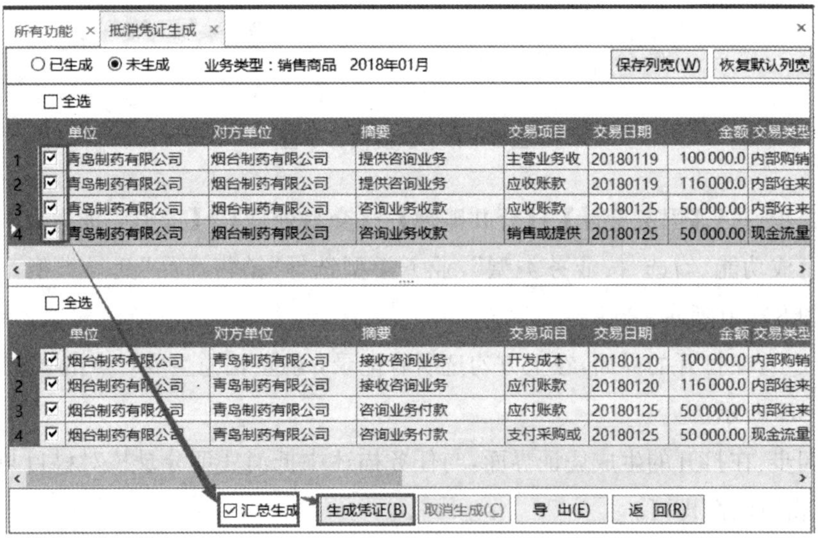

图 8—51　抵消凭证生成(二)

第五节　场景四:搭建集中统一的合并报表处理平台

一、场景描述

上云集团在2018年前对集团内各单位报表出报日期未做严格规定,并且内部交易业务采用手工Excel统计,导致合并报表出具存在不够及时、数据不够准确的问题。因此,在2018年《上云集团2018年集团财务管控战略部署》红头文件中,明确要求各单位在每月3日前,必须将本单位上月单体报表勾稽关系审核通过并上报,由集团合并报表会计在5日前完成上月报表的合并工作。

二、任务一:单体报表出具

(一)任务描述

按上云集团要求,青岛制药公司和烟台制药公司在2018年1月31日提前完成资产负债表、利润表、现金流量表三大主表的出具工作,审核通过并进行锁定。青岛制药公司和烟台制药公司三大主表数据如表8－15、表8－16、表8－17、表8－18、表8－19、表8－20所示。

表8－15　　青岛制药公司——资产负债表

资　产	年初数	期末数	负债和所有者权益	年初数	期末数
流动资产:			流动负债:		
货币资金	386 500 754.74	443 846 427.86	短期借款	1 010 000 000.00	614 000 000.00
交易性金融资产			交易性金融负债		
买入返售金融资产			应付票据	238 881 517.38	87 192 168.35
应收票据	117 663 761.16	82 378 387.33	应付账款	354 387 089.96	389 358 237.34
应收账款	509 263 210.13	504 531 369.78	预收款项	25 175 474.64	18 457 051.80
减:应收账款坏账准备			卖出回购金融资产		
应收账款净值	509 263 210.13	504 531 369.78	应付职工薪酬	19 721 027.44	35 221 100.74
预付款项	12 263 882.56	12 207 165.32	其中:应付工资		
应收利息			应付福利费		
应收股利			其中:职工奖励及福利基金		
其他应收款	397 105 854.06	404 821 953.49	应交税费	21 416 260.49	8 736 434.67
减:其他应收款坏账准备			其中:应交税金		
其他应收款净值	397 105 854.06	404 821 953.49	应付利息	10 413 266.40	4 739 594.18

续表

资　产	年初数	期末数	负债和所有者权益	年初数	期末数
短期贷款			应付股利	5 310 599.53	5 310 599.53
存货	277 363 939.63	289 721 343.41	其他应付款	149 114 543.33	187 858 118.35
其中:原材料	36 057 312.15	37 663 774.64	一年内到期的非流动负债	296 666 666.66	249 466 855.80
库存商品	191 381 118.35	199 907 726.96	其他流动负债	4 732 000.00	5 319 000.00
一年内到期的非流动资产					
其他流动资产	4 503 905.82	10 139 171.02			
流动资产合计	1 704 665 308.10	1 747 645 818.21	流动负债合计	2 135 818 445.83	1 605 659 160.76
非流动资产:			非流动负债:		
中长期贷款			长期借款	100 000 000.00	670 000 000.00
逾期贷款			应付债券		
抵债资产			长期应付款	50 984 027.29	80 829 282.30
可供出售金融资产	191 505 616.00	223 180 272.00	专项应付款	84 960 000.00	84 960 000.00
持有至到期投资			预计负债		
长期应收款			递延收益	118 371 503.83	129 544 304.97
长期股权投资	468 244 841.06	468 244 841.06	递延所得税负债	1 250 555.31	5 296 991.54
减:长期股权投资减值准备			其他非流动负债	3 561 500.00	3 561 500.00
长期股权投资净值	468 244 841.06	468 244 841.06	非流动负债合计	359 127 586.43	974 192 078.81
投资性房地产	74 455 539.16	73 275 758.23	负债合计	2 494 946 032.26	2 579 851 239.57
固定资产	2 666 152 882.16	2 723 993 999.91	所有者权益(或股东权益):		
减:累计折旧	1 146 445 739.33	1 171 317 419.96	实收资本(或股本)	457 312 830.00	457 312 830.00
固定资产净值	1 519 707 142.83	1 552 676 579.95	国有资本		
减:固定资产减值准备			其中:国有法人资本		
固定资产净额	1 519 707 142.83	1 552 676 579.95	集体资本		
在建工程	286 694 890.58	325 623 169.23	民营资本		
工程物资			其中:个人资本		
固定资产清理			外商资本		
生产性生物资产			其他权益工具		
油气资产			资本公积	527 841 785.86	527 841 785.86
无形资产	193 079 234.08	191 639 886.58	减:库存股		
减:无形资产累计摊销			其他综合收益	142 018 253.30	168 941 710.90
无形资产净值	193 079 234.08	191 639 886.58	专项储备		
开发支出			盈余公积	214 775 900.23	214 775 900.23
商誉			一般风险准备		
长期待摊费用			未分配利润	601 457 770.16	633 562 858.70
递延所得税资产			归属于母公司所有者权益合计	1 943 406 539.55	2 002 435 085.69

续表

资　产	年初数	期末数	负债和所有者权益	年初数	期末数
其他非流动资产			少数股东权益		
非流动资产合计	2 733 687 263.71	2 834 640 507.05	所有者权益合计	1 943 406 539.55	2 002 435 085.69
资产合计	4 438 352 571.81	4 582 286 325.26	负债和所有者权益总计	4 438 352 571.81	4 582 286 325.26

表 8—16　　　　青岛制药公司——利润表

项　目	本月数	本年累计数	项　目	本月数	本年累计数
一、营业总收入	586 080 246.44	586 080 246.44	其他		
其中:营业收入	586 080 246.44	586 080 246.44	加:公允价值变动收益(损失以"—"号填列)		
其中:主营业务收入	572 405 002.46	572 405 002.46	投资收益(损失以"—"号填列)		
其他业务收入	13 675 243.98	13 675 243.98	其中:对联营企业和合营企业的投资收益		
			汇兑收益		
二、营业总成本	549 608 518.31	549 608 518.31	三、营业利润(亏损以"—"号填列)	36 471 728.13	36 471 728.13
其中:营业成本	433 258 403.79	433 258 403.79	加:营业外收入	4 064 852.01	4 064 852.01
其中:主营业务成本	408 926 133.76	408 926 133.76	其中:非流动资产处置利得		
其他业务成本	24 332 270.03	24 332 270.03	政府补助利得		
税金及附加	9 915 343.72	9 915 343.72	债务重组利得		
销售费用	8 598 106.21	8 598 106.21	减:营业外支出	1 308 494.09	1 308 494.09
管理费用	79 000 600.69	79 000 600.69	其中:非流动资产处置损失		
其中:业务招待费			债务重组损失		
研究与开发费			四、利润总额(亏损总额以"—"号填列)	39 228 086.05	39 228 086.05
财务费用	19 904 101.62	19 904 101.62	减:所得税费用	7 122 997.51	7 122 997.51
其中:利息支出	13 511 999.11	13 511 999.11	五、净利润(净亏损以"—"号填列)	32 105 088.54	32 105 088.54
利息收入	596 328.13	596 328.13	归属于母公司所有者的净利润		
汇兑净损失(净收益以"—"号填列)	4 323 850.68	4 323 850.68	少数股东损益		
资产减值损失	—1 068 037.72	—1 068 037.72			

表 8—17 **青岛制药公司——现金流量表**

项　目	本月数	本年累计
一、经营活动产生的现金流量		
销售商品、提供劳务收到的现金	268 779 758.87	268 779 758.87
收到利息、手续费及佣金的现金		
收到的税费返还	1 532 406.05	1 532 406.05
收到的其他与经营活动有关的现金	32 129 947.25	32 129 947.25
经营活动现金流入小计	302 442 112.17	302 442 112.17
购买商品、接受劳务支付的现金	253 026 451.22	253 026 451.22
客户贷款及垫款净增加额		
支付利息、手续费及佣金的现金		
支付给职工以及为职工支付的现金	54 496 207.00	54 496 207.00
支付的各项税费	25 372 113.90	25 372 113.90
支付的其他与经营活动有关的现金	7 885 925.61	7 885 925.61
经营活动现金流出小计	340 780 697.73	340 780 697.73
经营活动产生的现金流量净额	−38 338 585.56	−38 338 585.56
二、投资活动产生的现金流量		
收回投资所收到的现金		
取得投资收益所收到的现金		
处置固定资产、无形资产和其他长期资产而收回的现金净额	119 946.20	119 946.20
处置子公司及其他营业单位收到的现金净额		
收到的其他与投资活动有关的现金		
投资活动现金流入小计	119 946.20	119 946.20
购建固定资产、无形资产和其他长期资产所支付的现金	−21 194 712.11	−21 194 712.11
投资支付的现金		
取得子公司及其他营业单位支付的现金净额		
支付的其他与投资活动有关的现金	3 264 730.66	3 264 730.66
投资活动现金流出小计	−17 929 981.45	−17 929 981.45
投资活动产生的现金流量净额	18 049 927.65	18 049 927.65
三、筹资活动产生的现金流量		
吸收投资所收到的现金		

续表

项　目	本月数	本年累计
其中：子公司吸收少数股东投资收到的现金		
借款所收到的现金	603 322 225.42	603 322 225.42
发行债券收到的现金		
收到的其他与筹资活动有关的现金	46 575 758.61	46 575 758.61
筹资活动现金流入小计	649 897 984.03	649 897 984.03
偿还债务所支付的现金	541 945 289.07	541 945 289.07
分配股利、利润和偿付利息所支付的现金	13 732 317.28	13 732 317.28
其中：子公司支付少数股东的股利、利润		
支付的其他与筹资活动有关的现金	16 586 046.65	16 586 046.65
筹资活动现金流出小计	572 263 653.00	572 263 653.00
筹资活动产生的现金流量净额	77 634 331.03	77 634 331.03
四、汇率变动对现金及现金等价物的影响		
五、现金及现金等价物净增加额	57 345 673.12	57 345 673.12
加：期初现金及现金等价物余额	386 500 754.74	386 500 754.74
六、期末现金及现金等价物余额	443 846 427.86	443 846 427.86

表 8－18　　**烟台制药公司——资产负债表**

资　产	年初数	期末数	负债和所有者权益	年初数	期末数
流动资产：			流动负债：		
货币资金	3 948 625 774.81	3 082 291 667.08	短期借款		
交易性金融资产			交易性金融负债		
买入返售金融资产			应付票据		
应收票据	1 257 479 129.37	926 094 846.73	应付账款	698 527 917.51	729 920 962.43
应收账款	2 327 288 251.22	2 591 410 508.63	预收款项		5 362 826.57
减：应收账款坏账准备			卖出回购金融资产		
应收账款净值	2 327 288 251.22	2 591 410 508.63	应付职工薪酬		
预付款项	317 390 585.92	271 237 481.64	其中：应付工资		
应收利息	137 972 568.54	123 460 154.52	应付福利费		
应收股利			其中：职工奖励及福利基金		
其他应收款	1 449 500 589.74	1 946 550 580.12	应交税费	218 174 189.48	253 402 552.47
减：其他应收款坏账准备			其中：应交税金		
其他应收款净值	1 449 500 589.74	1 946 550 580.12	应付利息		
短期贷款			应付股利		

续表

资　产	年初数	期末数	负债和所有者权益	年初数	期末数
存货	431 851 536.61	457 343 134.86	其他应付款	154 389 732.58	186 255 525.91
其中:原材料			一年内到期的非流动负债		
库存商品	431 851 536.61	457 343 134.86	其他流动负债		
一年内到期的非流动资产					
其他流动资产	750 979 000.00	1 680 232 000.00			
流动资产合计	10 627 087 436.21	11 078 620 373.58	流动负债合计	1 071 091 839.57	1 174 941 867.38
非流动资产:			非流动负债:		
中长期贷款			长期借款		
逾期贷款			应付债券		
抵债资产			长期应付款		
可供出售金融资产	9 639 000.00	9 639 000.00	专项应付款		
持有至到期投资			预计负债		
长期应收款			递延收益	95 921 708.13	99 339 708.13
长期股权投资	1 287 708 206.75	1 326 867 486.75	递延所得税负债		
减:长期股权投资减值准备			其他非流动负债		
长期股权投资净值	1 287 708 206.75	1 326 867 486.75	非流动负债合计	95 921 708.13	99 339 708.13
投资性房地产			负债合计	1 167 013 547.70	1 274 281 575.51
固定资产	981 507 738.08	992 815 968.17	所有者权益(或股东权益):		
减:累计折旧			实收资本(或股本)	2 347 459 674.00	2 816 889 833.00
固定资产净值	981 507 738.08	992 815 968.17	国有资本		
减:固定资产减值准备			其中:国有法人资本		
固定资产净额	981 507 738.08	992 815 968.17	集体资本		
在建工程	260 867 703.44	287 572 990.64	民营资本		
工程物资			其中:个人资本		
固定资产清理			外商资本		
生产性生物资产			其他权益工具		
油气资产			资本公积	395 618 522.47	402 625 886.29
无形资产	71 609 894.40	71 178 668.94	减:库存股		
减:无形资产累计摊销			其他综合收益		
无形资产净值	71 609 894.40	71 178 668.94	专项储备		
开发支出			盈余公积	1 223 145 368.43	1 223 145 368.43
商誉			一般风险准备		
长期待摊费用			未分配利润	8 128 097 971.77	8 074 254 441.50
递延所得税资产	22 915 105.49	24 502 616.65	归属于母公司所有者权益合计	12 094 321 536.67	12 516 915 529.22
其他非流动资产			少数股东权益		

续表

资 产	年初数	期末数	负债和所有者权益	年初数	期末数
非流动资产合计	2 634 247 648.16	2 712 576 731.15	所有者权益合计	12 094 321 536.67	12 516 915 529.22
资产合计	13 261 335 084.37	13 791 197 104.73	负债和所有者权益总计	13 261 335 084.37	13 791 197 104.73

表 8—19　　　　烟台制药公司——利润表

项 目	本月数	本年累计数	项 目	本月数	本年累计数
一、营业总收入	2 925 151 043.61	2 925 151 043.61	其他		
其中:营业收入	2 925 151 043.61	2 925 151 043.61	加:公允价值变动收益(损失以"—"号填列)		
其中:主营业务收入	2 766 674 563.44	2 766 674 563.44	投资收益(损失以"—"号填列)	15 045 458.94	15 045 458.94
其他业务收入	158 476 480.17	158 476 480.17	其中:对联营企业和合营企业的投资收益		
			汇兑收益		
二、营业总成本	2 059 282 700.03	2 059 282 700.03	三、营业利润(亏损以"—"号填列)	880 913 802.52	880 913 802.52
其中:营业成本	686 118 758.31	686 118 758.31	加:营业外收入	89 327.76	89 327.76
其中:主营业务成本	547 774 670.47	547 774 670.47	其中:非流动资产处置利得		
其他业务成本	138 344 087.84	138 344 087.84	政府补助利得		
税金及附加	48 171 652.67	48 171 652.67	债务重组利得		
销售费用	873 896 028.16	873 896 028.16	减:营业外支出	3 420 192.83	3 420 192.83
管理费用	461 865 227.46	461 865 227.46	其中:非流动资产处置损失		
其中:业务招待费			债务重组损失		
研究与开发费			四、利润总额(亏损总额以"—"号填列)	877 582 937.45	877 582 937.45
财务费用	—17 934 374.33	—17 934 374.33	减:所得税费用	145 027 467.95	145 027 467.95
其中:利息支出			五、净利润(净亏损以"—"号填列)	732 555 469.50	732 555 469.50
利息收入	17 934 374.33	17 934 374.33	归属于母公司所有者的净利润		
汇兑净损失(净收益以"—"号填列)			少数股东损益		
资产减值损失	7 165 407.76	7 165 407.76			

表 8－20 **烟台制药公司——现金流量表**

项　目	本月数	本年累计
一、经营活动产生的现金流量		
销售商品、提供劳务收到的现金	3 472 692 968.73	3 472 692 968.73
收到利息、手续费及佣金的现金		
收到的税费返还		
收到的其他与经营活动有关的现金	45 586 395.18	45 586 395.18
经营活动现金流入小计	3 518 279 363.91	3 518 279 363.91
购买商品、接受劳务支付的现金	753 191 136.43	753 191 136.43
客户贷款及垫款净增加额		
支付利息、手续费及佣金的现金		
支付给职工以及为职工支付的现金	188 909 323.13	188 909 323.13
支付的各项税费	510 528 694.81	510 528 694.81
支付的其他与经营活动有关的现金	1 590 609 571.90	1 590 609 571.90
经营活动现金流出小计	3 043 238 726.27	3 043 238 726.27
经营活动产生的现金流量净额	475 040 637.64	475 040 637.64
二、投资活动产生的现金流量		
收回投资所收到的现金	－293 182 698.52	－293 182 698.52
取得投资收益所收到的现金	2 372 543.84	2 372 543.84
处置固定资产、无形资产和其他长期资产而收回的现金净额	7 079 960.11	7 079 960.11
处置子公司及其他营业单位收到的现金净额		
收到的其他与投资活动有关的现金		
投资活动现金流入小计	－283 730 194.57	－283 730 194.57
购建固定资产、无形资产和其他长期资产所支付的现金	71 507 904.55	71 507 904.55
投资支付的现金	630 070 301.48	630 070 301.48
取得子公司及其他营业单位支付的现金净额	39 159 280.00	39 159 280.00
支付的其他与投资活动有关的现金		
投资活动现金流出小计	740 737 486.03	740 737 486.03
投资活动产生的现金流量净额	－1 024 467 680.60	－1 024 467 680.60
三、筹资活动产生的现金流量		
吸收投资所收到的现金		

续表

项　目	本月数	本年累计
其中：子公司吸收少数股东投资收到的现金		
借款所收到的现金		
发行债券收到的现金		
收到的其他与筹资活动有关的现金		
筹资活动现金流入小计		
偿还债务所支付的现金		
分配股利、利润和偿付利息所支付的现金	316 907 064.77	316 907 064.77
其中：子公司支付少数股东的股利、利润		
支付的其他与筹资活动有关的现金		
筹资活动现金流出小计	316 907 064.77	316 907 064.77
筹资活动产生的现金流量净额	－316 907 064.77	－316 907 064.77
四、汇率变动对现金及现金等价物的影响		
五、现金及现金等价物净增加额	－866 334 107.73	－866 334 107.73
加：期初现金及现金等价物余额	3 948 625 774.81	3 948 625 774.81
六、期末现金及现金等价物余额	3 082 291 667.08	3 082 291 667.08

（二）任务实现

按如下用户信息，登录浪潮 GS 管理软件。

登录日期	登录用户	登录密码	对应核算组织
2018.1.31	0002	aaaaaa	青岛制药有限公司/烟台制药有限公司

第一步：登录 GS 后，需将核算单位切换为“青岛制药有限公司”。首先在左侧功能列表处，选择【财务会计】→【财务报表】，然后在右侧核算组织处，点击“上云集团股份有限公司”左边的⊞，将所有核算组织显示出来，使用鼠标双击“青岛制药有限公司”，变为 ，即表示切换成功，如图 8－52 所示。

第二步：执行【财务会计】→【财务报表】→【报表填制】→【打开报表】，在右侧报表列表，选择“资产负债表”，点击“确定”，打开资产负债表，点击“数据－计算本表”，提示“计算报表将丢失当前未保存数据，是否保存？”点击“是”，则可将青岛制药公司 1 月份资产负债表的报表数据进行出具，如图 8－53、图 8－54 所示。

第三步：在打开报表界面，与资产负债表计算相同步骤，依次将青岛制药公司利润表和现金流量表数据计算出来，如图 8－55、图 8－56 所示。

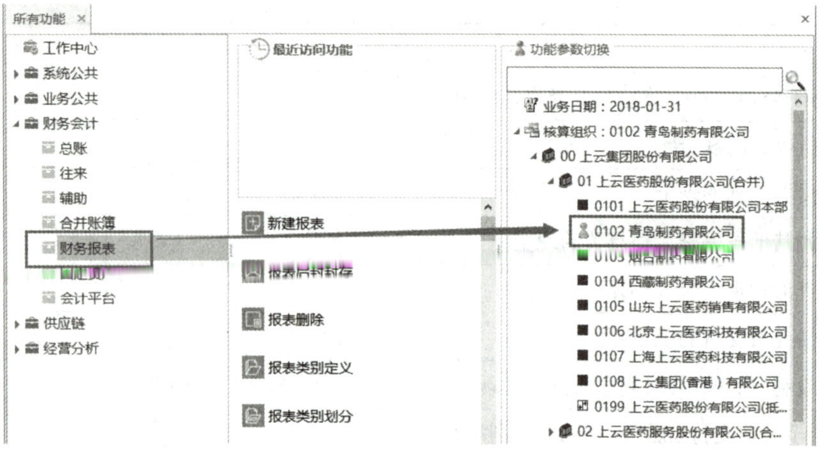

图 8—52　切换核算单位

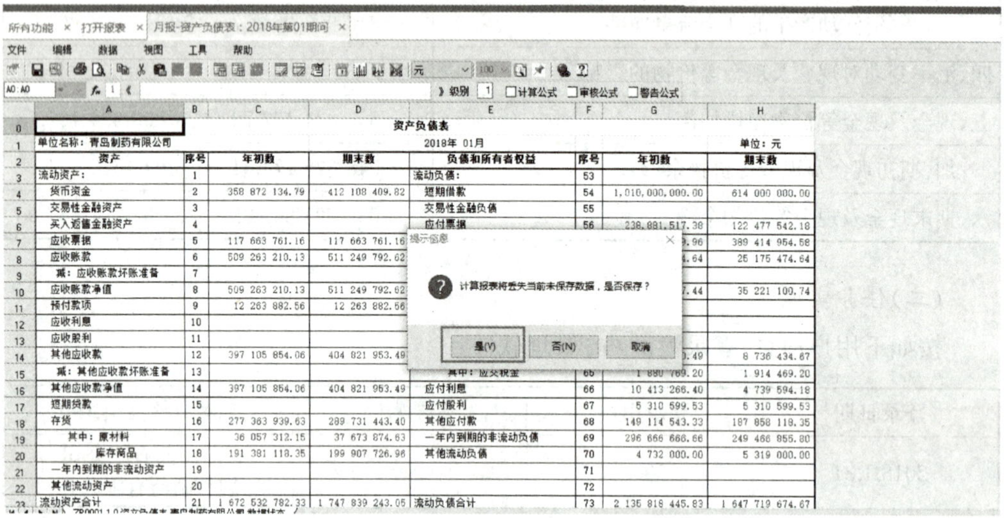

图 8—53　青岛制药有限公司资产负债表(一)

资产负债表

单位名称：青岛制药有限公司　　2018年 01月　　单位：元

资产	序号	年初数	期末数	负债和所有者权益	序号	年初数	期末数
流动资产：	1			流动负债：	53		
货币资金	2	358 872 134.79	412 108 409.82	短期借款	54	1 010 000 000.00	614 000 000.00
交易性金融资产	3			交易性金融负债	55		
买入返售金融资产	4			应付票据	56	238 881 517.38	122 477 542.18
应收票据	5	117 663 761.16	117 663 761.16	应付账款	57	354 387 089.96	389 414 954.58
应收账款	6	509 263 210.13	511 249 792.62	预收款项	58	25 175 474.64	25 175 474.64
减：应收账款坏账准备	7			卖出回购金融资产	59		
应收账款净值	8	509 263 210.13	511 249 792.62	应付职工薪酬	60	19 721 027.44	35 221 100.74
预付款项	9	12 263 882.56	12 263 882.56	其中：应付工资	61		
应收利息	10			应付福利费	62		
应收股利	11			其中：职工奖励及福利	63		
其他应收款	12	397 105 854.06	404 821 953.49	应交税费	64	21 416 260.49	8 736 434.67
减：其他应收款坏账准备	13			其中：应交税金	65	1 880 769.20	1 914 469.20
其他应收款净值	14	397 105 854.06	404 821 953.49	应付利息	66	10 413 266.40	4 739 594.18
短期贷款	15			应付股利	67	5 310 599.53	5 310 599.53
存货	16	277 363 939.63	289 731 443.40	其他应付款	68	149 114 543.33	187 858 118.35
其中：原材料	17	36 057 312.15	37 673 874.63	一年内到期的非流动负债	69	296 666 666.66	249 466 855.80
库存商品	18	191 381 118.35	199 907 726.96	其他流动负债	70	4 732 000.00	5 319 000.00
一年内到期的非流动资产	19				71		
其他流动资产	20				72		
流动资产合计	21	1 672 532 782.33	1 747 839 243.05	流动负债合计	73	2 135 818 445.83	1 647 719 674.67

图 8－54　青岛制药有限公司资产负债表(二)

利润表

单位名称：青岛制药有限公司　　2018年 01月　　单位：元

项目	序号	本月数	本年累计数	项目	序号	本月数	本年累计数
一、营业总收入	1	586 080 246.44	586 080 246.44	其他	20		
其中：营业收入	2	586 080 246.44	586 080 246.44	加：公允价值变动收益（损失以"-"号填	21		
其中：主营业务收入	3	572 405 002.46	572 405 002.46	投资收益（损失以"-"号填列）	22		
其他业务收入	4	13 675 243.98	13 675 243.98	其中：对联营企业和合营企业的投	23		
	5			汇兑收益	24		
二、营业总成本	6	526 940 614.12	526 940 614.12	三、营业利润（亏损以"-"号填列）	25	59 139 632.32	59 139 632.32
其中：营业成本	7	408 926 133.76	408 926 133.76	加：营业外收入	26	4 064 852.01	4 064 852.01
其中：主营业务成本	8	408 926 133.76	408 926 133.76	其中：非流动资产处置利得	27		
其他业务成本	9			政府补助利得	28		
税金及附加	10	9 915 343.72	9 915 343.72	债务重组利得	29		
销售费用	11	8 598 106.21	8 598 106.21	减：营业外支出	30	25 640 764.13	25 640 764.13
管理费用	12	79 000 600.69	79 000 600.69	其中：非流动资产处置损失	31		
其中：业务招待费	13			债务重组损失	32		
研究与开发费	14			四、利润总额（亏损总额以"-"号填列）	33	37 563 720.20	37 563 720.20
财务费用	15	20 500 429.74	20 500 429.74	减：所得税费用	34	7 122 997.51	7 122 997.51
其中：利息支出	16			五、净利润（净亏损以"-"号填列）	35	30 440 722.69	30 440 722.69
利息收入	17			归属于母公司所有者的净利润	36		

图 8－55　青岛制药有限公司利润表

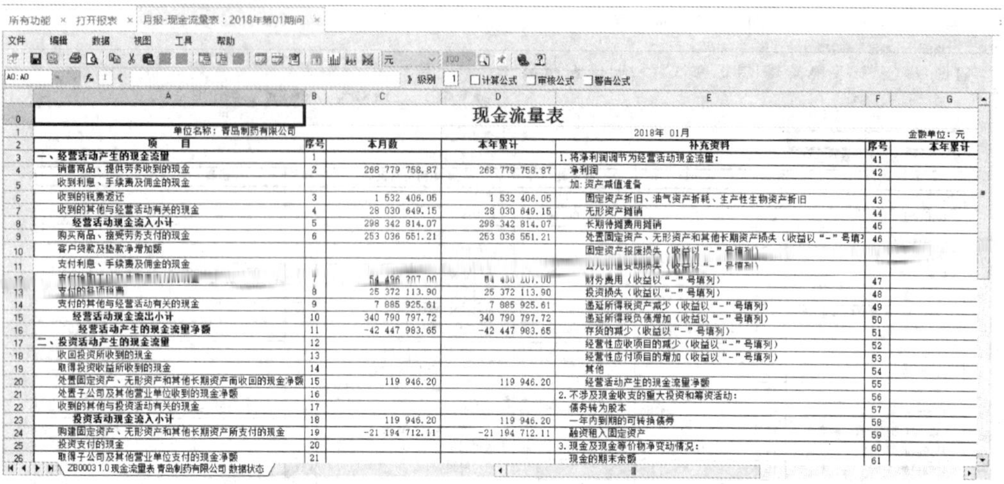

现金流量表

单位名称：青岛制药有限公司　　2018年 01月　　金额单位：元

项　　目	序号	本月数	本年累计	补充资料	序号	本年累计
一、经营活动产生的现金流量	1			1. 将净利润调节为经营活动现金流量：	41	
销售商品、提供劳务收到的现金	2	268 779 758.87	268 779 758.87	净利润	42	
收到利息、手续费及佣金的现金				加：资产减值准备		
收到的税费返还	3	1 532 406.05	1 532 406.05	固定资产折旧、油气资产折耗、生产性生物资产折旧	43	
收到的其他与经营活动有关的现金	4	28 030 649.15	28 030 649.15	无形资产摊销	44	
经营活动现金流入小计	5	298 342 814.07	298 342 814.07	长期待摊费用摊销	45	
购买商品、接受劳务支付的现金	6	253 036 551.21	253 036 551.21	处置固定资产、无形资产和其他长期资产损失（收益以"-"号填列）	46	
客户贷款及垫款净增加额				固定资产报废损失（收益以"-"号填列）		
支付利息、手续费及佣金的现金				[illegible]（收益以"-"号填列）		
[illegible]	7	54 496 207.00	[illegible]	财务费用（收益以"-"号填列）	47	
支付的各项税费	8	25 372 113.90	25 372 113.90	投资损失（收益以"-"号填列）	48	
支付的其他与经营活动有关的现金	9	7 885 925.61	7 885 925.61	递延所得税资产减少（收益以"-"号填列）	49	
经营活动现金流出小计	10	340 790 797.72	340 790 797.72	递延所得税负债增加（收益以"-"号填列）	50	
经营活动产生的现金流量净额	11	-42 447 983.65	-42 447 983.65	存货的减少（收益以"-"号填列）	51	
二、投资活动产生的现金流量	12			经营性应收项目的减少（收益以"-"号填列）	52	
收回投资所收到的现金	13			经营性应付项目的增加（收益以"-"号填列）	53	
取得投资收益所收到的现金	14			其他	54	
处置固定资产、无形资产和其他长期资产而收回的现金净额	15	119 946.20	119 946.20	经营活动产生的现金流量净额	55	
处置子公司及其他营业单位收到的现金净额	16			2. 不涉及现金收支的重大投资和筹资活动：	56	
收到的其他与投资活动有关的现金	17			债务转为股本	57	
投资活动现金流入小计	18	119 946.20	119 946.20	一年内到期的可转换债券	58	
购建固定资产、无形资产和其他长期资产所支付的现金	19	-21 194 712.11	-21 194 712.11	融资租入固定资产	59	
投资支付的现金	20			3. 现金及现金等价物净变动情况：	60	
取得子公司及其他营业单位支付的现金净额	21			现金的期末余额	61	

图 8－56　青岛制药有限公司现金流量表

第四步：执行【财务会计】→【财务报表】→【报表填制】→【报表批量审核】，打开报表批量审核功能，在左侧单位列表，选择"青岛制药有限公司"，在右侧报表列表，依次选择资产负债表、利润表、现金流量表，点击"确定"，提示"报表审核通过！"，则可自动将青岛制药公司三大主表的勾稽关系审核通过，如图 8－57 所示。

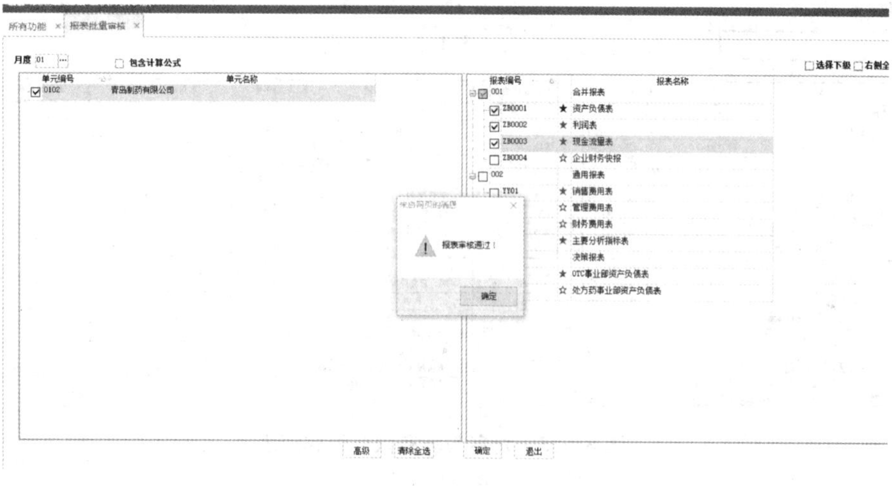

图 8－57　报表批量审核

第五步：将核算单位切换为"烟台制药有限公司"，执行【财务会计】→【财务报表】→【报表填制】→【打开报表】，依次选择资产负债表、利润表、现金流量表，打开后点击"数据－计算本表"，提示"计算报表将丢失当前未保存数据，是否保存?"点击"是"，将烟台制药公司的三大报表数据计算出来，如图 8－58、图 8－59、图 8－60 所示。

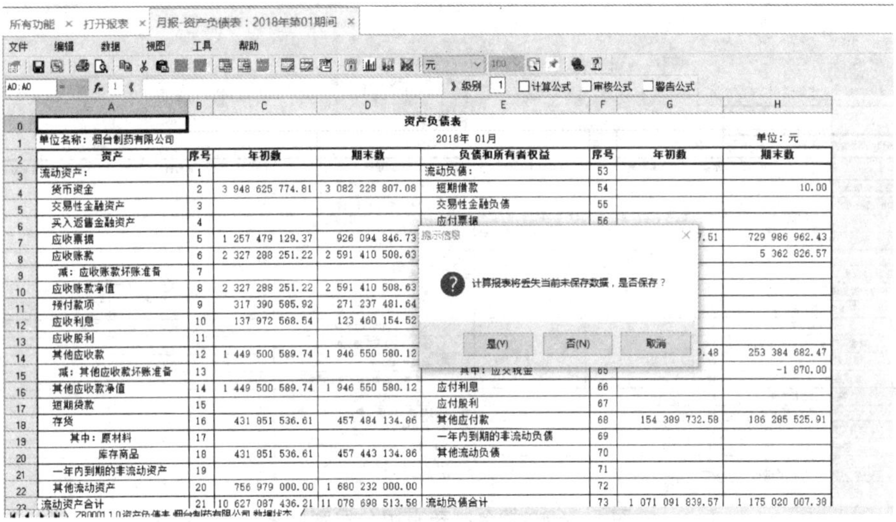

资产负债表

单位名称：烟台制药有限公司　　2018年 01月　　单位：元

资产	序号	年初数	期末数	负债和所有者权益	序号	年初数	期末数
流动资产：	1			流动负债：	53		
货币资金	2	3 948 625 774.81	3 082 228 807.08	短期借款	54		10.00
交易性金融资产	3			交易性金融负债	55		
买入返售金融资产	4			应付票据	56		
应收票据	5	1 257 479 129.37	926 094 846.73			7.51	729 986 962.43
应收账款	6	2 327 288 251.22	2 591 410 508.63				5 362 826.57
减：应收账款坏账准备	7						
应收账款净值	8	2 327 288 251.22	2 591 410 508.63				
预付款项	9	317 390 585.92	271 237 481.64				
应收利息	10	137 972 568.54	123 460 154.52				
应收股利	11						
其他应收款	12	1 449 500 589.74	1 946 550 580.12			9.48	253 384 682.47
减：其他应收款坏账准备	13			其中：应交税金	65		-1 870.00
其他应收款净值	14	1 449 500 589.74	1 946 550 580.12	应付利息	66		
短期贷款	15			应付股利	67		
存货	16	431 851 536.61	457 484 134.86	其他应付款	68	154 389 732.58	186 285 525.91
其中：原材料	17			一年内到期的非流动负债	69		
库存商品	18	431 851 536.61	457 443 134.86	其他流动负债	70		
一年内到期的非流动资产	19				71		
其他流动资产	20	756 979 000.00	1 680 232 000.00		72		
流动资产合计	21	10 627 087 436.21	11 078 698 513.58	流动负债合计	73	1 071 091 839.57	1 175 020 007.38

图 8—58　烟台制药有限公司资产负债表

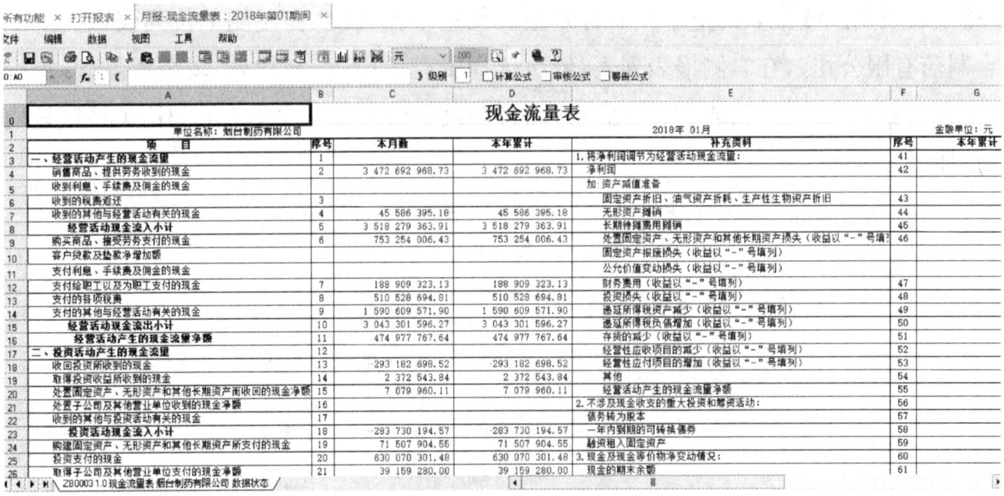

现金流量表

单位名称：烟台制药有限公司　　2018年 01月　　金额单位：元

项　目	序号	本月数	本年累计	补充资料	序号	本年累计
一、经营活动产生的现金流量	1			1. 将净利润调节为经营活动现金流量：	41	
销售商品、提供劳务收到的现金	2	3 472 692 968.73	3 472 692 968.73	净利润	42	
收到利息、手续费及佣金的现金				加：资产减值准备		
收到的税费返还	3			固定资产折旧、油气资产折耗、生产性生物资产折旧	43	
收到的其他与经营活动有关的现金	4	45 586 395.18	45 586 395.18	无形资产摊销	44	
经营活动现金流入小计	5	3 518 279 363.91	3 518 279 363.91	长期待摊费用摊销	45	
购买商品、接受劳务支付的现金	6	753 254 006.43	753 254 006.43	处置固定资产、无形资产和其他长期资产损失（收益以“-”号填	46	
客户贷款及垫款净增加额				固定资产报废损失（收益以“-”号填列）		
支付利息、手续费及佣金的现金				公允价值变动损失（收益以“-”号填列）		
支付给职工以及为职工支付的现金	7	188 909 323.13	188 909 323.13	财务费用（收益以“-”号填列）	47	
支付的各项税费	8	510 528 694.81	510 528 694.81	投资损失（收益以“-”号填列）	48	
支付的其他与经营活动有关的现金	9	1 590 609 571.90	1 590 609 571.90	递延所得税资产减少（收益以“-”号填列）	49	
经营活动现金流出小计	10	3 043 301 596.27	3 043 301 596.27	递延所得税负债增加（收益以“-”号填列）	50	
经营活动产生的现金流量净额	11	474 977 767.64	474 977 767.64	存货的减少（收益以“-”号填列）	51	
二、投资活动产生的现金流量	12			经营性应收项目的减少（收益以“-”号填列）	52	
收回投资所收到的现金	13	-293 182 698.52	-293 182 698.52	经营性应付项目的增加（收益以“-”号填列）	53	
取得投资收益所收到的现金	14	2 372 543.84	2 372 543.84	其他	54	
处置固定资产、无形资产和其他长期资产而收回的现金净额	15	7 079 960.11	7 079 960.11	经营活动产生的现金流量净额	55	
处置子公司及其他营业单位收到的现金净额	16			2. 不涉及现金收支的重大投资和筹资活动：	56	
收到的其他与投资活动有关的现金	17			债务转为股本	57	
投资活动现金流入小计	18	-283 730 194.57	-283 730 194.57	一年内到期的可转换债券	58	
购建固定资产、无形资产和其他长期资产所支付的现金	19	71 507 904.55	71 507 904.55	融资租入固定资产	59	
投资支付的现金	20	630 070 301.48	630 070 301.48	3. 现金及现金等价物净变动情况：	60	
取得子公司及其他营业单位支付的现金净额	21	39 159 280.00	39 159 280.00	现金的期末余额	61	

图 8—59　烟台制药有限公司现金流量表

图 8－60　烟台制药有限公司利润表

第六步：将核算单位切换为“烟台制药有限公司”，执行【财务会计】→【财务报表】→【报表填制】→【报表批量审核】，打开报表批量审核功能，在左侧单位列表，选择“烟台制药有限公司”，在右侧报表列表，依次选择资产负债表、利润表、现金流量表，点击“确定”，提示“报表审核通过！”，则可自动将烟台制药公司三大主表的勾稽关系审核通过，如图 8－61 所示。

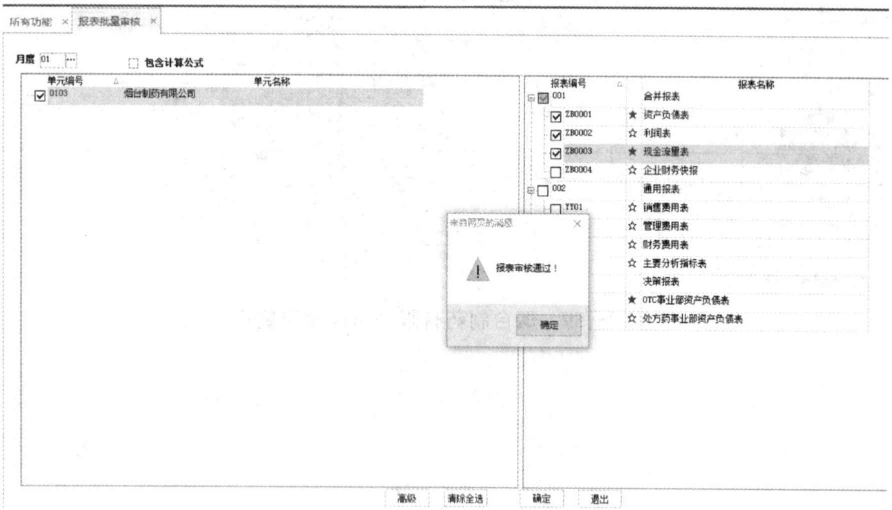

图 8－61　报表批量审核

通过如上操作，可将 1 月份青岛制药公司与烟台制药公司的三大主表数据计算出来，并审核通过，为合并报表出具做好数据基础。

三、任务二:抵消报表出具

(一)任务描述

1月份青岛制药公司与烟台制药公司发生的已对账的内部交易业务,需要在当月出具抵消调整表数据,三大主表项目抵消数据如下(只列示有数据的报表项目),如表8—21、表8—22、表8—23所示。

表8—21　　上云医药股份有限公司(抵消)——资产负债表

资　产	年初数	期末数	负债和所有者权益	年初数	期末数
流动资产:			流动负债:		
应收账款	−300 000.00	−300 000.00	应付账款	−300 000.00	−366 000.00
减:应收账款坏账准备			其他应付款	−130 000.00	−130 000.00
应收账款净值	−300 000.00	−300 000.00	流动负债合计	−430 000.00	−496 000.00
其他应收款	−130 000.00	−130 000.00			
减:其他应收款坏账准备					
其他应收款净值	−130 000.00	−130 000.00			
流动资产合计	−430 000.00	−496 000.00			
资产合计	−430 000.00	−496 000.00	负债和所有者权益总计	−430 000.00	−496 000.00

表8—22　　上云医药股份有限公司(抵消)——利润表

项　目	本月数	本年累计数
一、营业总收入	−100 000.00	−100 000.00
其中:营业收入	−100 000.00	−100 000.00
其中:主营业务收入	−100 000.00	−100 000.00
二、营业总成本	−100 000.00	−100 000.00
其中:营业成本	−100 000.00	−100 000.00
其中:主营业务成本	−100 000.00	−100 000.00

表8—23　　上云医药股份有限公司(抵消)——现金流量表

项　目	本月数	本年累计
一、经营活动产生的现金流量		
销售商品、提供劳务收到的现金	−50 000.00	−50 000.00
经营活动现金流入小计	−50 000.00	−50 000.00

续表

项　目	本月数	本年累计
购买商品、接受劳务支付的现金	－50 000.00	－50 000.00
经营活动现金流出小计	－50 000.00	－50 000.00

（二）任务实现

按如下用户信息，登录浪潮 GS 管理软件。

登录日期	登录用户	登录密码	对应核算组织
2018.1.31	0002	aaaaaa	上云医药股份有限公司（抵消）

第一步：登录 GS 后，将核算单位切换为“上云医药股份有限公司（抵消）”。首先在左侧功能列表处，选择【财务会计】→【财务报表】，然后在右侧核算组织处，点击“上云集团股份有限公司”左边的⊞，将所有核算组织显示出来，使用鼠标双击“上云医药股份有限公司（抵消）”，变为，即表示切换成功，如图 8－62 所示。

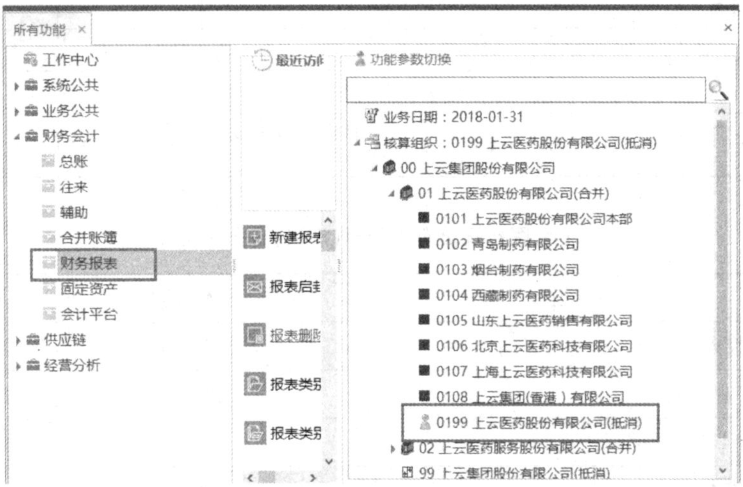

图 8－62　切换核算单位

第二步：执行【财务会计】→【财务报表】→【报表填制】→【打开报表】，在右侧报表列表，选择“资产负债表”，点击“确定”，打开资产负债表，点击“数据—计算本表”，提示“计算报表将丢失当前未保存数据，是否保存？”点击“是”，则可将上云医药股份有限公司的 1 月份抵消数据在报表中展示出来，如图 8－63、图 8－64 所示。

第三步：在打开报表界面，与资产负债表计算相同步骤，依次将利润表和现金流量表抵消数据计算出来，如图 8－65、图 8－66 所示。

通过如上操作，可将 1 月份上云医药股份有限公司三大主表抵消数据计算出来，

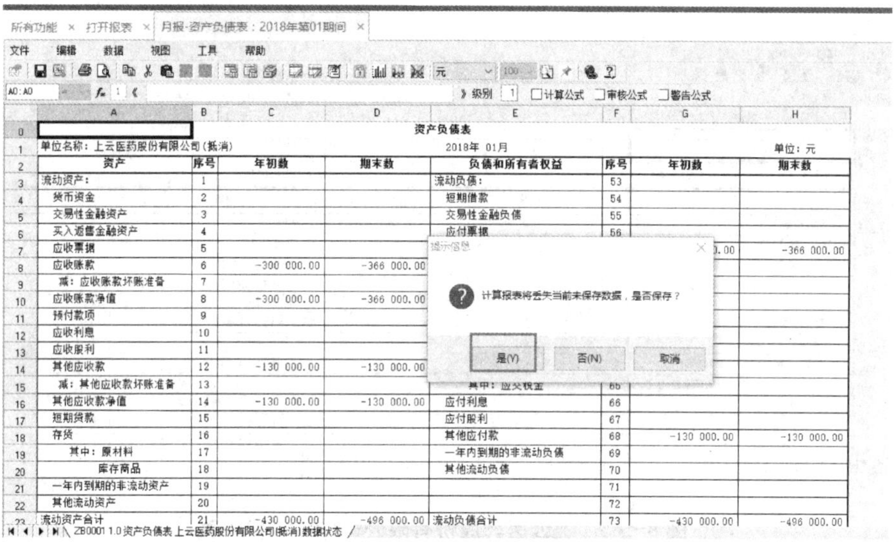

图 8—63　上云医药股份有限公司（抵消）资产负债表（一）

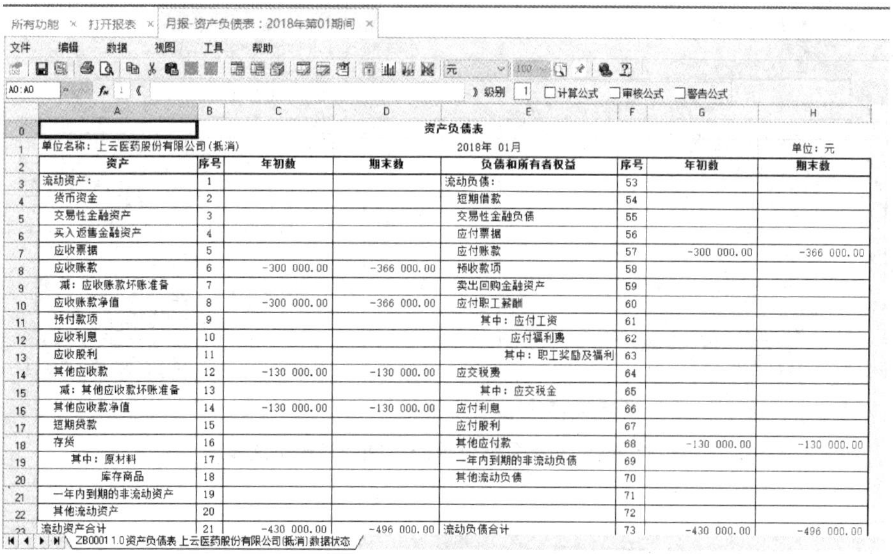

资产负债表

单位名称：上云医药股份有限公司（抵消）　2018年 01月　单位：元

资产	序号	年初数	期末数	负债和所有者权益	序号	年初数	期末数
流动资产：	1			流动负债：	53		
货币资金	2			短期借款	54		
交易性金融资产	3			交易性金融负债	55		
买入返售金融资产	4			应付票据	56		
应收票据	5			应付账款	57	-300 000.00	-366 000.00
应收账款	6	-300 000.00	-366 000.00	预收款项	58		
减：应收账款坏账准备	7			卖出回购金融资产	59		
应收账款净值	8	-300 000.00	-366 000.00	应付职工薪酬	60		
预付款项	9			其中：应付工资	61		
应收利息	10			应付福利费	62		
应收股利	11			其中：职工奖励及福利	63		
其他应收款	12	-130 000.00	-130 000.00	应交税费	64		
减：其他应收款坏账准备	13			其中：应交税金	65		
其他应收款净值	14	-130 000.00	-130 000.00	应付利息	66		
短期贷款	15			应付股利	67		
存货	16			其他应付款	68	-130 000.00	-130 000.00
其中：原材料	17			一年内到期的非流动负债	69		
库存商品	18			其他流动负债	70		
一年内到期的非流动资产	19				71		
其他流动资产	20				72		
流动资产合计	21	-430 000.00	-496 000.00	流动负债合计	73	-430 000.00	-496 000.00

图 8—64　上云医药股份有限公司（抵消）资产负债表（二）

同样为合并报表出具做好数据基础。

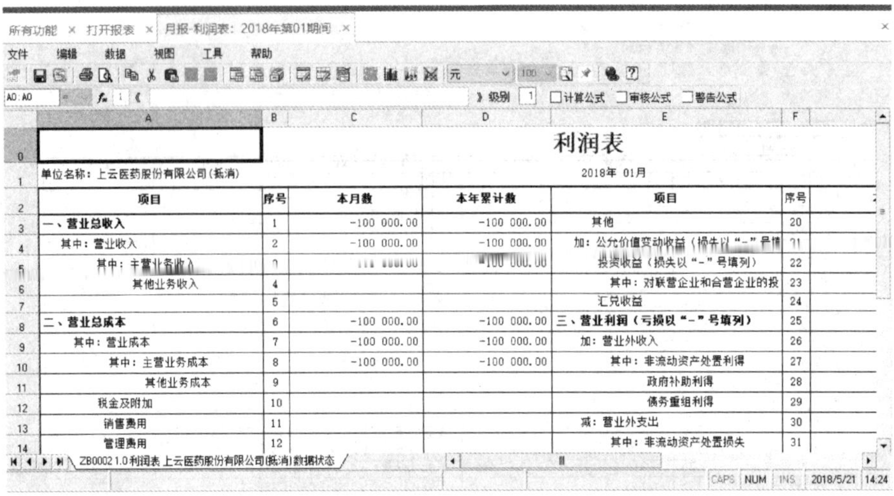

利润表

单位名称：上云医药股份有限公司(抵消)　　2018年 01月

项目	序号	本月数	本年累计数	项目	序号
一、营业总收入	1	-100 000.00	-100 000.00	其他	20
其中：营业收入	2	-100 000.00	-100 000.00	加：公允价值变动收益（损失以“-”号填	21
其中：主营业务收入	3	[illegible]	-100 000.00	投资收益（损失以“-”号填列）	22
其他业务收入	4			其中：对联营企业和合营企业的投	23
	5			汇兑收益	24
二、营业总成本	6	-100 000.00	-100 000.00	三、营业利润（亏损以“-”号填列）	25
其中：营业成本	7	-100 000.00	-100 000.00	加：营业外收入	26
其中：主营业务成本	8	-100 000.00	-100 000.00	其中：非流动资产处置利得	27
其他业务成本	9			政府补助利得	28
税金及附加	10			债务重组利得	29
销售费用	11			减：营业外支出	30
管理费用	12			其中：非流动资产处置损失	31

图 8—65　上云医药股份有限公司(抵消)利润表

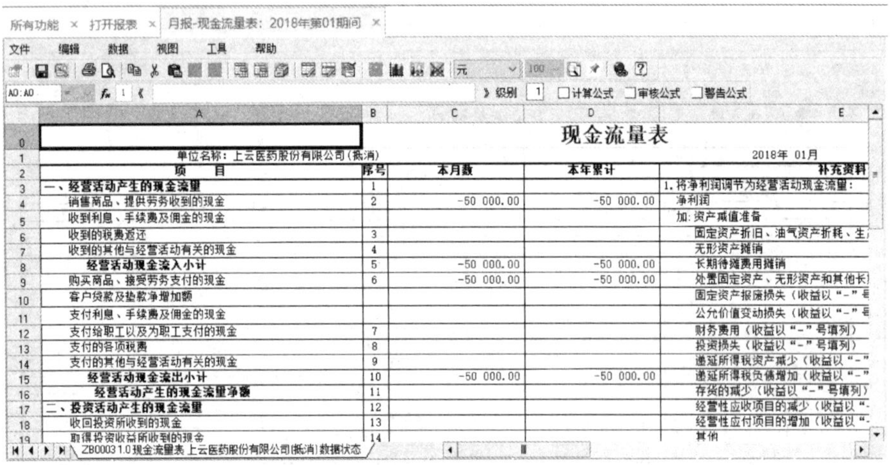

现金流量表

单位名称：上云医药股份有限公司(抵消)　　2018年 01月

项　目	序号	本月数	本年累计	补充资料
一、经营活动产生的现金流量	1			1.将净利润调节为经营活动现金流量：
销售商品、提供劳务收到的现金	2	-50 000.00	-50 000.00	净利润
收到利息、手续费及佣金的现金				加：资产减值准备
收到的税费返还	3			固定资产折旧、油气资产折耗、生
收到的其他与经营活动有关的现金	4			无形资产摊销
经营活动现金流入小计	5	-50 000.00	-50 000.00	长期待摊费用摊销
购买商品、接受劳务支付的现金	6	-50 000.00	-50 000.00	处置固定资产、无形资产和其他长
客户贷款及垫款净增加额				固定资产报废损失（收益以“-”号
支付利息、手续费及佣金的现金				公允价值变动损失（收益以“-”号
支付给职工以及为职工支付的现金	7			财务费用（收益以“-”号填列）
支付的各项税费	8			投资损失（收益以“-”号填列）
支付的其他与经营活动有关的现金	9			递延所得税资产减少（收益以“-”
经营活动现金流出小计	10	-50 000.00	-50 000.00	递延所得税负债增加（收益以“-”
经营活动产生的现金流量净额	11			存货的减少（收益以“-”号填列）
二、投资活动产生的现金流量	12			经营性应收项目的减少（收益以“-
收回投资所收到的现金	13			经营性应付项目的增加（收益以“-
取得投资收益所收到的现金	14			其他

图 8—66　上云医药有限公司(抵消)现金流量表

四、任务三:合并报表出具

(一)任务描述

集团合并报表会计需在规定日期(5 日)前完成上月报表的合并工作,1 月份包括上云集团本部、青岛制药公司和烟台制药公司三家单位的三大主表合并数据如表 8—24、表 8—25、表 8—26 所示。

表 8—24　　上云医药股份有限公司(合并)——资产负债表

资　产	年初数	期末数	负债和所有者权益	年初数	期末数
流动资产：			流动负债：		
货币资金	9 247 281 223.46	7 793 224 746.73	短期借款	1 010 000 000.00	614 000 000.00
交易性金融资产			交易性金融负债		
买入返售金融资产			应付票据	238 881 517.38	87 192 168.35
应收票据	2 497 852 811.18	1 997 273 548.47	应付账款	1 807 653 245.20	1 852 606 828.57
应收账款	5 160 841 209.02	6 284 151 885.82	预收款项	177 041 482.41	234 382 302.48
减：应收账款坏账准备			卖出回购金融资产		
应收账款净值	5 160 841 209.02	6 284 151 885.82	应付职工薪酬	19 816 179.72	35 335 981.45
预付款项	784 891 500.21	613 514 041.96	其中：应付工资		
应收利息	299 593 433.67	150 689 570.93	应付福利费		
应收股利			其中：职工奖励及福利基金		
其他应收款	2 032 784 864.96	2 584 021 770.68	应交税费	546 132 452.91	770 396 286.91
减：其他应收款坏账准备			其中：应交税金		
其他应收款净值	2 032 784 864.96	2 584 021 770.68	应付利息	10 413 266.40	4 739 594.18
短期贷款			应付股利	5 310 599.53	5 310 599.53
存货	1 345 804 678.27	1 536 782 018.66	其他应付款	454 707 998.86	971 754 106.71
其中：原材料	36 057 312.15	37 663 774.64	一年内到期的非流动负债	296 666 666.66	249 466 855.80
库存商品	623 232 654.96	657 250 861.82	其他流动负债	4 732 000.00	5 319 000.00
一年内到期的非流动资产					
其他流动资产	2 355 494 880.16	6 334 643 401.52			
流动资产合计	23 724 544 600.93	27 294 300 984.77	流动负债合计	4 571 355 409.07	4 830 503 723.98
非流动资产：			非流动负债：		
中长期贷款			长期借款	100 000 000.00	670 000 000.00
逾期贷款			应付债券		
抵债资产			长期应付款	50 984 027.29	80 829 282.30
可供出售金融资产	282 179 967.14	350 345 803.45	专项应付款	84 960 000.00	84 960 000.00
持有至到期投资			预计负债		
长期应收款			递延收益	305 084 920.09	274 655 268.51
长期股权投资	1 755 953 047.81	1 795 112 327.81	递延所得税负债	1 250 555.31	5 296 991.54
减：长期股权投资减值准备			其他非流动负债	3 561 500.00	3 561 500.00
长期股权投资净值	1 755 953 047.81	1 795 112 327.81	非流动负债合计	545 841 002.69	1 119 303 042.35
投资性房地产	74 455 539.16	73 275 758.23	负债合计	5 117 196 411.76	5 949 806 766.33
固定资产	6 668 636 467.69	7 350 254 179.16	所有者权益(或股东权益)：		
减：累计折旧	2 490 530 890.73	2 806 837 070.61	实收资本(或股本)	5 152 232 178.00	6 106 850 701.00
固定资产净值	4 178 105 576.96	4 543 417 108.55	国有资本		
减：固定资产减值准备			其中：国有法人资本		

续表

资　产	年初数	期末数	负债和所有者权益	年初数	期末数
固定资产净额	4 178 105 576.96	4 543 417 108.55	集体资本		
在建工程	1 344 613 553.88	1 694 025 094.19	民营资本		
工程物资			其中：个人资本		
固定资产清理		11 025.78	外商资本		
生产性生物资产			其他权益工具		
油气资产			资本公积	1 361 645 556.32	1 917 385 743.33
无形资产	576 484 440.78	575 702 962.10	减：库存股	43 428 000.00	528 473 319.00
减：无形资产累计摊销	27 079 631.16	33 628 942.03	其他综合收益	141 609 998.24	169 276 074.12
无形资产净值	549 404 809.62	542 074 020.07	专项储备		
开发支出			盈余公积	2 682 766 617.41	2 969 436 035.66
商誉			一般风险准备		
长期待摊费用	4 630 210.42	5 775 791.21	未分配利润	17 130 855 599.36	19 252 696 737.77
递延所得税资产	115 429 025.11	114 034 292.41	归属于母公司所有者权益合计	26 425 681 949.33	29 887 171 972.88
其他非流动资产			少数股东权益	486 437 969.94	575 393 467.26
非流动资产合计	8 304 771 730.10	9 118 071 221.70	所有者权益合计	26 912 119 919.27	30 462 565 440.14
资产合计	32 029 316 331.03	36 412 372 206.47	负债和所有者权益总计	32 029 316 331.03	36 412 372 206.47

表 8－25　　　　上云医药股份有限公司(合并)——利润表

项　目	本月数	本年累计数	项　目	本月数	本年累计数
一、营业总收入	17 346 760 660.03	17 346 760 660.03	其他	155 415 314.75	155 415 314.75
其中：营业收入	17 346 760 660.03	17 346 760 660.03	加：公允价值变动收益(损失以“－”号填列)	1 654 273.06	1 654 273.06
其中：主营业务收入	17 163 053 582.22	17 163 053 582.22	投资收益(损失以“－”号填列)	53 767 446.12	53 767 446.12
其他业务收入	183 707 077.81	183 707 077.81	其中：对联营企业和合营企业的投资收益		
			汇兑收益		
二、营业总成本	12 832 390 967.71	12 832 390 967.71	三、营业利润(亏损以“－”号填列)	4 725 206 726.25	4 725 206 726.25
其中：营业成本	2 969 154 214.11	2 969 154 214.11	加：营业外收入	5 867 797.29	5 867 797.29
其中：主营业务成本	2 800 476 609.02	2 800 476 609.02	其中：非流动资产处置利得		
其他业务成本	168 677 605.09	168 677 605.09	政府补助利得		
税金及附加	311 707 231.33	311 707 231.33	债务重组利得		
销售费用	6 071 417 569.86	6 071 417 569.86	减：营业外支出	55 074 735.41	55 074 735.41
管理费用	3 493 569 679.37	3 493 569 679.37	其中：非流动资产处置损失		

续表

项　目	本月数	本年累计数	项　目	本月数	本年累计数
其中:业务招待费			债务重组损失		
研究与开发费			四、利润总额(亏损总额以"—"号填列)	4 675 999 788.13	4 675 999 788.13
财务费用	—34 661 962.55	—34 661 962.55	减:所得税费用	618 385 926.13	618 385 926.13
其中:利息支出	13 511 999.11	13 511 999.11	五、净利润(净亏损以"—"号填列)	4 057 613 862.00	4 057 613 862.00
利息收入	105 949 608.18	105 949 608.18	归属于母公司所有者的净利润	3 216 647 998.16	3 216 647 998.16
汇兑净损失(净收益以"—"号填列)	53 074 868.38	53 074 868.38	少数股东损益	76 305 305.80	76 305 305.80
资产减值损失	21 204 235.59	21 204 235.59			

表 8—26　　上云医药股份有限公司(合并)——现金流量表

项　目	本月数	本年累计
一、经营活动产生的现金流量		
销售商品、提供劳务收到的现金	17 774 290 178.68	17 774 290 178.68
收到利息、手续费及佣金的现金		
收到的税费返还	1 532 406.05	1 532 406.05
收到的其他与经营活动有关的现金	422 428 056.37	422 428 056.37
经营活动现金流入小计	18 198 250 641.10	18 198 250 641.10
购买商品、接受劳务支付的现金	1 728 961 406.03	1 728 961 406.03
客户贷款及垫款净增加额		
支付利息、手续费及佣金的现金		
支付给职工以及为职工支付的现金	2 124 287 956.83	2 124 287 956.83
支付的各项税费	2 920 693 124.22	2 920 693 124.22
支付的其他与经营活动有关的现金	8 440 220 685.12	8 440 220 685.12
经营活动现金流出小计	15 214 163 172.20	15 214 163 172.20
经营活动产生的现金流量净额	2 984 087 468.90	2 984 087 468.90
二、投资活动产生的现金流量		
收回投资所收到的现金	3 263 979 000.00	3 263 979 000.00
取得投资收益所收到的现金	52 183 049.44	52 183 049.44
处置固定资产、无形资产和其他长期资产而收回的现金净额	8 782 224.62	8 782 224.62
处置子公司及其他营业单位收到的现金净额		

续表

项　目	本月数	本年累计
收到的其他与投资活动有关的现金		
投资活动现金流入小计	3 324 944 274.06	3 324 944 274.06
购建固定资产、无形资产和其他长期资产所支付的现金	430 614 787.71	430 614 787.71
投资支付的现金	7 233 886 371.48	7 233 886 371.48
取得子公司及其他营业单位支付的现金净额	39 159 280.00	39 159 280.00
支付的其他与投资活动有关的现金	3 264 730.66	3 264 730.66
投资活动现金流出小计	7 706 925 169.85	7 706 925 169.85
投资活动产生的现金流量净额	−4 381 980 895.79	−4 381 980 895.79
三、筹资活动产生的现金流量		
吸收投资所收到的现金	536 996 570.00	536 996 570.00
其中：子公司吸收少数股东投资收到的现金		
借款所收到的现金	603 322 225.42	603 322 225.42
发行债券收到的现金		
收到的其他与筹资活动有关的现金	46 575 758.61	46 575 758.61
筹资活动现金流入小计	1 186 894 554.03	1 186 894 554.03
偿还债务所支付的现金	541 945 289.07	541 945 289.07
分配股利、利润和偿付利息所支付的现金	647 546 446.82	647 546 446.82
其中：子公司支付少数股东的股利、利润		
支付的其他与筹资活动有关的现金	17 134 614.65	17 134 614.65
筹资活动现金流出小计	1 206 626 350.54	1 206 626 350.54
筹资活动产生的现金流量净额	−19 731 796.51	−19 731 796.51
四、汇率变动对现金及现金等价物的影响	−36 431 253.33	−36 431 253.33
五、现金及现金等价物净增加额	−1 454 056 476.73	−1 454 056 476.73
加：期初现金及现金等价物余额	9 247 281 223.46	9 247 281 223.46
六、期末现金及现金等价物余额	7 793 224 746.73	7 793 224 746.73

（二）任务实现

按如下用户信息，登录浪潮 GS 管理软件。

登录日期	登录用户	登录密码	对应核算组织
2018.1.31	0002	aaaaaa	上云医药股份有限公司（合并）

第一步:登录 GS 后,将核算单位切换为“上云医药股份有限公司(合并)”。首先在左侧功能列表处,选择【财务会计】→【财务报表】,然后在右侧核算组织处,点击“上云集团股份有限公司”左边的⊞,将所有核算组织显示出来,使用鼠标双击“上云医药股份有限公司(合并)”,变为👤,即表示切换成功,如图 8-67 所示。

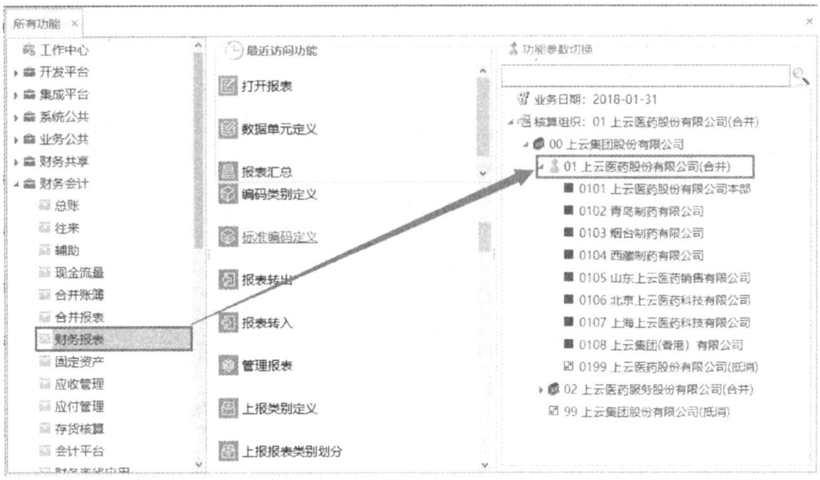

图 8-67 切换核算单位

第二步:执行【财务会计】→【财务报表】→【报表填制】→【报表汇总】,在左侧单位列表勾选“上云医药股份有限公司(合并)”,右侧报表列表勾选“资产负债表”“利润表”和“现金流量表”,点击“确定”,提示“汇总完毕”,则可将上云集团本部、青岛制药公司、烟台制药公司、抵消公司的三大主表数据进行汇总,生成合并报表数据,如图 8-68 所示。

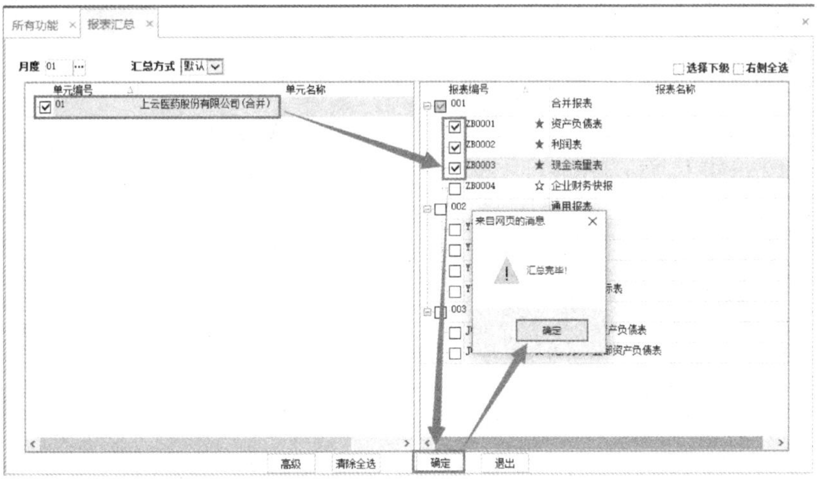

图 8-68 报表汇总

第三步:执行【财务会计】→【财务报表】→【报表填制】→【打开报表】,可以对合并报表数据进行查看,并与任务描述中合并报表数据进行核对。

通过如上操作,可将 1 月份上云医药股份有限公司三大主表合并数据快速计算出来。

第九章　主题六:财务指标分析

第一节　相关知识

一、常用偿债能力指标

偿债能力是指企业偿还各种债务的能力,偿还债务的保证是法人合法拥有的财产。偿债能力分析包括短期偿债能力分析和长期偿债能力分析。

(一)短期偿债能力指标

短期偿债能力是指企业流动资产对流动负债及时足额偿还的保证程度,是衡量企业当前财务能力,特别是流动资产变现能力的重要标志。

企业短期偿债能力分析主要采用比率分析法,衡量指标主要有流动比率、速动比率和现金流动负债率。

1. 流动比率

流动比率是流动资产与流动负债的比率,表示企业每1元流动负债有多少流动资产作为偿还的保证,反映了企业的流动资产偿还流动负债的能力。其计算公式为:

流动比率＝流动资产÷流动负债

一般情况下,流动比率越高,反映企业短期偿债能力越强。因为该比率越高,不仅反映企业拥有较多的营运资金抵偿短期债务,而且表明企业可以变现的资产数额较大,债权人的风险越小。但是,过高的流动比率并不都是好现象。

从理论上讲,流动比率维持在2∶1是比较合理的。但是,由于行业性质不同,流动比率的实际标准也不同。所以,在分析流动比率时,应将其与同行业平均流动比率、本企业历史的流动比率进行比较,才能得出合理的结论。

2. 速动比率

速动比率又称酸性测试比率,是企业速动资产与流动负债的比率。其计算公式为:

速动比率＝速动资产÷流动负债

其中：速动资产＝流动资产－存货

或：速动资产＝流动资产－存货－预付账款－待摊费用

计算速动比率时，流动资产中扣除存货，是因为存货在流动资产中的变现速度较慢，有些存货可能滞销，无法变现。至于预付账款和待摊费用根本不具有变现能力，只是减少企业未来的现金流出量，所以理论上也应加以剔除，但实务中，由于它们在流动资产中所占的比重较小，计算速动资产时也可以不扣除。

传统经验认为，速动比率维持在1∶1较为正常，它表明企业的每1元流动负债就有1元易于变现的流动资产来抵偿，短期偿债能力有可靠的保证。

速动比率过低，企业的短期偿债风险较大；速动比率过高，企业在速动资产上占用资金过多，会增加企业投资的机会成本。但以上评判标准并不是绝对的。

3. 现金流动负债比率

现金流动负债比率是企业一定时期的经营现金净流量与流动负债的比率，它可以从现金流量角度来反映企业当期偿付短期负债的能力。其计算公式为：

现金流动负债比率＝年经营现金净流量÷年末流动负债

式中，年经营现金净流量是指一定时期内，由企业经营活动所产生的现金及现金等价物的流入量与流出量的差额。

该指标是从现金流入和流出的动态角度对企业实际偿债能力进行考察。用该指标评价企业偿债能力更为谨慎。该指标较大，表明企业经营活动产生的现金净流量较多，能够保障企业按时偿还到期债务。但也不是越大越好，太大则表示企业流动资金利用不充分、收益能力不强。

（二）长期偿债能力指标

长期偿债能力是指企业偿还长期负债的能力。它的大小是反映企业财务状况稳定与否及安全程度高低的重要标志。其分析指标主要有资产负债率、产权比率、负债与有形净资产比率、利息保障倍数。

1. 资产负债率

资产负债率又称负债比率，是企业的负债总额与资产总额的比率。它表示企业资产总额中，债权人提供资金所占的比重，以及企业资产对债权人权益的保障程度。其计算公式为：

资产负债率＝负债总额÷资产总额×100%

资产负债率高低对企业的债权人和所有者具有不同的意义。

债权人希望负债比率越低越好，因为负债比率越低则其债权的保障程度就越高。

对所有者而言，最关心的是投入资本的收益率。只要企业的总资产收益率高于借款的利息率，举债越多，即负债比率越大，所有者的投资收益就越大。

一般情况下，企业负债经营规模应控制在一个合理的水平，负债比重应掌握在一定的标准内。

2. 产权比率

产权比率也称资本负债率，是指负债总额与所有者权益总额的比率，是企业财务结构稳健与否的重要标志。其计算公式为：

负债与所有者权益比率＝负债总额÷所有者权益总额×100%

该比率反映了所有者权益对债权人权益的保障程度，即在企业清算时债权人权益的保障程度。该指标越低，表明企业的长期偿债能力越强，债权人权益的保障程度越高，承担的风险越小，但企业不能充分地发挥负债的财务杠杆效应。

3. 负债与有形净资产比率

负债与有形净资产比率是负债总额与有形净资产的比例关系，表示企业有形净资产对债权人权益的保障程度。其计算公式为：

负债与有形净资产比率＝负债总额÷有形净资产×100%

有形净资产＝所有者权益－无形资产－递延资产

企业的无形资产、递延资产等一般难以作为偿债的保证，应从净资产中将其剔除，可以更合理地衡量企业清算时对债权人权益的保障程度。该比率越低，表明企业长期偿债能力越强。

4. 利息保障倍数

利息保障倍数又称为已获利息倍数，是企业息税前利润与利息费用的比率，是衡量企业偿付负债利息能力的指标。其计算公式为：

利息保障倍数＝税息前利润÷利息费用

式中，利息费用是指本期发生的全部应付利息，包括流动负债的利息费用，长期负债中进入损益的利息费用以及进入固定资产原价中的资本化利息。

利息保障倍数越高，说明企业支付利息费用的能力越强；该比率越低，说明企业难以保证用经营所得来及时足额地支付负债利息。因此，它是企业是否举债经营、衡量其偿债能力强弱的主要指标。

若要合理地确定企业的利息保障倍数，需将该指标与其他企业，特别是同行业平均水平进行比较。根据稳健原则，应以指标最低年份的数据作为参照物。但是，一般情况下，利息保障倍数不能低于1。

二、常用营运能力指标

营运能力即企业集团经营管理者有效利用资产的能力，可以在一定程度上反映企业集团的经营管理水平。营运能力分析是指通过计算企业资金周转的有关指标分析其资产利用的效率,是对企业管理层管理水平和资产运用能力的分析。

1. 应收款项周转率

应收款项周转率也称为应收款项周转次数,是一定时期内商品或产品主营业务收入净额与平均应收款项余额的比值,是反映应收款项周转速度的一项指标。其计算公式为:

应收款项周转率(次数)=主营业务收入净额÷平均应收账款余额

其中:

主营业务收入净额=主营业务收入-销售折让与折扣

平均应收账款余额=(应收款项年初数+应收款项年末数)÷2

应收款项周转天数=360÷应收账款周转率

=(平均应收账款×360)÷主营业务收入净额

应收账款包括应收账款净额和应收票据等全部赊销账款。应收账款净额是指扣除坏账准备后的余额;应收票据如果已向银行办理了贴现手续,则不应包括在应收账款余额内。

应收账款周转率反映了企业应收账款变现速度的快慢及管理效率的高低,周转率越高表明:(1)收账迅速,账龄较短;(2)资产流动性强,短期偿债能力强;(3)可以减少收账费用和坏账损失,从而相对增加企业流动资产的投资收益。同时借助应收账款周转期与企业信用期限的比较,还可以评价购买单位的信用程度,以及企业原订的信用条件是否适当。

但在评价一家企业应收款项周转率是否合理时,应与同行业的平均水平相比较而定。

2. 存货周转率

存货周转率也称为存货周转次数,是企业一定时期内的主营业务成本与存货平均余额的比率,它是反映企业的存货周转速度和销货能力的一项指标,也是衡量企业生产经营中存货营运效率的一项综合性指标。其计算公式为:

存货周转率(次数)=主营业务成本÷存货平均余额

存货平均余额=(存货年初数+存货年末数)÷2

存货周转天数=360÷存货周转率

=(平均存货×360)÷主营业务成本

存货周转速度的快慢,不仅反映出企业采购、生产、销售各环节管理工作状况的好坏,而且对企业的偿债能力及获利能力产生决定性的影响。一般来说,存货周转率越高越好,存货周转率越高,表明其变现的速度越快,周转额越大,资金占用水平越低。

存货占用水平低，存货积压的风险就越小，企业的变现能力以及资金使用效率就越好。但是存货周转率分析中，应注意剔除存货计价方法不同所产生的影响。

3. 总资产周转率

总资产周转率是企业主营业务收入净额与资产总额的比率。它可以用来反映企业全部资产的利用效率。其计算公式为：

总资产周转率＝主营业务收入净额÷平均资产总额

平均资产总额＝(期初资产总额＋期末资产总额)÷2

资产平均占用额应按分析期的不同分别加以确定，并应当与分子的主营业务收入净额在时间上保持一致。

总资产周转率反映了企业全部资产的使用效率。该周转率高，说明全部资产的经营效率高，取得的收入多；该周转率低，说明全部资产的经营效率低，取得的收入少，最终会影响企业的盈利能力。企业应采取各项措施来提高企业的资产利用程度，如提高销售收入或处理多余的资产。

4. 固定资产周转率

固定资产周转率是指企业年销售收入净额与固定资产平均净值的比率。它是反映企业固定资产周转情况，从而衡量固定资产利用效率的一项指标。其计算公式为：

固定资产周转率＝主营业务收入净额÷固定资产平均净值

固定资产平均净值＝(期初固定资产净值＋期末固定资产净值)÷2

固定资产周转率高，不仅表明企业充分利用了固定资产，同时也表明企业固定资产投资得当，固定资产结构合理，能够充分发挥其效率。反之，固定资产周转率低，则表明固定资产使用效率不高，提供的生产成果不多，企业的营运能力欠佳。

在实际分析该指标时，应剔除某些因素的影响。一方面，固定资产的净值随着折旧计提而逐渐减少，因固定资产更新，净值会突然增加；另一方面，由于折旧方法不同，固定资产净值缺乏可比性。

三、常用盈利能力指标

盈利能力就是企业资金增值的能力，它通常体现为企业收益数额的大小与水平的高低。企业盈利能力的分析可从一般分析和社会贡献能力分析两方面进行研究。

(一)企业盈利能力的一般分析

可以按照会计基本要素设置销售利润率、成本利润率、资产利润率、自有资金利润率和资本保值增值率等指标，借以评价企业各要素的盈利能力及资本保值增值情况。

1. 主营业务毛利率

主营业务毛利率是销售毛利与主营业务收入净额之比。其计算公式为：

主营业务毛利率＝销售毛利÷主营业务收入净额×100%

其中：

销售毛利＝主营业务收入净额－主营业务成本

主营业务毛利率指标反映了产品或商品销售的初始获利能力。该指标越高，表明取得同样销售收入的销售成本越低，销售利润越高。

2. 主营业务利润率

主营业务利润率是企业的利润与主营业务收入净额的比率。其计算公式为：

主营业务利润率＝利润÷主营业务收入净额×100%

根据利润表的构成，企业的利润可分为：主营业务利润、营业利润、利润总额和净利润四种形式。其中，利润总额和净利润包含非销售利润因素，所以能够更直接地反映销售获利能力的指标是主营业务利润率和营业利润率。通过考察主营业务利润占整个利润总额比重的升降，可以发现企业经营理财状况的稳定性、面临的危险或可能出现的转机迹象。主营业务利润率指标一般要计算主营业务利润率和主营业务净利率。

主营业务利润率指标反映了每1元主营业务收入净额给企业带来的利润。该指标越大，说明企业经营活动的盈利水平较高。

主营业务毛利率和主营业务利润指标分析中，应将企业连续几年的利润率加以比较，并对其盈利能力的趋势做出评价。

3. 资产净利率

资产净利率是企业净利润与平均资产总额的比率。它是反映企业资产综合利用效果的指标。其计算公式为：

资产净利率＝净利润÷平均资产总额

平均资产总额为期初资产总额与期末资产总额的平均数。资产净利率越高，表明企业资产利用的效率越好，整个企业盈利能力越强，经营管理水平越高。

4. 净资产收益率

净资产收益率又称净值报酬率或权益报酬率，它是指企业一定时期内的净利润与平均净资产的比率。它可以反映投资者投入企业的自有资本获取净收益的能力，即反映投资与报酬的关系，因此是评价企业资本经营效率的核心指标。其计算公式为：

净资产收益率＝净利润÷平均净资产×100%

(1)净利润是指企业的税后利润，是未做如何分配的数额。

(2)平均净资产是企业年初所有者权益与年末所有者权益的平均数，平均净资产＝(所有者权益年初数＋所有者权益年末数)÷2。

净资产收益率是评价企业自有资本及其积累获取报酬水平的最具综合性与代表

性的指标，反映企业资本营运的综合效益。该指标通用性强、适用范围广，不受行业局限。在我国上市公司业绩综合排序中，该指标居于首位。通过对该指标的综合对比分析，可以看出企业获利能力在同行业中所处的地位，以及与同类企业的差异水平。一般来说，企业净资产收益率越高，企业自有资本获取收益的能力越强，运营效益越好，对企业投资人、债权人的保障程度就越高。

5. 资本保值增值率

资本保值增值率是企业期末所有者权益总额与期初所有者权益总额的比率。资本保值增值率表示企业当年资本在企业自身努力下的实际增减变动情况，是评价企业财务效益状况的辅助指标。其计算公式为：

资本保值增值率＝期末所有者权益总额÷期初所有者权益总额

该指标反映了投资者投入企业资本的保全性和增长性。该指标越高，表明企业的资本保全状况越好，所有者的权益增长越好，债权人的债务越有保障，企业发展后劲越强。一般情况下，资本保值增值率大于1，表明所有者权益增加，企业增值能力较强。但是，在实际分析时，应考虑企业利润分配情况及通货膨胀因素对其的影响。

（二）社会贡献能力分析

在现代经济社会，企业对社会贡献的主要评价指标有两个：

1. 社会贡献率

社会贡献率是企业社会贡献总额与平均资产总额的比值。它反映了企业占用社会经济资源所产生的社会经济效益大小，是社会进行资源有效配置的基本依据。其计算公式为：

社会贡献率＝企业社会贡献总额÷平均资产总额

社会贡献总额包括：工资（含奖金、津贴等工资性收入），劳保退休统筹及其他社会福利支出，利息支出净额，应交或已交的各项税款，附加及福利等。

2. 社会积累率

社会积累率是企业上交的各项财政收入与企业社会贡献总额的比值。其计算公式为：

社会积累率＝上交国家财政总额÷企业社会贡献总额

上交的财政收入总额包括企业依法向财政缴纳的各项税款，如增值税、所得税、产品销售税金及附加、其他税款等。

四、常用成长能力指标

企业成长能力是指企业未来的发展趋势与发展速度，包括企业规模的扩大、利润和所有者权益的增加。企业成长能力是随着市场环境的变化，企业资产规模、盈利能力、市场占有率持续增长的能力，反映了企业未来的发展前景。企业成长能力分析的目的是为了说明企业的长远扩展能力和企业未来生产经营实力。

在分析企业成长能力时，主要考察销售（营业）增长率、资本积累率、总资产增长率、固定资产成新率、三年利润平均增长率等指标。

1. 销售（营业）增长率

销售（营业）增长率是指企业本年销售（营业）收入增长额同上年销售（营业）收入总额的比率。这里，企业销售（营业）收入是指企业的主营业务收入。销售（营业）增长率表示与上年相比，企业销售（营业）收入的增减变化情况，是评价企业成长状况和发展能力的重要指标。其计算公式为：

$$\text{销售(营业)增长率}=\frac{\text{本年销售(营业)增长额}}{\text{上年销售(营业)收入总额}}\times 100\%$$

该指标是衡量企业经营状况和市场占有能力、预测企业经营业务拓展趋势的重要标志，也是企业扩张增量和存量资本的重要前提。不断增加的销售（营业）收入，是企业生存的基础和发展的条件，世界500强企业就主要以销售收入的多少进行排序。该指标若大于零，表示企业本年的销售（营业）收入有所增长，指标值越高，表明增长速度越快，企业市场前景越好；若该指标小于零，则表明企业或是产品不适销对路、质次价高，或是在售后服务等方面存在问题，导致产品销售不出去，市场份额萎缩。该指标在实际操作时，应结合企业历年的销售（营业）水平、企业市场占有情况、行业未来发展及其他影响企业发展的潜在因素进行前瞻性预测，或者结合企业前三年的销售（营业）收入增长率做出趋势性分析判断。

2. 资本积累率

资本积累率是指企业本年所有者权益增长额同年初所有者权益的比率，它可以表示企业当年资本的积累能力，是评价企业发展潜力的重要指标。其计算公式为：

$$\text{资本积累率}=\frac{\text{本年所有者权益增长额}}{\text{年初所有者权益}}\times 100\%$$

该指标是企业当年所有者权益总的增长率，反映了企业所有者权益在当年的变动水平。资本积累率体现了企业资本的积累情况，是企业发展强盛的标志，也是企业扩大再生产的源泉，展示了企业的发展活力。资本积累率反映了投资者投入企业资本的保全性和增长性，该指标越高，表明企业的资本积累越多，企业资本保全性越强，持续发展的能力越大；该指标如为负值，表明企业资本受到侵蚀，所有者利益受到损害，企业应予充分重视。

3. 总资产增长率

总资产增长率是企业本年总资产增长额同年初资产总额的比率，它可以衡量企业本期资产规模的增长情况，评价企业经营规模总量上的扩张程度。其计算公式为：

$$\text{总资产增长率}=\frac{\text{本年总资产增长额}}{\text{年初资产总额}}\times 100\%$$

该指标是从企业资产总量扩张方面衡量企业的发展能力，表明企业规模增长水平对企业发展后劲的影响。该指标越高，表明企业在一个经营周期内资产经营规模扩张的速度越快。但在实际操作时，应注意资产规模扩张的质与量的关系，以及企业的后续发展能力，避免资产盲目扩张。

4. 固定资产成新率

固定资产成新率是企业当期平均固定资产净值同平均固定资产原值的比率。其计算公式为：

$$\text{固定资产成新率}=\frac{\text{平均固定资产净值}}{\text{平均固定资产原值}}\times 100\%$$

平均固定资产净值是指企业固定资产净值的年初数同年末数的平均值。平均固定资产原值是指企业固定资产原值的年初数与年末数的平均值。

固定资产成新率反映了企业所拥有的固定资产的新旧程度，体现了企业固定资产更新的快慢和持续发展的能力。该指标高，表明企业固定资产比较新，对扩大再生产的准备比较充足，发展的可能性较大。运用该指标分析固定资产新旧程度时，应剔除企业应提但未提折旧对房屋、机器设备等固定资产真实状况的影响。

5. 三年利润平均增长率

三年利润平均增长率表明企业利润连续三年的增长情况，体现企业的发展潜力。其计算公式为：

$$\text{三年利润平均增长率}=\left[\sqrt[3]{\frac{\text{年末利润总额}}{\text{三年前年末利润总额}}}-1\right]\times 100\%$$

三年前年末利润总额是指企业三年前的利润总额数。假如评价企业 2018 年的效绩状况，则三年前年末利润总额是指 2015 年利润总额年末数。

利润是企业积累和发展的基础，该指标越高，表明企业积累越多，可持续发展能力越强，发展的潜力越大。利用三年利润平均增长率指标，能够反映企业的利润增长趋势和效益稳定程度，较好地体现了企业的发展状况和发展能力，避免因少数年份利润不正常增长而对企业发展潜力的错误判断。

6. 三年资本平均增长率

三年资本平均增长率表示企业资本连续三年的积累情况，体现了企业的发展水平和发展趋势。其计算公式为：

$$\text{三年资本平均增长率}=\left(\sqrt[3]{\frac{\text{年末所有者权益总额}}{\text{三年前年末所有者权益总额}}}-1\right)\times 100\%$$

三年前年末所有者权益是指企业三年前的所有者权益年末数。假如评价2018年企业效绩状况，三年前所有者权益年末数是指2015年年末数。

由于一般增长率指标在分析时具有“滞后”性，仅反映当期情况，而利用该指标，能够反映企业资本积累与资本扩张的历史发展状况，以及企业稳步发展的趋势。该指标越高，表明企业所有者权益得到的保障程度越大，企业可以长期使用的资金越充足，抗风险和保持连续发展的能力越强。

需要强调的是，上述四类指标不是相互独立的，它们相辅相成，有一定的内在联系。企业周转能力好，获利能力就强，就可以提高企业的偿债能力和成长能力。反之亦然。

第二节　场景一：资产负债分析

一、任务描述

资产负债表反映了公司在特定时点的财务状况，是公司经营管理活动结果的集中体现。通过分析公司的资产负债表，能够揭示出公司偿还债务的能力，公司经营稳健与否或经营风险的大小，以及公司经营管理总体水平的高低等。2018年1月，上云医药股份有限公司本部进行资产负债分析，并可与青岛制药公司进行数据对比。

二、任务实现

第一步：执行【商务智能】→【指标工具】→【指标数据】→【指标计算任务管理】，打开指标计算任务管理功能，在左侧选择“指标计算”任务，点击“编辑”，点击“其他选项”，设置服务器的IP，例如192.168.80.156，目的是表明财务分析数据从哪台服务器进行取数并分析展示，设置完成后，点击“保存”即可，如图9－1所示。

第二步：执行【商务智能】→【指标工具】→【指标数据】→【指标计算任务管理】，打开指标计算任务管理功能，在左侧选择“指标计算”任务，点击“执行计算任务”，提示“执行计算成功”，则可将财务分析相关指标数据计算出来，如图9－2所示。

注意：前两步操作是后续三大报表分析、四大能力分析、杜邦分析的数据来源，操作一次即可，无须重复操作。

第三步：执行【经营分析】→【财务分析】→【报表分析】→【资产负债分析】，打开资产负债分析功能，在左侧单位列表处选择“上云医药股份有限公司本部”，在右侧会自动将1月份的资产负债情况展示出来，如图9－3所示。

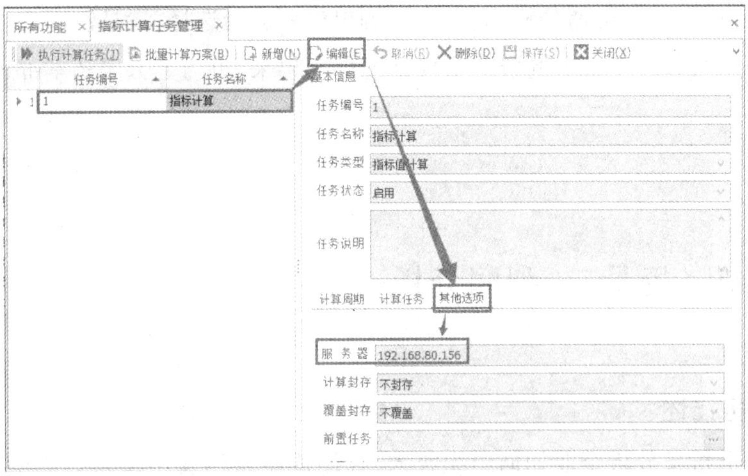

图 9—1　指标计算任务管理(一)

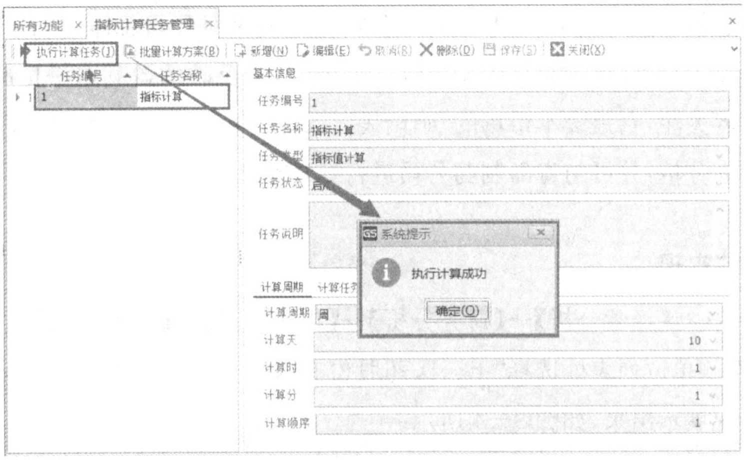

图 9—2　指标计算任务管理(二)

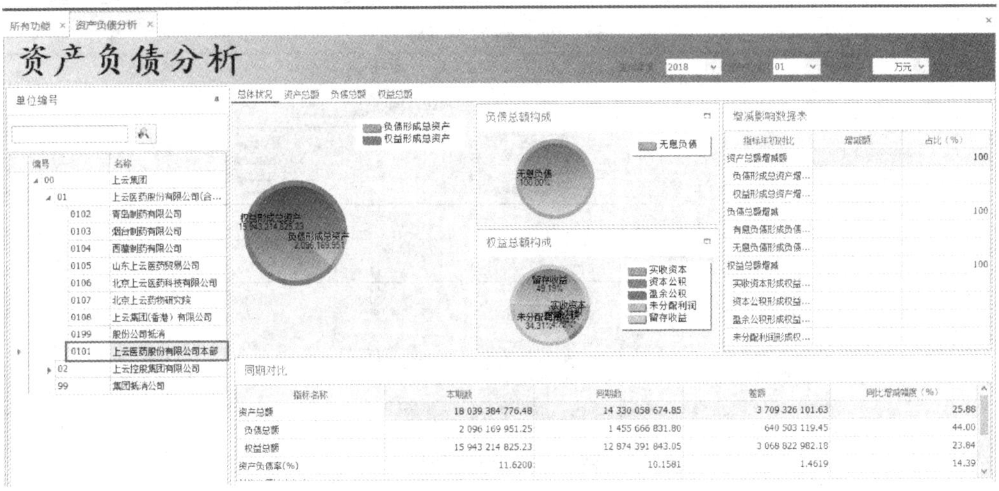

图 9—3　资产负债分析

第四步：打开资产负债分析功能，在左侧单位列表处选择“青岛制药有限公司”，在右侧将青岛制药公司 1 月份的资产负债情况展示出来，可与上云医药本部进行对比综合分析。

第三节 场景二：利润分析

一、任务描述

利润表分析是分析企业如何组织收入、控制成本费用支出实现盈利的能力，评价企业的经营成果。同时还可以通过收支结构和业务结构分析，分析与评价各专业业绩成长对公司总体效益的贡献，以及不同分公司经营成果对公司总体盈利水平的贡献。通过利润表分析，可以评价企业的可持续发展能力，它反映的盈利水平更能引起上市公司的投资者关注，它是资本市场的“晴雨表”。2018 年 1 月，上云医药股份有限公司本部进行利润分析，并可与青岛制药公司进行数据对比。

二、任务实现

第一步：执行【经营分析】→【财务分析】→【报表分析】→【利润分析】，打开利润分析功能，在左侧单位列表处选择“上云医药股份有限公司本部”，在右侧会自动将 1 月份的利润情况展示出来，如图 9—4 所示。

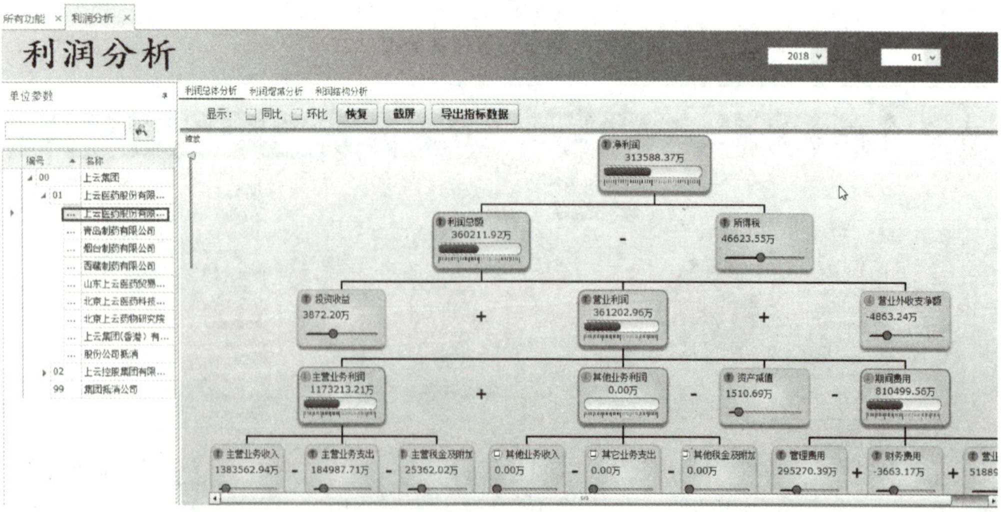

图 9—4 利润分析

第二步：打开利润分析功能，在左侧单位列表处选择“青岛制药有限公司”，在右侧将青岛制药公司1月份的利润情况展示出来，可与上云医药本部进行对比综合分析。

第四节　场景三：现金流量分析

一、任务描述

现金流量分析中，现金净流量是指现金流入与现金流出的差额。现金净流量可能是正数，也可能是负数。如果是正数，则为净流入；如果是负数，则为净流出。现金净流量反映了企业各类活动形成的现金流量的最终结果，即企业在一定时期内，是现金流入大于现金流出，还是现金流出大于现金流入。现金净流量是现金流量表要反映的一个重要指标。2018年1月，上云医药股份有限公司本部进行现金流量分析，并可与青岛制药公司进行数据对比。

二、任务实现

第一步：执行【经营分析】→【财务分析】→【报表分析】→【现金流量分析】，打开现金流量分析功能，在左侧单位列表处选择“上云医药股份有限公司本部”，在右侧会自动将1月份的现金流量情况展示出来，如图9—5所示。

项目	本期数	同期数	增减额	增减率(%)
一、经营活动产生的现金流量净额	2,547,385,416.82	2,592,628,395.66	-45,242,978.84	-1.75
销售商品、提供劳务收到的现金	14,032,867,451.08	13,122,337,523.08	910,529,928.00	6.94
收到的税费返还				
收到的其他与经营活动有关的现金	344,711,713.94	138,413,596.29	206,298,117.65	149.04
经营活动现金流入小计	14,377,579,165.02	13,260,751,119.37	1,116,828,045.65	8.42
购买商品、接受劳务支付的现金	722,793,818.38	1,518,871,931.86	-796,078,113.48	-52.41
支付给职工以及为职工支付的现金	1,880,882,426.70	1,404,054,919.89	476,827,506.81	33.96
支付的各项税费	2,384,792,315.51	2,062,746,952.89	322,045,362.62	15.61
支付的其他与经营活动有关的现金	6,841,725,187.61	5,682,448,919.07	1,159,276,268.54	20.40
经营活动现金流出小计	11,830,193,748.20	10,668,122,723.71	1,162,071,024.49	10.89
二、投资活动产生的现金流量净额	-3,375,563,142.84	-2,649,590,638.47	-725,972,504.37	-27.40
收回投资所收到的现金	3,557,161,698.52		3,557,161,698.52	
取得投资收益所收到的现金	49,810,505.60	3,659,256.16	46,151,249.44	1261.22
处置固定资产、无形资产和其他长期资产而收到的现金净额	1,582,318.31	608,089.23	974,229.08	160.21
处置子公司及其他营业单位收回的现金净额	0.00	0.00	0.00	
收到的其他与投资活动有关的现金				
投资活动现金流入小计	3,608,554,522.43	4,267,345.39	3,604,287,177.04	84462.04
购建固定资产、无形资产和其他长期资产所支付的现金	380,301,595.27	1,110,997,511.34	-730,695,916.07	-65.77
投资所支付的现金	6,603,816,070.00	1,542,860,472.52	5,060,955,597.48	328.02

图9—5　现金流量分析

第二步：打开现金流量分析功能，在左侧单位列表处选择“青岛制药有限公司”，在右侧将青岛制药公司1月份的现金流量情况展示出来，可与上云医药本部进行对比综合分析。

第五节 场景四：盈利能力分析

一、任务描述

盈利能力是指企业获取利润的能力，也称为企业的资金或资本增值能力，通常表现为一定时期内企业收益数额的多少及其水平的高低。通过对盈利能力的分析，可以发现经营管理环节出现的问题。对公司盈利能力的分析，就是对公司利润率的深层次分析，可对主营业务利润率、总资产净利率、产权比率、销售净利率、销售毛利率、净值报酬率等关键指标的本年累计、上年同期、增减百分比对财务数据进行分析。

1. 主营业务利润率

主营业务利润率是指企业在一定时期主营业务利润同主营业务收入净额的比率。表明企业每单位主营业务收入能带来多少主营业务利润，反映了企业主营业务的获利能力，是评价企业经营效益的主要指标。

2. 总资产净利率

总资产净利率是指公司净利润与平均资产总额的百分比。反映的是公司运用全部资产所获得利润的水平，即公司每占用1元的资产平均能获得多少元的利润。该指标越高，表明公司投入产出水平越高，资产运营越有效，成本费用的控制水平越高，可以体现出企业管理水平的高低。

3. 产权比率

产权比率是负债总额与所有者权益总额的比率，是评估资金结构合理性的一种指标。一般来说，产权比率可反映股东所持股权是否过多(或者是否不够充分)等情况，从另一个侧面表明企业借款经营的程度。这一比率是衡量企业长期偿债能力的指标之一，也是企业财务结构稳健与否的重要标志。该指标表明由债权人提供的和由投资者提供的资金来源的相对关系，反映企业基本财务结构是否稳定。产权比率越低，表明企业自有资本占总资产的比重越大，长期偿债能力越强。该指标的作用与有形资产净值债务率相似。一般来说，产权比率高是高风险、高报酬的财务结构，产权比率低是低风险、低报酬的财务结构。一般认为，这一比率为1∶1，即100%以下时，应该是有偿债能力的，但还应该结合企业的具体情况加以分析。

4. 销售净利率

销售净利率是指企业实现净利润与销售收入的对比关系，用以衡量企业在一定时期的销售收入获取的能力。该指标反映每 1 元销售收入带来的净利润的多少，表示销售收入的收益水平。企业在经营中往往可以发现，企业在扩大销售的同时，由于销售费用、财务费用、管理费用的大幅增加，企业净利润并不一定会同比例增长，甚至会出现一定的负增长。盲目扩大生产和销售规模未必会为企业带来正的收益。因此，分析者应关注在企业每增加 1 元销售收入的同时，净利润的增减程度，由此来考察销售收入增长的效益。

5. 销售毛利率

销售毛利率是毛利占销售净值的百分比，通常称为毛利率。销售毛利是销售净额与销售成本的差额，如果销售毛利率很低，表明企业没有足够多的毛利额，补偿期间费用后的盈利水平就不会高；也可能无法弥补期间费用，从而出现亏损局面。通过本指标可预测企业的盈利能力。

6. 净值报酬率

净值报酬率又称净资产收益率、股东权益报酬率、权益报酬率、权益利润率、净资产利润率，是净利润与平均股东权益的百分比，是公司税后利润除以净资产得到的百分比率。该指标反映股东权益的收益水平，用以衡量公司运用自有资本的效率。该指标值越高，说明投资带来的收益越高。该指标体现了自有资本获得净收益的能力。

一般来说，负债增加会导致净资产收益率的上升。企业资产包括两部分，一部分是股东的投资（即所有者权益），另一部分是企业借入和暂时占用的资金。企业适当地运用财务杠杆可以提高资金的使用效率，借入的资金过多会增大企业的财务风险，但一般可以提高盈利；借入的资金过少则会降低资金的使用效率。净资产收益率是衡量股东资金使用效率的重要财务指标。

2018 年 1 月，上云医药股份有限公司本部通过以上指标进行盈利能力分析，并可与青岛制药公司进行数据对比。

二、任务实现

第一步：执行【经营分析】→【财务分析】→【指标分析】→【盈利能力查询】，打开盈利能力查询功能，在左侧单位列表处选择“上云医药股份有限公司本部”，在右侧会自动将 1 月份的与盈利能力相关的指标数据自动展示出来，如图 9—6 所示。

第二步：打开盈利能力查询功能，在左侧单位列表处选择“青岛制药有限公司”，在右侧将青岛制药公司 1 月份的盈利能力指标数据展示出来，可与上云医药本部进行对比综合分析。

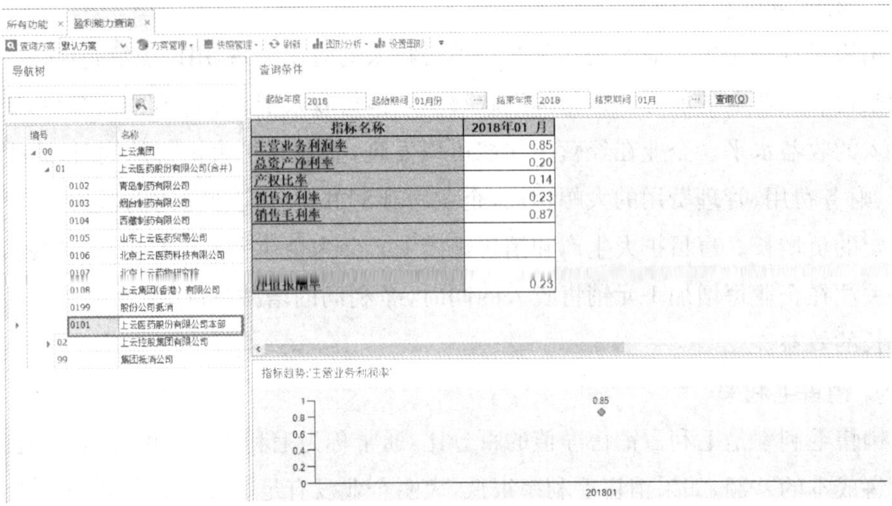

图 9—6　盈利能力查询

第六节　场景五:偿债能力分析

一、任务描述

企业的偿债能力是指企业用其资产偿还长期债务与短期债务的能力,是企业偿还到期债务的承受能力或保证程度,包括偿还短期债务和长期债务的能力。企业有无支付现金的能力和偿还债务能力,是企业能否生存和健康发展的关键。可对速动比率、流动比率、现金比率、现金周期、已获利息倍数、资产负债率、经营现金净流量对到期债务总额比、自有资本比率等关键指标一定时间段内的财务数据进行分析。

1. 速动比率

速动比率是指企业速动资产与流动负债的比率,速动资产是企业流动资产减去存货和预付费用后的余额,主要包括现金、短期投资、应收票据、应收账款等项目。它是衡量企业流动资产中可以立即变现用于偿还流动负债的能力。计算速动比率时,流动资产中扣除存货,是因为存货在流动资产中变现速度较慢,有些存货可能滞销,无法变现。至于预付账款和待摊费用根本不具有变现能力,只是减少企业未来的现金流出量,所以理论上也应加以剔除;但实务中,由于它们在流动资产中所占的比重较小,计算速动资产时也可以不扣除。流动比率、速动比率的分析不能独立于流动资产周转能力的分析之外,存货、应收账款的周转效率低下也会影响流动比率的分析实用性。例如，有些企业虽然速动比率大于1，但速动资产中大部分是应收账款，并不代表企业的偿债能力强，因为应收账款能否收回具有很大的不确定性。所以，在评价速动比率时，还应分析应收账款的质量。

2. 流动比率

流动比率是流动资产对流动负债的比率，用于衡量企业流动资产在短期债务到期以前，可以变为现金用于偿还负债的能力。一般来说，比率越高，说明企业资产的变现能力越强，短期偿债能力也越强；反之则弱。一般认为流动比率应在2∶1以上较为合适。流动比率2∶1，表示流动资产是流动负债的两倍，即使流动资产有一半在短期内不能变现，也能保证全部的流动负债得到偿还。流动比率高的企业并不一定偿还短期债务的能力就很强，因为流动资产中虽然现金、有价证券、应收账款变现能力很强，但是存货、待摊费用等也属于流动资产的项目则变现时间可能较长，特别是存货很可能发生积压、滞销、残次、冷背等情况，流动性较差。速动比率就可以避免这种情况，两个比率应该综合来看。

3. 现金比率

现金比率是现金以及现金等价资产总量与当前流动负债的比率，用于衡量公司资产的流动性。该指标能够反映出公司在不依靠存货销售及应收款的情况下，支付当前债务的能力。现金比率是速动资产扣除应收账款后的余额与流动负债的比率，最能反映企业直接偿付流动负债的能力。现金比率一般认为在20%以上为好。但这一比率过高，就意味着企业流动资产未能得到合理运用，从而现金类资产获利能力低，这类资产金额太高会导致企业机会成本增加。

4. 现金周期

现金周期又称现金循环周期，是指企业在经营中从付出现金到收到现金所需的平均时间。其计算公式为：

现金循环周期＝存货转换期间(周转天数)＋应收账款转换期间(周转天数)
－应付账款递延期间(周转天数)－生产经营周期(营业周期)－
应付账款平均付款期(周转天数)

现金循环周期的变化会直接影响所需营运资金的数额。一般来说，存货周转期和应收账款周转期越长，应付账款周转期越短，营运资金数额就越大；相反，存货周转期和应收账款周转期越短，应付账款周转期越长，营运资金数额就越小。此外，营运资金周转的数额还受到偿债风险、收益要求和成本约束等因素的制约。

5. 已获利息倍数

已获利息倍数是指上市公司息税前利润相对于所需支付债务利息的倍数，可用于分析公司在一定盈利水平下支付债务利息的能力。一般情况下，已获利息倍数越高，企业长期偿债能力就越强。国际上通常认为，该指标为3时较为适当，从长期来看至少应大于1。

6. 资产负债率

资产负债率又称举债经营比率，它是用于衡量企业利用债权人提供资金进行经营活动的能力，以及反映债权人发放贷款的安全程度的指标。该指标通过将企业的负债总额与资产总额相比较得出，反映在企业全部资产中属于负债的比率。如果资产负债比率达到100%或超过100%，说明公司已经没有净资产或资不抵债。从债权人的角度看，资产负债率越低越好。对投资人或股东来说，负债比率较高可能带来一定的好处[财务杠杆、利息税前扣除、以较少的资本(或股本)投入获得企业的控制权]。一般认为，资产负债率的适宜水平是40%～60%。

7. 经营现金净流量对到期债务总额比

经营现金净流量对到期债务总额比是企业经营现金净流入与本期到期的当期长期债务和应付票据总额的比率。它反映了企业可用现金流量偿付到期债务的能力。该比率越高，企业资金流动性越好，企业到期偿还债务的能力就越强。

通常作为企业到期的长期负债和本期应付票据是不能延期的，到期必须如数偿还，企业设置的标准值为1.5。该比率越高，表明企业资金流动性越好，企业到期偿还债务的能力就越强。

8. 自有资本比率

自有资本比率是指企业营运资金中自有资本所占的比率。自有资本比例越高，表明企业体质越健全。

自有资本比率因行业不同而异，但最低不宜低于30%。目前日本股票上市的企业平均自有资本比例约占总资产的35%。

2018年1月，上云医药股份有限公司本部进行偿债能力分析，并可与青岛制药公司进行数据对比。

二、任务实现

第一步：执行【经营分析】→【财务分析】→【指标分析】→【偿债能力查询】，打开偿债能力查询功能，在左侧单位列表处选择“上云医药股份有限公司本部”，在右侧会自动将1月份的与偿债能力相关的指标数据自动展示出来，如图9－7所示。

第二步：打开偿债能力查询功能，在左侧单位列表处选择“青岛制药有限公司”，在右侧将青岛制药公司1月份的偿债能力指标数据展示出来，可与上云医药本部进行对比综合分析。

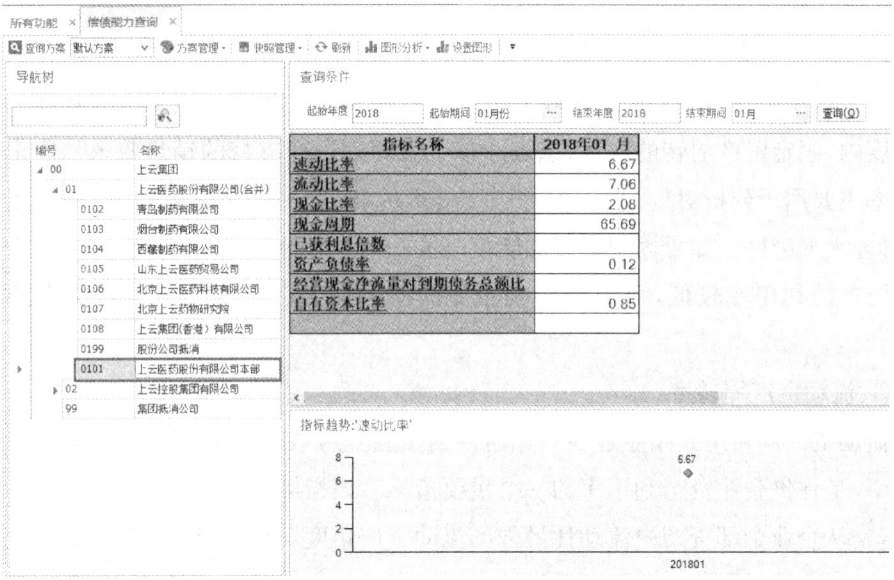

图 9—7　偿债能力查询

第七节　场景六:营运能力分析

一、任务描述

营运能力是指企业的经营运行能力,即企业运用各项资产以赚取利润的能力。可对资产周转率、固定资产周转率、流动资产周转率、营业周期、存货周转率、存货周转天数、应收账款周转率、应收账款周转天数等几个关键指标一定时间段内的财务数据进行分析。这些比率揭示了企业资金运营周转的情况,反映了企业对经济资源管理、运用的效率高低。企业资产周转越快,流动性越高,企业的偿债能力越强,资产获取利润的速度就越快。

1. 资产周转率

资产周转率是总营业额和总资产的比率,是考察企业资产运营效率的一项很重要的指标,体现企业经营期间全部资产从投入到产出的流转速度,反映企业全部资产的管理质量和利用效率。如果企业的总资产周转率突然上升,而企业的销售收入却无多大变化,则可能是企业本期报废了大量固定资产造成的,而不是企业的资产利用效率提高了。如果企业的总资产周转率较低且长期处于较低的状态,企业应采取措施提高各项资产的利用效率,处置多余、闲置不用的资产,提高销售收入,从而提高总资产周转率。

2. 固定资产周转率

固定资产周转率是企业销售收入与固定资产净值的比率。该指标表示在一个会计年度内，固定资产周转的次数，或表示每1元固定资产支持的销售收入。固定资产周转率主要用于分析对厂房、设备等固定资产的利用效率，比率越高，说明利用率越高，管理水平越好。如果固定资产周转率与同行业平均水平相比偏低，则说明企业对固定资产的利用率较低，可能会影响企业的获利能力。它反映了企业资产的利用程度。

3. 流动资产周转率

流动资产周转率是指企业在一定时期内主营业务收入净额同平均流动资产总额的比率，是评价企业资产利用率的一个重要指标。该指标反映了企业流动资产的周转速度，是从企业全部资产中流动性最强的流动资产角度对企业资产的利用效率进行分析，以进一步揭示影响企业资产质量的重要因素。一般情况下，该指标越高，表明企业流动资产周转速度越快、利用越好。在较快的周转速度下，流动资产会相对节约，相当于流动资产投入的增加，在一定程度上增强了企业的盈利能力；而周转速度慢，则需要补充流动资金参与周转，会形成资金浪费，降低企业盈利能力。

4. 营业周期

营业周期是指从外购承担付款义务，到收回因销售商品或提供劳务而产生的应收账款的这段时间。其计算公式为：

营业周期＝存货周转天数＋应收账款周转天数

营业周期的长短是决定公司流动资产需要量的重要因素。较短的营业周期表明对应收账款和存货的有效管理。一般情况下，营业周期短，说明资金周转速度快；营业周期长，说明资金周转速度慢。

5. 存货周转率

存货周转率是对流动资产周转率的补充说明，是衡量企业销售能力及存货管理水平的综合性指标。它是销售成本与平均存货的比率，用于反映存货的周转速度，即存货的流动性及存货资金占用量是否合理，促使企业在保证生产经营连续性的同时，提高资金的使用效率，增强企业的短期偿债能力。一般来说，存货周转速度越快，存货的占用水平越低，流动性越强，存货转换为现金或应收账款的速度就越快。因此，提高存货周转率可以提高企业的变现能力。

6. 存货周转天数

存货周转天数是指企业从取得存货开始，至消耗、销售为止所经历的天数。其计算公式为：

存货周转天数＝360/存货周转次数

周转天数越少，说明存货变现的速度越快。存货周转天数越少，表明存货周转次数越多，平均存货越少。但是，存货过少不能满足流转需要，所以存货周转天数不是越少越好；也不能说存货周转天数越多越好，因为存货过多会占用大量的资金，造成资源浪费。

7. 应收账款周转率

应收账款周转率是企业在一定时期内赊销净收入与平均应收账款余额之比，是衡量企业应收账款周转速度及管理效率的指标。公司的应收账款在流动资产中具有举足轻重的地位，该账款如能及时收回，公司的资金使用效率便能大幅提高。应收账款周转率就是反映公司应收账款周转速度的比率，说明一定期间内公司应收账款转为现金的平均次数。用时间表示的应收账款周转速度为应收账款周转天数，又称平均应收账款回收期或平均收现期，它表示公司从获得应收账款的权利到收回款项、变成现金所需要的时间。一般情况下，应收账款周转率越高越好，周转率高，表明收账迅速、账龄较短、资产流动性强、短期偿债能力强、可以减少坏账损失等。

8. 应收账款周转天数

应收账款周转天数是指企业从取得应收账款的权利到收回款项、转换为现金所需要的时间，是应收账款周转率的一个辅助性指标。周转天数越短，说明流动资金使用效率越好。该指标是衡量公司需要多长时间收回应收账款，属于公司经营能力分析范畴。由于大多数行业都存在信用销售，形成大量的应收账款，如何能更快地将这些应收账款收回变为真金白银对公司持续运转至关重要，如果周转天数延长，回款速度变慢，公司将不得不通过借债等方式来补充营运资金，会导致成本的上涨和经营的被动。在相同行业内，应收账款周转天数越短的公司通常有较强的竞争力。企业设置的标准值为 100。

2018 年 1 月，上云医药股份有限公司本部进行运营能力分析，并可与青岛制药公司进行数据对比。

二、任务实现

第一步：执行【经营分析】→【财务分析】→【指标分析】→【营运能力查询】，打开营运能力查询功能，在左侧单位列表处选择“上云医药股份有限公司本部”，在右侧会自动将 1 月份的与营运能力相关的指标数据展示出来，如图 9－8 所示。

第二步：打开营运能力查询功能，在左侧单位列表处选择“青岛制药有限公司”，在右侧将青岛制药公司 1 月份的营运能力指标数据展示出来，可与上云医药本部进行对比综合分析。

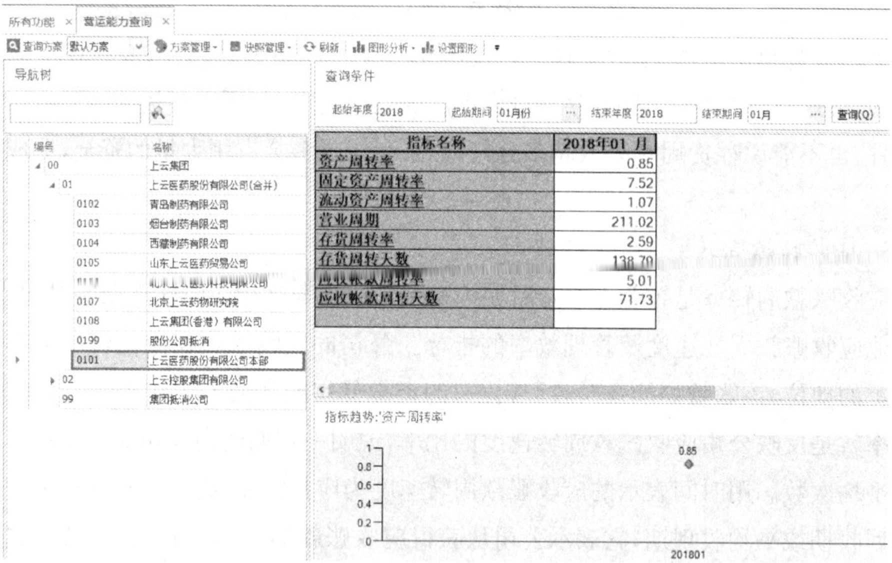

图 9—8　营运能力查询

第八节　场景七:成长能力分析

一、任务描述

企业的发展能力也称为企业的成长性,它是企业通过自身的生产经营活动,不断扩大积累而形成的发展潜能。企业发展能力衡量的核心是企业价值增长率。企业能否健康发展取决于多种因素,包括外部经营环境、企业内在素质及资源条件等。可对销售增长率、净利增长率、人均净利增长率、净资产增长率、总资产增长率等关键指标一定时间段内的财务数据进行分析。通过企业盈利能力、市场占有率持续增长的能力,反映了企业未来的发展前景。

1. 销售增长率

销售增长率是企业本年销售收入增长额同上年销售收入总额之比,是衡量企业经营状况和市场占有能力、预测企业经营业务拓展趋势的重要指标,也是企业扩张增量资本和存量资本的重要前提。该指标越大,表明其增长速度越快,企业市场前景越好。

2. 净利润增长率

净利润增长率是企业当期净利润比上期净利润的增长幅度,指标值越大,说明企业盈利能力越强。

其计算公式为：

净利润增长率＝(当期净利润－上期净利润)/上期净利润×100%

3. 人均净利润增长率

其计算公式为：

人均净利润增长率＝(本年人均净利润－上年人均净利润)/上年人均净利润×100%

该指标与销售增长率、总资产增长率、净利润增长率一起反映企业的成长能力。

4. 净资产增长率

净资产增长率是指企业本期净资产增加额与上期净资产总额的比率。净资产增长率反映了企业资本规模的扩张速度，是衡量企业总量规模变动和成长状况的重要指标。在企业经营中，净资产收益率较高，代表企业较强的生命力。如果在较高净资产收益率的情况下，又能保持较高的净资产增长率，则表示企业未来发展更加强劲。

5. 总资产增长率

总资产增长率是企业年末总资产的增长额同年初资产总额之比，反映企业本期资产规模的增长情况。资产增长是企业发展的一个重要方面，发展性高的企业一般能保持资产的稳定增长。总资产增长率越高，表明企业一定时期内资产经营规模扩张的速度越快。但在分析时，需要关注资产规模扩张的质和量的关系，以及企业的后续发展能力，避免盲目扩张。

2018年1月，上云医药股份有限公司本部进行成长能力分析，并可与青岛制药公司进行数据对比。

二、任务实现

第一步：执行【经营分析】→【财务分析】→【指标分析】→【成长能力查询】，打开成长能力查询功能，在左侧单位列表处选择“上云医药股份有限公司本部”，在右侧会自动将1月份的与成长能力相关的指标数据展示出来，如图9－9所示。

第二步：打开成长能力查询功能，在左侧单位列表处选择“青岛制药有限公司”，在右侧将青岛制药公司1月份的成长能力指标数据展示出来，可与上云医药本部进行对比综合分析。

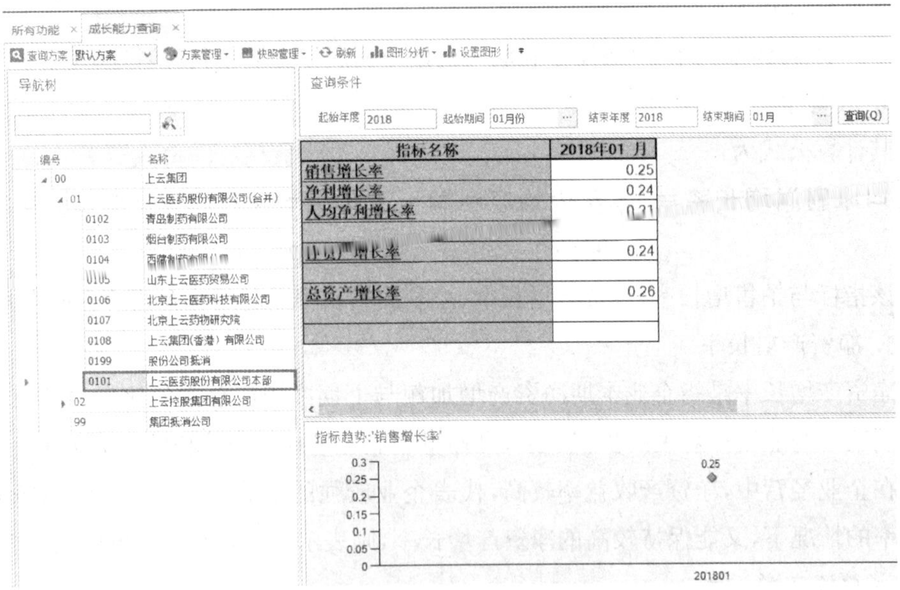

图 9—9　成长能力查询

第九节　场景八:杜邦分析

一、任务描述

杜邦分析是以净资产收益率为核心的财务指标。通过财务指标的内在联系,系统、综合地分析企业的盈利水平,具有鲜明的层次结构,是典型的利用财务指标之间的关系对企业财务进行综合分析的方法。杜邦分析是利用几种主要的财务比率之间的关系来综合地分析企业的财务状况,这种分析方法最早由美国杜邦公司使用,故名杜邦分析法。该方法是一种用来评价公司盈利能力和股东权益回报水平、从财务角度评价企业绩效的经典方法,其基本思想是将企业净资产收益率逐级分解为多项财务比率乘积,这样将有助于深入分析比较企业经营业绩。

杜邦分析法有助于企业管理层更加清晰地看到权益资本收益率的决定因素,以及销售净利润率与总资产周转率、债务比率之间的相互关联关系,给管理层提供了一张明晰的考察公司资产管理效率和是否最大化股东投资回报的路线图。

杜邦分析的基本思路是:第一,权益净利率是一个综合性最强的财务分析指标,是杜邦分析系统的核心。第二,资产净利率是影响权益净利率的最重要的指标,具有很强的综合性，而资产净利率又取决于销售净利率和总资产周转率的高低。总资产周转率是反映总资产的周转速度。对资产周转率的分析，需要对影响资产周转的各因素进行分析，以判明影响公司资产周转的主要问题在哪里。销售净利率反映销售收入的收益水平。扩大销售收入、降低成本费用是提高企业销售利润率的根本途径，而扩大销售，同时也是提高资产周转率的必要条件和途径。第三，权益乘数表示企业的负债程度，反映了公司利用财务杠杆进行经营活动的程度。资产负债率高，权益乘数就大，表明公司负债程度高，公司会有较多的杠杆利益，但风险也高；反之，资产负债率低，权益乘数就小，说明公司负债程度低，公司会有较少的杠杆利益，但相应所承担的风险也低。

杜邦分析法中的几种主要的财务指标关系为：

$$\text{净资产收益率(ROE)}=\text{资产净利率}\left(\frac{\text{净利润}}{\text{总资产}}\right)\times\text{权益乘数}\left(\frac{\text{总资产}}{\text{总权益资本}}\right)$$

其中：

$$\begin{array}{c}\text{资产净利率}\\\text{(净利润/总资产)}\end{array}=\text{销售净利率}\left(\frac{\text{净利润}}{\text{营业总收入}}\right)\times\text{资产周转率}\left(\frac{\text{营业总收入}}{\text{总资产}}\right)$$

即：

$$\begin{array}{c}\text{净资产收益率}\\\text{(ROE)}\end{array}=\begin{array}{c}\text{销售净利率}\\\text{(NPM)}\end{array}\times\begin{array}{c}\text{资产周转率}\\\text{(AU,资产利用率)}\end{array}\times\begin{array}{c}\text{权益乘数}\\\text{(EM)}\end{array}$$

从企业绩效评价的角度来看，杜邦分析法只包括财务方面的信息，不能全面反映企业的实力，有很大的局限性，在实际运用中需要加以注意，必须结合企业的其他信息加以分析。主要表现在：第一，对短期财务结果过分重视，有可能助长公司管理层的短期行为，忽略企业长期的价值创造。第二，财务指标反映的是企业过去的经营业绩，衡量工业时代的企业能够满足要求。但在目前的信息时代，顾客、供应商、雇员、技术创新等因素对企业经营业绩的影响越来越大，而杜邦分析法在这些方面是无能为力的。第三，在目前的市场环境中，企业的无形资产对提高企业长期竞争力至关重要，杜邦分析法却不能解决无形资产的估值问题。

2018 年 1 月，上云医药股份有限公司本部进行杜邦体系分析，并可与青岛制药公司进行数据对比。

二、任务实现

第一步：执行【经营分析】→【财务分析】→【绩效评价】→【杜邦体系分析】，打开杜邦体系分析功能，在左侧单位列表处选择“上云医药股份有限公司本部”，在右侧会自动将 1 月份的与杜邦分析相关的指标数据自动展示出来，如图 9－10 所示。

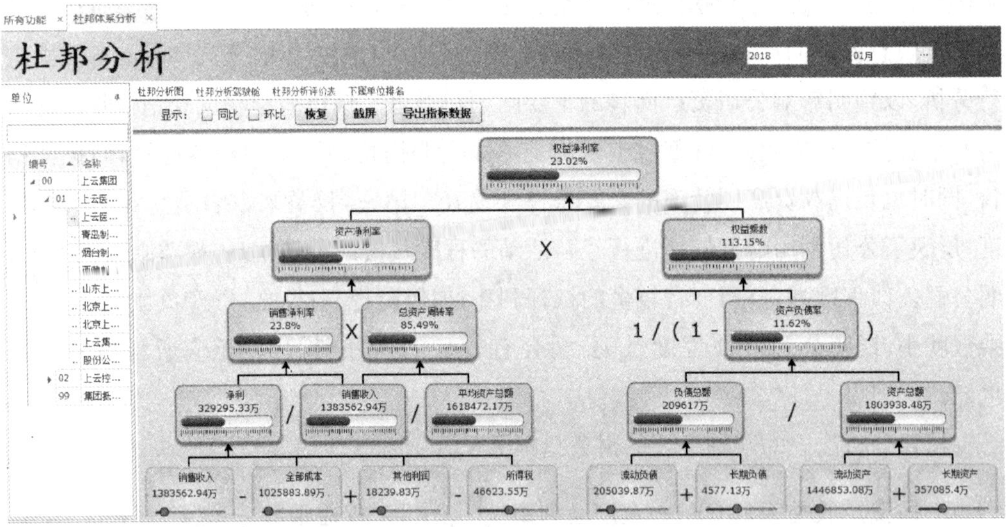

图 9—10　杜邦体系分析

第二步：打开杜邦体系分析功能，在左侧单位列表处选择“青岛制药有限公司”，在右侧将青岛制药公司 1 月份的杜邦体系指标数据展示出来，可与上云医药本部进行对比综合分析。

第十章　主题七:综合实验及考评

第一节　考核方式

本课程建议采用上机考核的方式评定学员掌握软件的能力。实验教学是高校教学体系中的重要环节,实验动手能力是学员终身受益的基本功。提高学员实际动手操作能力,也是这门课程开设的核心目标。实验课的考核方法对学员提升对软件学习的实验教学起着决定性的作用,通过上机考核,可以有效激发学员学习的积极性、主动性和创新精神,可以科学合理地评定学员实际动手能力。

本课程可以从实验内容的完成程度及实验结果的准确性两方面进行评定。

第二节　考核内容

本实验课考核标准建议如表 10－1 所示。

表 10－1　　**考核标准**

考核类别	类别占比	章节	考核要点	各章节占比
实验内容	60%	主题一	1. GS 产品客户端安装 2. GS 产品登录 3. GS 产品用户切换	10%
		主题二	1. 预算表样定义与公式定义 2. 预算控制定义及效果 3. 预算编制 4. 预算分析	10%
		主题三	1. 成本体系建设 2. 成本计算 3. 成本分析	10%

续表

考核类别	类别占比	章节	考核要点	各章节占比
		主题四	1. 利润中心设置 2. 利润中心运营制度制定 3. 内外账簿折算 4. 利润中心分析报表	10%
		主题五	1. 基础设置标准化平台定义 2. 账龄分析 3. 抵消凭证生成 4. 合并报表出具	10%
		主题六	各个分析结果展示	10%
实验结果	40%	全部	1. 各模块单据正确录入，结果与实验教材相同 2. 各模块查询分析数据正确，结果与实验教材相同	40%
合　计	100%			